제5판

서비스경영

이정학 저

Service Management

기문사
www.kimoonsa.co.kr

머·리·말 제5판

본서는 2001년도에 초판을 출간한 이후 2006년도 2판, 2009년도 3판, 2013년 4판에 이르면서 많은 사랑을 받았다. 우선 본 지면을 통하여 본서에 관심을 가져준 모든 분들께 감사를 드린다. 「서비스경영」을 출판하기 전만해도 서비스에 대한 이론적 서적은 미비하였으며, 서비스에 대한 인식도 낮았던 것이 사실이었다. 그러나 「서비스경영」 초판 이후 각 대학에서 서비스경영 과목이 등장하였고, 기업도 서비스경영에 많은 관심을 가지게 되었으며, 정부에서도 서비스경제의 활성화대책을 수립하는 등 서비스분야에 대한 학문뿐만 아니라 기업경영, 국가 경제적 측면에서 괄목한 성장을 하였다는 점에서 나름대로 뿌듯함을 느낀다.

향후 서비스산업도 사회가 고도화되고, 선진화될수록 더욱 발전될 것으로 예상된다. 특히 세계 경제가 서비스화되고, 서비스업의 고용 및 부가가치가 증대됨에 따라 경제의 중심축이 제조업에서 서비스산업으로 이동하고 있고, 정보기술(IT)의 발달 및 세계화의 진전에 따라 서비스산업은 더욱 확대될 전망이어서 「서비스경영」에 대한 체계적인 연구는 시대적 요구라고 할 수 있다.

이번에 출간된「서비스경영 제5판」은 기존의 내용을 수정 보완하여 완결판에 가깝도록 완성도를 더욱 높였으며, 그 특징은 다음과 같다.

첫째, 서비스경영에 대하여 체계화를 시도하였다.

둘째, 각종 사례를 적절히 배치하여 이해를 도왔다.

셋째, 독자가 이해하기 쉽도록 서술하였다.

넷째, 서비스경영의 교과서로서 완성도를 높였다.

다섯째, 서비스업체의 경영 지침서로도 활용되도록 하였다.

아무쪼록 「서비스경영 제5판」도 독자의 사랑을 기대하며, 본서를 통해서 우수한 서비스인이 양성되고, 훌륭한 서비스경영자가 탄생하기를 기대해 본다. 끝으로 항상 저자의 원고를 소중히 출간해주는 기문사 사장님 이하 직원들에게 고마움을 전한다.

2016년 7월

연구실에서 저자 이정학 씀

C·o·n·t·e·n·t·s

차·례

제1장

서비스의 이해

“서비스는 삶의 그 자체이며, 인생은 서비스로 시작하여 서비스로 끝난다고 할 수 있다. 즉 태어날 때 병원 서비스를 받고, 살아있는 동안은 다양한 서비스를 누리다가 생을 마감하면 장례 서비스를 받는 것이다”

Service Management

제 1 장 서비스의 개요

1 서비스의 의의

1.1 서비스 의미의 변천

서비스(service)의 어원은 노예라는 의미의 라틴어 'servus'에서 유래되어 '사람에게 시중을 들다'라는 의미의 'servant', 'servitude', 'servile'라는 영어를 파생시켰다. 이와 같이 초기의 서비스는 남에게 시중을 드는 노예와 같은 일로 간주하였고, 이후 일상적인 봉사·무료라는 의미로 사용하게 되었다.

서비스가 경제의 틀 속에서 본격적으로 논의되고 학문적으로 접근한 것은 근대 경제학적 연구에서 출발하였다. 그러나 이 시대는 중상주의와 중농주의에 의하여 노동생산성을 중요시하였으므로 서비스를 단순히 비생산적 활동의 개념으로 보았고, 경시하였다. 산업사회에 들어와서 서비스는 제품을 팔기 위한 부수적인 역할로 간주하였지만 중요성 및 경제적 가치를 인정받기 시작하였다. 이후 후기 산업사회에서는 서비스업종의 양적 팽창에 의하여 제품산업과 대별되는 산업으로서 성장하게 되었다.

이와 같이 서비스는 오늘날 유형의 재화(財貨)와 구분되는 별도의 경제적 산출로서 의미를 부여할 수 있게 되었으며, 향후 서비스의 경제 및 사회화의 가속화에 따라 서비스의 경제적 · 사회적 의미는 더욱 상승할 것으로 예상된다.

그림 1-1 서비스 의미의 패러다임

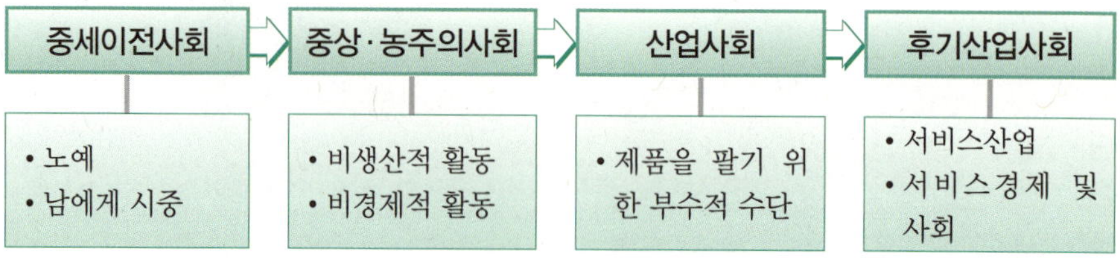

1.2 서비스의 사회화와 경제화

(1) 서비스의 사회화

오늘날 현대인의 하루는 서비스로 시작해서 서비스로 끝난다. 출 · 퇴근할 때 교통 서비스를 받고, 점심시간에는 레스토랑 서비스를 받으며, 저녁에는 방송 서비스를 즐긴다. 또한 주말에는 외식 및 레저 서비스를 즐기며, 휴가나 방학기간에는 여행 서비스를 찾는다. 그리고 여가에는 사우나, 이 · 미용실, 헬스 등 개인 서비스를 이용하고, 취미활동도 대부분 서비스업체를 이용하고 있다.

따라서 서비스는 삶의 그 자체이며, 인생은 서비스로 시작하여 서비스로 끝난다고 할 수 있다. 즉 현대인은 태어날 때 병원 서비스를 받고, 살아 있는 동안은 다양한 서비스를 누리다가 생을 마감하면 장례 서비스를 받는 것이다. 이와 같이 서비스가 없으면 하루도 살 수 없으므로 오늘날 사회를 '서비스 사회'라고 한다.

(2) 서비스의 경제화

서비스산업의 고용 및 부가가치가 증대됨에 따라 세계 경제의 중심축은 제품

산업에서 서비스산업으로 이동하고 있으며, 세계 경제는 점점 서비스화되고 있는 실정이다. 예를 들어 맥도날드는 세계에서 가장 많은 종업원을 거느린 기업이라고 할 수 있으며, 세계의 물가지수를 '빅맥지수' 라고 하여 맥도날드의 빅맥 햄버거가 경제지표로 활용되기도 한다. 최근에는 스타벅스의 '카페라테 지수' 가 세계물가의 비교지수로서 사용될 정도로 서비스는 경제의 핵심 축에 있다고 할 수 있다.

사례

카페라테 지수

이탈리아어 카페라테(caffè latte)는 커피(caffè)와 우유(latte)의 합성어로서 커피와 뜨거운 우유를 섞은 커피의 일종이며, 카푸치노와 에스프레소와 함께 전 세계에서 흔히 찾아볼 수 있는 커피 종류 중 하나이다. 이러한 카페라테의 가격은 세계물가의 비교지수로서 사용되고 있다.

카페라테를 주종으로 하고 있는 스타벅스는 미국과 유럽, 아시아 등 40여 개국에 총 9천여 개의 매장을 가진 세계적 커피전문점이다. 스타벅스는 주종인 카페라테(tall 사이즈 : 355ml)의 가격을 이용하여 실제환율과 적정환율과의 관계를 알아보기 위해 '카페라테 지수(Caffe Latte Index)'를 고안하였다. 과거 맥도날드의 '빅맥지수(Big Mac Index)' 가 이를 대신했지만, 햄버거 판매가 위축되고 나라마다 가격 할인상품들이 나오면서 빅맥은 더 이상 기준 상품으로 적당하지 못하다는 지적이 일자 최근에는 카페라테 지수가 인정받는 추세이다. 카페라테 지수는 일명 '스타벅스 지수(starbucks index)' 라고도 한다. 결국 카페라테 지수는 카페라테 가격이 전 세계에서 동일한 가격으로 거래되었을 것이라고 가정해 산출되고 있다.

예를 들어 미국에서 카페라테가 3달러에 판매되고, 우리나라에서 3천

600원에 판매된다면 이론상 균형환율 1달러는 1천200원이다. 그런데 실제 명목환율이 '1달러=1천 원'이라면 우리나라에서는 카페라테가 미국보다 비싸게 판매되고 있다는 의미로 해석하면 된다. 매일경제신문이 2011년 2월 9일에 조사한 세계 주요국의 카페라테 지수는 다음과 같다.

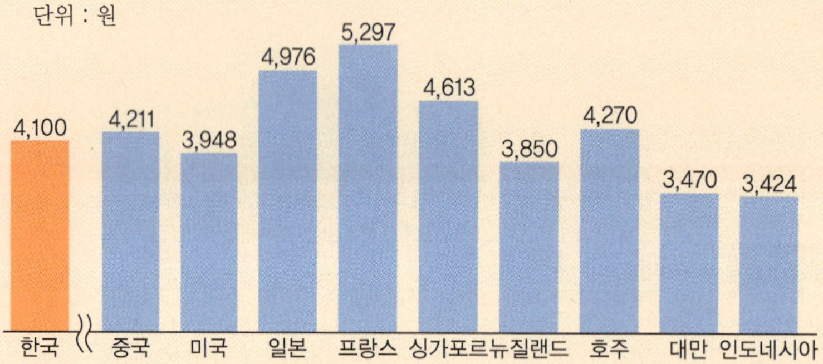

※ 카페라떼 톨 사이즈(355ml) 원화 환산 가격. 조사일인 2월 9일 외환은행 매매기준을 적용

자료 : 매일경제신문(2011. 2. 11)

또한 세계관광기구에 의하면 호텔, 외식업, 항공사, 크루즈사, 여행사 등의 서비스업체에 직 · 간접적으로 종사하는 사람은 2억 1,200만 명으로서 세계 고용인구의 9명 중 1명이 관광 서비스산업에 종사한다고 할 수 있다. 특히 정보기술(IT)의 발달 및 세계화의 진전에 따라 서비스산업은 더욱 확대될 전망이다. 예를 들어 IBM은 컴퓨터 제조 회사였으나 지금은 IBM 글로벌 서비스를 제공하는 세계 최대 정보기술(IT) 서비스 · 컨설팅 제공 조직으로 더 잘 알려져 있으며, 전 세계 160여 개국에 서비스전문가 19만 명으로 구성되어 있다.

또한 자동차, 컴퓨터, 전자제품 등과 같은 제품산업에서도 서비스의 차별화를 통한 경쟁력을 강화하고 있다. 즉 고객은 고품질의 제품만을 원하는 것이 아니라 그것과 더불어 높은 수준의 서비스도 기대하기 때문이다. 따라서 제조업에서도 세계를 상대로 경쟁하기 위하여 높은 품질의 서비스를 제공할 필요성을 느끼게 되었다.

이와 같이 서비스 경제화란 일반적으로 경제가 발전함에 따라 생산, 고용, 소비 등 경제에서 서비스산업이 차지하는 비중이 증가하는 현상을 가리키며, 가치 창출의 원인이 제품에서 무형의 서비스재로 옮겨지는 현상을 말한다.

2 서비스의 정의와 특성

2.1 서비스의 정의

서비스란 고객이 원하는 결과를 촉진함으로써 고객에게 가치를 전달하는 수단을 말한다. 이러한 서비스에 대한 정의는 여러 관점과 학문적 특성에 따라 다양하게 전개되는데 크게 ① 서비스 자체가 가지고 있는 속성 ② 경제적 가치 측면에서 ③ 마케팅 측면에서 정의를 구분해 볼 수 있다.

(1) 서비스의 속성론적 정의

서비스는 본질적으로 제품과 다르다는 점, 즉 제품과 서비스를 구분하기 위한 정의로서 코틀러(Kotler, 1988)는 "서비스는 고객에게 제공되는 행위와 수행이며, 본질적으로 무형성과 소유권의 이전이 안 되며, 서비스 생산과정에서 물리적 상품과 결부될 수 있으나 그렇지 않을 수도 있다"라고 하였다. 또한 자이타믈과 비트너(Zeithaml & Bitner, 1998)도 서비스의 속성 중심으로 서비스를 행위(deeds), 과정(process) 및 그 결과인 성과(performance)라고 정의하였다. 결국 속성론적 정의는 제품이 유형인데 반하여 서비스는 무형성이라는 점을 강조한 정의라고 할 수 있다.

(2) 서비스의 경제적 가치 정의

경제화가 진전된 오늘날에는 서비스를 무상이나 단순 행위로 간주하는 것이 아니라 서비스의 경제적 가치와 활동을 인정해야 된다는 차원에서 정의되는 것으로 러브록과 월츠(Lovelock & Wirtz, 2004)는 "서비스는 특정 시간과 장소에서 고객에게 가치와 편익을 제공하는 경제적 활동이다"이라고 정의하였다.

(3) 서비스의 마케팅적 정의

서비스는 서비스기업(공급자)과 소비자(수요자)의 거래관계 차원인 마케팅 측면에서 접근할 필요성이 있다. 미국마케팅협회(AMA)에서는 서비스를 "판매를 위하여 제공되거나 상품판매와의 관계에서 준비되는 제 활동 · 편익 · 만족"이라고 정의하고 있다. 즉 서비스기업은 무형의 가치재인 서비스를 상품으로서 생산하는 것이고, 소비자는 돈을 지불하고 경험과 편익과 같은 무형의 서비스가치를 구매하는 것이다.

경험과 편익이란 서비스(상품) 구매 후 얻어지는 효용으로서 예를 들면 여행상품을 구매한 후 느끼는 해외여행의 경험을 들 수 있고, 미용실에서 서비스를 받은 후 얻어지는 예쁜 모습과 같은 편익 등을 말한다. 따라서 서비스는 제품과 구분되는 무형의 가치재로서 경험과 편익을 제공하는 것이라고 할 수 있다. 이와 같이 서비스는 소비자와 제공자와의 상호관계 즉 접촉과정에서 생산된다는 점에서 인적인 행위가 강조되며, 그 외 건물, 인테리어 등과 같은 물리적 환경 및 증거와 일련의 과정이 중요시된다는 점에서 본서에서는 서비스를 마케팅 차원에서 다음과 같이 정의하고자 한다.

서비스 정의

"서비스는 종업원과 고객과의 상호작용관계에서 발생하는 인적 행위와 물리적 환경 및 증거를 포함한 일련의 과정이다"

본 정의에서 사용된 용어의 해석은 다음과 같다.

상호작용관계 서비스는 종업원과 고객이 접촉하여 상호작용(interaction)을 하는 관계에서 생성된다. 즉 고객은 서비스를 구매하기 위해서는 서비스 현장에서 종업원에게 서비스에 대하여 상담을 하거나 문의 및 주문을 하고, 종업원은 그에 부응하는 등 상호작용관계에서 서비스가 생성되는 것이다.

인적 행위(인적 서비스) 서비스 수요자의 요구에 의하여 행하는 종업원의 인적 서비스로서 이때 종업원의 인적인 행위는 무상인 것처럼 보이지만 고객이 지불한 금액에 포함되어 있는 경제적 가치로 보아야 한다.

물리적 환경 및 증거(물적 서비스) 서비스업체의 건물, 인테리어, 가구, 비품, 실내 분위기, 인쇄홍보물 등을 말한다. 이러한 물적 요소도 고객에게 서비스하는 것이므로 이를 물적 서비스(physical service)라고 하며, 고객이 지불한 금액에 포함되어 있다고 보아야 한다.

일련의 과정 서비스는 일련의 과정(process)으로 되어 있다. 즉 서비스 소비자는 시간의 흐름과 함께 일련의 과정을 경험한 후 그 대가를 지불하는 것이다. 예를 들어 호텔을 이용할 시 체크 인(check-in)에서부터 체크 아웃(check-out)할 때까지 시간의 흐름과 함께 일련의 과정을 경험하고 그 대가를 지불하는 것이다.

2.2 서비스의 특성

서비스의 특성을 제조업과 비교하여 그 차이를 정리하면 ① 무형성 ② 동시성 ③ 이질성 ④ 소멸성 ⑤ 인적 의존성 등 5가지로 요약할 수 있다.

(1) 무형성 - 비가시성

무형성은 제품과 서비스의 차이를 구분하는 가장 큰 속성으로 과거부터 많은 학자들이 기준으로 삼았다. 즉, 서비스는 제품에 비교하여 실체가 없어 소비자입장에서는 구매하기 전에는 만질 수도, 볼 수도, 냄새를 맡을 수도 없기 때문에 리스크(risk)가 높으며(Zeithaml외 1985), 비교분석 등의 테스트나 품질의 측정이 용이하지 않다. 공급자의 입장에서는 서비스를 사전에 설명하기가 어렵고 진열판매가 안 되며, 무형적 특성으로 인하여 특허가 어려워 경쟁사가 쉽게 모방하는 단점을 지니고 있다.

예를 들어 어느 항공사가 마일리지 서비스를 처음으로 개발하여 도입하게 되면 대부분 항공사가 이를 모방하여 실시하는 것이다. 이와 같이 서비스는 실체(object)가 아닌 수행(performance)이기 때문에 소유할 수 있는 것이 아니라 경험을 통해서 감각적, 심리적으로 느껴야 하는 무형의 가치재라고 할 수 있다.

(2) 동시성 - 비유통성

제품은 생산과 소비가 분리되어 생산한 후 판매되고 나중에 소비되는 과정이 있지만 서비스는 제공자와 소비자가 접촉하는 과정에서 발생하며, 서비스를 제공받기 위해서는 구매자가 현장까지 와야 하므로 유통과정이 거의 없다. 역으로 응급환자 수송이나 가전제품 수리를 위하여 서비스 제공자가 고객에게 찾아가는 경우도 있다. 이와 같이 서비스는 현장에서 고객의 주문에 의하여 생산을 하게 되고, 고객이 생산과정에도 참여하며, 생산이 되면 곧 소비되어 생산과 소비가 분리되지 않는 동시성을 가지고 있다.

예를 들면 호텔 레스토랑에서 스테이크를 먹기 위해서는 소비자가 현장까지 와야 하며, 소비자가 주문해야만 주방에서 생산을 하게 되고, 스테이크 굽기를 미디엄(중간 정도 익히기)으로 해달라는 등 소비자가 생산과정에 참여하게 되며, 인적 서비스 요원에 의하여 전달되면 소비자는 그 자리에서 소비하게 된다.

(3) 이질성 – 비표준성

제품은 생산의 투입요소가 달라지지 않는 한 동질성을 유지할 수 있으나 서비스는 소비자와 제공자에 따라 다양하게 나타난다. 즉, 소비자의 욕구, 기호, 성격, 관습 등이 제각기 다르기 때문에 주문이 다양하며, 서비스 요원 역시 개개인의 성격, 기분, 친절성, 테크닉 수준 등이 다르기 때문에 누가 제공하느냐에 따라 서비스는 달라진다. 이와 같이 서비스는 상대적이고, 고객의 평가 역시 주관적이어서 품질에 대한 표준화가 어렵다.

(4) 소멸성 – 비저장성, 비이전성

제품은 판매가 되지 않으면 재고로 보관하여 반복 판매가 가능하고, 판매 시에는 소유권이 이전되지만 서비스는 추후 사용할 목적으로 보관 또는 저장을 할 수 없으며, 시간과 함께 자동 소멸되어 반복 사용이나 소유권 이전이 안 된다. 따라서 서비스업은 수요의 변화에 적극적으로 대처하지 못하기 때문에 생산 측면에서 계획생산을 할 수 없고, 과잉생산을 할 경우 손실이 발생되며, 과소생산을 할 경우 이익기회를 상실하게 된다.

예를 들어 항공기의 노선과 좌석은 한정되어 있기 때문에 당일 판매되지 않으면 소멸되므로 재고로 저장하여 판매할 수 없다. 그리고 과잉생산 즉, 노선이나 좌석을 많이 만들어 놓았을 경우 수요가 적으면 유지비와 인건비 등의 고정비로 인하여 손실이 발생되며, 과소생산을 하여 수요가 공급을 초과할 경우 이익기회를 상실하게 되는 것이다.

(5) 인적 의존성 – 비기계성

제품은 대부분 공장에서 기계가 생산하므로 기계에 대한 의존성이 높으나 서비스는 대부분 사람에 의하여 생산되어지기 때문에 인적 의존도가 높다. 품질에 대한 평가 기준도 제품은 자체 물질로 결정되기 때문에 객관적이나 서비스는 대부분 사람 그 자체가 평가되므로 주관적이다. 또한 제품시장은 수요와 공급이 비교적 비탄력적이어서 계획생산과 대량생산이 가능하며, 고정비보다는 변동비의 비율이 높아 수요의 변화에 능동적으로 대처할 수 있다.

그러나 서비스는 공급의 수량이 제한되어 있고 시간적 · 공간적 제약이 따르기 때문에 비탄력적인데 비하여 수요는 탄력적이어서 계획생산이 불가능하며, 변동비보다는 인건비 등 고정비의 비율이 높기 때문에 수요의 변화에 민첩하게 대처하지 못한다. 따라서 서비스업은 인적 자원관리 측면에서 수요의 변화에 따라 인력을 탄력적으로 운용할 수 없고, 인건비의 비중이 높기 때문에 경영상의 어려운 점도 있다.

3 서비스의 분류

서비스의 분류는 국가별 · 기관별로 조사 및 통계목적에 따라 그 기준을 달리하고 있으며, 학자에 따라서도 다양한 관점에서 서비스를 분류하고 있다. 따라서 서비스의 종류는 방대하고 복잡하여 표준화된 분류체계를 갖추는 것은 사실상 불가능한 것으로 여겨지고 있다. 서비스의 주요 분류 기준은 살펴보면 다음과 같다.

3.1 한국표준산업에 의한 분류

통계청의 한국표준산업분류(KSIC ; Korea Standard Industrial Classification)는 산업관련 통계자료의 정확성, 비교성을 확보하기 위하여 작성되는 것이다. 1963년 경제활동 중에서 광업과 제조업 부분에 대한 산업분류를 처음으로 제정하였고, 이듬해 비제조업 부문에 대한 산업분류를 추가로 제정함으로서 우리나라의 표준산업분류체계를 완성하였다. 이후 유엔의 국제표준산업분류의 2, 3차 개정(1968, 1989)과 국내의 산업구조 및 기술변화를 반영하기 위하여 주기적으로 개정하여 왔다.

분류체계는 산업별로 A부터 U까지 대분류(21개)를 설정하고, 세세분류에서 업종별로 고유의 코드 숫자를 부여하고 있으며, 서비스분야만 정리하면 다음 표와 같다.

표 1-1 한국산업표준분류(서비스분야)

(2008년 1월부터 적용)

대분류	주요 서비스업
G 도 · 소매업	47111 백화점
H 운수업	49100 철도운송업 49401 택배업 51100 정기항공운송업
I 숙박. 음식	55111 호텔업 56111 한식음식점업
J 출판, 영상, 방송통신 및 정보 서비스업	59141 영화관 운영업 61220 무선통신업 62010 컴퓨터 프로그래밍 서비스업
K 금융 및 보험업	64121 국내은행 65110 생명보험업 66121 증권중개업
L 부동산업 및 임대업	68111 주거용 건물임대업 69110 자동차 임대업 69220 음반 및 비디오물 임대업
M 전문, 과학 및 기술서비스업	71101 변호사업 71310 광고대행업 71531 경영컨설팅업
N 사업 시설관리 및 사업지원 서비스업	75211 일반 및 국외여행사업 75310 경비 및 경호 서비스업
O 공공행정, 국방 및 사회보장행정	84111 입법기관 84404 경찰
P 교육서비스업	85302 대학교 85501 일반교과 학원
Q 보건업 및 사회복지 서비스업	86101 종합병원 87111 노인요양복지시설 운영업
R 예술, 스포츠 및 여가 관련 서비스업	90191 공연기획업 91121 골프장 운영업 91122 스키장 운영업 91223 노래연습장 운영업
S 협회 및 단체, 수리 및 기타 개인 서비스업	94220 노동조합 95212 자동차 전문 수리업 36111 이용업 96991 예식장업
U 국제 및 외국기관	99001 주한외국공관

※ 통계청의 기준에 따라 저자 정리

3.2 경제주체에 의한 분류

서비스를 경제주체에 의하여 분류하면 ① 공공서비스 ② 개인서비스 ③ 기업서비스 등으로 나눌 수 있다. 공공서비스는 정부와 지방자치단체 등 관공서나 비영리 조직에서 일반 주민에게 행하는 서비스로서 법원, 군대, 경찰, 소방서, 우체국, 학교 등을 들 수 있고, 개인서비스는 이 · 미용실, 목욕탕 등과 같이 소규모 개인 사업자가 행하는 서비스를 말하며, 기업서비스는 호텔, 항공사, 백화점, 병원, 은행 및 금융업과 같은 기업이 행하는 서비스를 말한다.

3.3 서비스 행위의 본질에 의한 분류

이 분류는 〈그림 1-2〉와 같이 서비스를 ① 인간의 신체에 제공하는 가시적 행위 ② 인간의 마음에 제공하는 비가시적 행위 ③ 사물(소유물)에 대한 가시적 행위 ④ 사물(무형자산)에 대한 비가시적 행위로 나눈 것이다.

그림 1-2 **서비스 행위의 본질에 의한 분류**

	인간	사물
가시적 행위	〈신체에 하는 서비스〉 • 승객운송 • 건강보조 • 숙박 • 이 · 미용실 • 물리치료 • 헬스 센터 • 레스토랑/바 • 장례 서비스	〈유형적 자산에 대한 서비스〉 • 화물, 운송 • 고장수리 및 정비 • 창고, 보관 • 경비 서비스 • 소매업 • 세탁 • 연료보급 • 조경, 잔디 관리
비가시적 행위	〈마음에 하는 서비스〉 • 광고, 홍보 • 예술, 연예 • 방송 • 경영컨설팅 • 교육 • 정보 서비스 • 정신치료 • 종교	〈무형적 자산에 대한 서비스〉 • 회계 • 예금 • 보험 • 투자관리 • 리서치 • 법률서비스 • 프로그래밍 • 소프트웨어 컨설팅

※ 출처 : Lovelock(1996), Service Marketing, 3rd ed., p.29

3.4 서비스 프로세스 매트릭스에 의한 분류

슈메너(Schmenner)는 서비스 프로세스 매트릭스를 제안하여 노동집약도의 정도와 고객과의 상호작용 정도에 따라 〈그림 1-3〉과 같이 네 개의 군으로 분류하였다. 주로 서비스 공장과 대량 서비스에 속한 서비스기업은 기능 위주의 서비스 프로세스를, 서비스 숍과 전문 서비스에 속한 서비스기업은 고객의 욕구에 따라 수행되는 고객화 위주의 서비스 프로세스를 갖추고 있다.

그림 1-3 서비스 프로세스 매트릭스

※ 자료 : Schmenner(1986)

3.5 상품체계에 의한 분류

상품(product)은 제품(goods)과 서비스(services)를 포괄하는 개념이며, 그 비중이 어느 쪽이 높으냐에 따라 제품인지 서비스인지 구분된다. 또한 〈그림 1-4〉에서 알 수 있듯이 제품에는 서비스요소가, 서비스에도 제품의 요소가 포함되어 있는 경우가 있다. 따라서 제품과 서비스를 더욱 세분화하면 제품의 경우 순수제품과 제품을 팔기 위해 서비스가 수반되는 제품 위주로 나눌 수 있으며, 서비스의 경우도 순수 서비스와 유형의 제품이 있기는 하지만 서비스가 비중이 높은 서비스 위주 상품으로 나눌 수 있다. 순수제품과 제품 위주의 상품을 생산하는 업체를 제조업이라고 하며, 순수 서비스와 서비스 위주의 상품을 취급하는 업을 서비스업이라고 정의할 수 있다.

(1) 순수 제품

제조업체에서 생산하는 유형재로서 서비스가 수반되지 않는 경우이다. 예를 들면 칫솔, 치약, 비누 등의 소비재와 철강 등의 산업재를 들 수 있다.

(2) 제품 위주

제조업체에서 생산하는 유형재이지만 서비스가 수반되는 경우이다. 즉 공장에서 기계에 의하여 대량생산된 제품이 유통과정을 거쳐 소비자에게 전달된 후 사후 서비스가 부가되는 경우이다. 예를 들면 자동차, 컴퓨터, 복사기, 가전제품 등을 들 수 있다.

(3) 순수 서비스

소비자가 어떠한 유형의 물재를 획득하지 못하고 편익만 제공받는 경우이다. 편익의 종류는 시설, 인적, 지식 · 정보, 유통, 기타 편익으로 나눌 수 있다. 예를 들면 ① 시설 편익 서비스는 숙박업, 운수업, 헬스 센터 등 ② 인적 편익 서비스는 의료, 이 · 미용원, 여행사, 가사대행 등 ③ 지식 · 정보 편익 서비스는 컨설팅, 법률, 교육, 통신 등 ④ 유통 편익 서비스는 백화점, 할인점, 도 · 소매업, 주유소 등 ⑤ 기타 편익 서비스로는 금융, 오락, 방송, 공공기관 등을 들 수 있다.

(4) 서비스 위주

제조업처럼 기계에 의하여 대량생산을 하고 유통과정을 거쳐 판매하는 것이 아니라 소비자가 생산 현장에 와서 주문을 하고 그것을 인적 노동에 의하여 생산한 다음 소비자에게 직접 판매하는 경우이다. 즉 유형의 물재를 만들어 제공하지만 반드시 인적 서비스가 수반되고 그 비중이 높은 경우이다.

예를 들어 레스토랑에서 판매하는 햄버거는 유형재이지만 상품가치는 브랜드, 점원의 친절, 포장, 맛, 진열, 내부 시설. 분위기 등 서비스가 70%를 차지하고, 양복점과 의상실의 경우도 옷감의 재료보다는 디자인, 재단 등의 인적 서비스가 차지하는 비율이 높으므로 이들 업체는 서비스 위주의 상품이라고 할 수 있다.

그림 1-4 **상품 분류체계에 의한 서비스 분류**

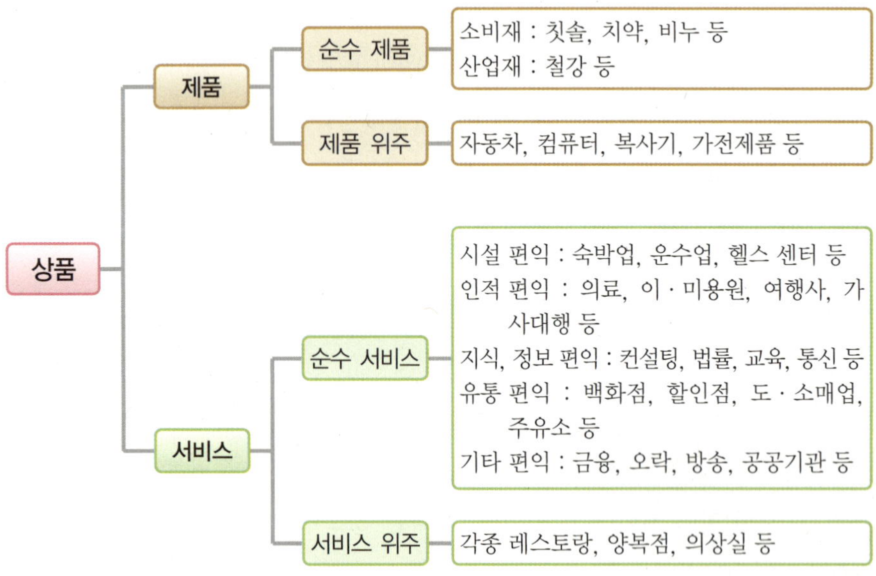

그림 1-5 제품과 서비스의 비중

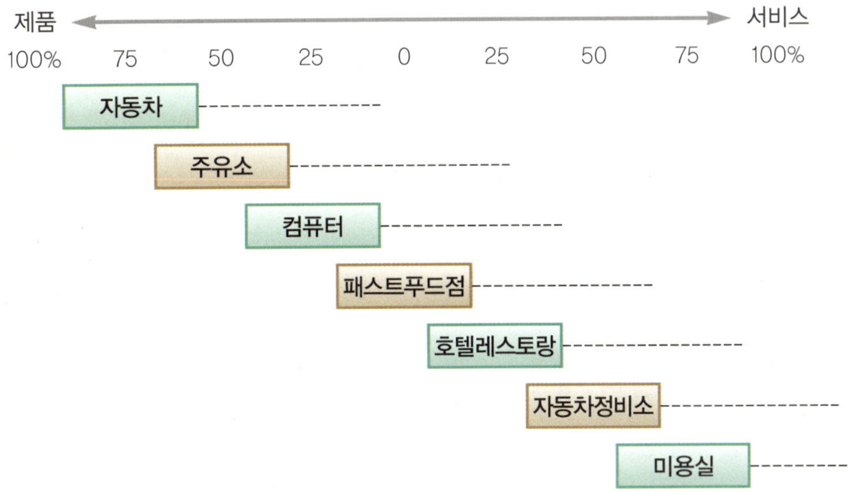

※ 자료 : Sasser, Olsen, Wyckoff(1978), *Management of Service Operation*, p.11 참고하여 저자 재작성

여기서 유의할 점은 앞서 언급한 상품의 분류체계를 편의상 제조와 서비스로 구분하였지만 고객 측면에서 확장하여 해석해 보면 순수제품도 판매서비스와 결부되지 않으면 고객이 획득할 수 없고 순수서비스 역시 제공과정에서 소모품 등의 제품(예 : 이 · 미용실에서 비누, 염색약, 가위, 수건 등)을 일부 사용하고 있다는 점에서 완전한 제품과 서비스는 존재하지 않으며, 서비스는 상대적으로 무형적 속성이 강하다는 것을 의미한다.

일반적으로 제품을 공급하는 기업을 제조기업, 서비스를 제공하는 기업을 서비스기업이라고 정의하고 있으나 이러한 분류는 확장된 서비스개념에서는 유효하지 않으며, 확실하게 구분하는 것 자체가 사실상 불가능하다. 왜냐하면 거의 모든 제품 구매는 촉진적 역할을 하는 서비스의 구매를 동반하고 있으며, 또한 거의 모든 서비스의 구매는 촉진적 역할을 하는 제품의 구매를 동반하는 경우가 많기 때문이다.

예를 들면 호텔의 레스토랑에서 식사를 한다면 음식이라는 유형의 제품 외에 무형의 고급스러운 분위기나 세련된 인적 서비스를 함께 구매하는 것이며, 방송 시청의 서비스를 구매하기 위해서는 텔레비전이라는 제품을 구입해야 하는 것이다.

4 서비스산업의 개요

4.1 서비스산업의 의의

서비스산업(service industry)이란 유형의 물건이 아닌 용역을 창출해 경제의 한 부문을 이루는 산업을 말한다. 즉 재화를 생산하는 산업은 농업 · 광업 · 제조업 · 건설업 등인데 서비스 산업은 이러한 산업 이외의 모든 영역을 포함한다. 서비스산업의 자연적 성장배경은 클라크(Clark, 1957)가 주장한 경제 주도권의 이동을 들 수 있는데, 경제 발전과 함께 산업 간의 소득 격차가 원인이 되어 1차 산업(농 · 어업)에서 2차 산업(광 · 공업)으로, 2차 산업에서 3차 산업(서비스업)으로 노동력이 이동한다고 하였다. 이미 미국을 비롯한 선진국에서는 국내총생산(GDP : gross domestic product) 중에서 서비스 부분이 차지하는 비율이 65~80%에 이르고 있다.

우리나라의 경우도 최근 통계청의 자료에 따르면 국내총생산에서 서비스 부분이 차지하는 비중이 60%에 근접하고 있고, 서비스 부분의 고용도 63.5% 정도로서 제조업(22%), 건설업(12%), 농림어업(1.5%) 등 타 산업보다 훨씬 높다. 따라서 우리나라 경제도 서비스화가 상당히 진전되었다고 할 수 있다.

그림 1-6 경제발전에 따른 고용구조의 변화

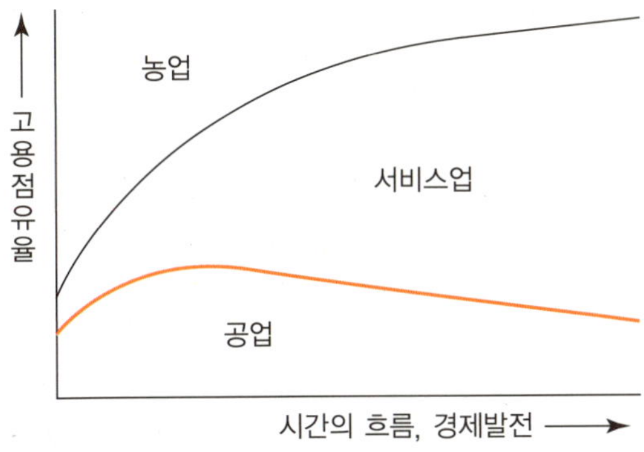

※ 출처 : International Monetary Fund(1997), *World Economic Outlook*

4.2 서비스산업의 성장요인

서비스산업의 성장요인으로는 ① 도시화의 진전 ② 인구구조의 변화 ③ 가처분소득 및 여가의 증대 ④ 사회의 전문화 및 분업화 ⑤ 기업 경영전략 수단 ⑥ 정보화의 진전 ⑦ 다양한 개성과 삶의 질 추구 등을 들 수 있다.

(1) 도시화의 진전

도시화는 생활에 있어서 시간과 공간의 부족을 가져오게 하여 이를 대체할 수 있는 새로운 서비스업을 탄생시켰다. 예를 들어 회갑연과 같은 수연, 돌잔치 등 각종 가족파티와 장례식의 경우 과거에는 집에서 하였지만, 현대에 와서 아파트 문화 등의 이유로 대부분 외부에서 하게 되어 뷔페식당을 비롯한 대형 레스토랑과 장례예식장 등이 발전하게 되었다. 또한 과거에 이사를 할 때는 가족이나 주변 친구 및 지인들이 도와주었으나 최근에는 포장이사 업체에 맡기고 있는 실정이다.

특히, 여성의 사회진출에 따라 이들의 시간을 벌어주는 서비스 즉, 가사 대행업과 아이를 돌보는 놀이방 등의 탁아시설이 증대되었고, 집에서 아이를 전문적으로 돌보아주는 베이비 시터(baby sitter)라는 신종 직종도 등장하였으며, 외식산업의 발달도 가져왔다.

(2) 인구구조의 변화

2000년 7월 1일 기준으로 우리나라는 65세 노령 인구가 전체 인구의 7.1%로 집계되어 UN이 정한 '고령화 사회(aged society)'로 접어들었다. UN은 전체인구 중에서 65세 이상의 노령인구가 차지하는 비율이 7% 이상이면 고령화 사회로 규정하고 있다. 우리나라의 경우 2026년에는 20%로 예상되어 초고령 사회로 진입할 전망이다. 고령화의 이유는 저출산과 의학의 발달 및 식생활의 풍요로움 등으로 평균수명이 연장되었기 때문이다. 이와 같은 인구의 고학력화 및 고령화는 문화센터, 평생교육원 등 교육 강습 서비스업과 건강관련 및 실버산업 등의 서비스업을 성장시키고 있다.

고령화 시대를 맞이하여 주목해야 될 5대 트렌드로는 ① 건강한 노후 ② 시간

표 1-2 고령화 시대의 5대 트렌드와 산업

트렌드	서비스산업	사례
건강한 노후	보건 · 의료 산업	• 노인전문 헬스 케어(Health Care) • 노화 방지(anti-aging) 산업
시간소비(긴 수명)	경험 산업	• 여행과 레저 • 실버 엔터테인먼트 및 디지털콘텐츠
사회활동	시니어 커뮤니티 산업	• 실버타운 • 재혼 서비스나 친교 및 레크리에이션 분야
재테크 및 보험	종합자산관리 서비스	• 개인연금 상품 • 상해 · 질병 · 보험 및 상조회
아름다운 죽음	장례 산업	• 장례예식장 • 간병인 및 사회복지사 • 요양원

※ 출처 : 현대경제연구원(2005), 고령화 시대, 이런 산업이 뜬다. 내용을 저자가 표로 정리

소비 ③ 사회활동 ④ 자산관리 ⑤ 사후준비(아름다운 죽음) 등으로서 이와 관련된 산업이 주목받을 것으로 예상된다.

(3) 가처분소득 및 여가의 증대

과거에는 엥겔(Engel) 지수, 즉 소득이 낮은 가정일수록 전체의 생계비 중에서 음식물비가 차지하는 비율이 높았는데, 최근에는 가처분소득(개인이 자기 의사에 따라 자유롭게 소비 또는 저축으로 처분할 수 있는 소득)이 높아져 소비의 상당부분을 여행, 외식, 문화생활 등 여가를 즐기는데 사용함에 따라 관련 서비스업이 성장하게 되었다. 또한 주 5일제 등의 실시 등으로 인하여 근로시간이 단축됨에 따라 여가선용을 위하여 관광, 레저, 스포츠, 건강, 오락, 문화, 외식 등의 관련 서비스업을 찾고자 하는 욕구가 증대되고 있다.

(4) 소비자의 편의성 추구

현대사회가 점점 복잡해짐에 따라 소비자들은 자신의 지식 및 정보의 부족을 충족시켜주거나 자신의 시간 부족 등을 대신할 편의성 즉 대행 서비스업을 찾고 있다. 예를 들어 법률이나 세무 지식이 부족하면 법률사무소나 세무사무소를, 소포를 붙이기 위해서 택배회사를, 음주로 자신이 운전이 불가능할 경우 대리운전 등의 서비스업을 찾는 것을 들 수 있다.

(5) 산업구조의 복합화 및 분업화

산업구조가 복잡해지고 다양해짐에 따라 하나의 산업이 독립적으로 발전하는 것보다는 산업 간 유기적인 네트워크의 중요성이 높아지고 있다. 즉 제조업이 경쟁력을 갖추고, 원활한 산업 활동을 하기 위해서는 그것을 지원해주는 금융, 물류, 유통, 정보 등의 전문적인 서비스업과 연계성을 갖추어야 한다는 점에서 오늘날 서비스는 경제의 큰 틀을 형성하고 있다. 이와 같이 서비스업은 단순 용역을 제공하는 수단이 아니라 제조업과 융화된 복합 산업으로 발전하고 있다.

기업들도 자체 경영의 한계를 극복하기 위하여 아웃소싱(outsourcing)과 같은 경영기법을 통하여 외부 전문기관으로부터 서비스를 받거나 제품의 경쟁적 우위 또는 차별화를 위하여 서비스를 강조하게 되었다. 따라서 외부의 용역 서비스는 물론, 경영 컨설팅, 시장조사, 직원 연수교육, 인재뱅크, 광고 및 홍보 대행, 보안 시스템, 제품의 수리 및 유지 등 기업지원을 위한 전문 서비스업이 등장하게 되었다.

(6) 정보화의 진전

사회 전반에 진행되고 있는 정보화의 물결은 정보통신, 정보콘텐츠 등의 지식기반 서비스업을 급속히 팽창시키고 있다. 예를 들면 인터넷 상에서 정보 및 지식을 제공하는 포털 서비스(portal service)업, 인터넷 쇼핑, 전자상거래 등을 들 수 있는데 오늘날에는 이와 같은 e-서비스가 없이는 경제활동이 불가능한 실정이다. 특히 웹 컨설팅을 비롯하여 웹 디자인에서 유지보수에 이르기까지 e비즈니스와 관련된 e서비스는 급속도로 팽창할 것으로 예상된다.

특히 우리나라는 정보기술(IT)의 강국으로서 이와 관련된 서비스업의 잠재력

■ IT에 의한 서비스업 – 스크린골프(자료 : 골프존)

이 풍부하며, 이를 활용한 서비스기술이 개발된다면 국제적으로 시장성은 매우 높다고 할 수 있다. 예를 들어 스크린 골프장(방)은 IT를 레저에 접목한 신종 서비스업체라고 할 수 있다.

(7) 다양한 개성과 삶의 질 추구

후기산업사회의 소비자는 다양한 라이프 사이클(life cycle)과 삶의 질을 추구함에 따라 취미와 문화생활에 대한 욕구가 증대되고 있다. 이러한 욕구는 대부분 서비스수요로 나타나고 있으며, 보다 전문적이고 고급화된 서비스를 요구하고 있다. 따라서 이러한 수요를 충족시켜주는 신종 서비스업 또는 직업이 등장하거나 그와 관련된 산업이 성장하고 있다.

〈표 1-3〉에서 볼 수 있듯이 산업사회의 변천과정에서 생활수준의 기준은 전기산업사회에서는 생존, 산업사회에서는 상품의 양, 후기산업사회에서는 건강·취미생활·교육·레크리에이션의 양 등으로 바뀌고 있다. 따라서 오늘날 후기산업사회에서는 다양한 개성과 삶의 질을 추구하고자 하는 욕구가 강하므로 이를 수용하는 각종 신종 서비스업이 출현하고 있는 것이다.

표 1-3 산업사회의 비교

사회	특징					
	게임	지배적인 활동	인간 노동력 사용	사회생활 단위	생활수준의 측정	기술
전기 산업 사회	자연	농업, 광업	육체적인 힘	확장된 가구	생존	단순 수작업 도구
산업 사회	제조	상품생산	기계의존	개인	상품의 양	기계
후기 산업 사회	사람	서비스	예술적 창조적 지적	커뮤니티	건강, 교육, 레크리에이션의 양	정보

※ 자료 : Fitzsimmons(1998)

(8) 지속가능한 경영의 추구

지속가능한 경영(Sustainable Management)이란 기업이 경영에 영향을 미치는 경제적 · 사회적 · 환경적 이슈들을 종합적으로 균형 있게 고려하면서 기업의 지속가능성을 추구하는 경영활동이라고 정의할 수 있다. 즉 기업들이 전통적으로 중시했던 매출과 이익 등 재무성과뿐만 아니라 윤리, 사회문제, 환경 등 비재무성과에 대해서도 함께 고려하는 경영을 통해 기업의 가치를 지속적으로 향상시키려는 경영기법을 말한다.

지속가능한 경영의 일례로 서비사이징을 들 수 있는데 서비사이징(Servicizing)이란 제품의 서비스화를 통해 생산자와 고객 모두 이익을 얻고 환경도 보호하자는 취지를 말한다. 즉 제품의 서비스화를 통하여 과도한 제품 생산에 따른 환경문제를 해소하여 지속가능한 경영을 추구하고자 하는 것이다.

결국 서비사이징은 제품과 서비스를 결합해 판매하거나 제품과 관련한 서비스를 판매하는 비즈니스 모델로서 제품 생산 및 공급에 주력하던 제조업체가 사업모델을 서비스 중심으로 변경하는 것을 의미한다. 서비사이징을 통한 지속가능한 경영의 대표적인 사례로는 제조업체가 자사 제품과 관련하여 렌탈(rental) 및 컨설팅(consulting) 등의 서비스사업에 참여하는 것을 들 수 있다.

표 1-4 서비스업의 성장 배경

요 인	관련 서비스업 (예)
도시화의 진전	호텔 연회장 및 레스토랑, 출장뷔페, 외식산업, 장례 및 가사대행업, 포장이사, 놀이방 등
인구 구조의 변화	문화센터, 실버산업, 건강관련 업 등
가처분 소득 및 여가의 증대	관광, 레저, 스포츠, 건강, 오락, 문화, 외식 관련업 등
소비자의 편의성 추구	법률, 세무, 재테크 등의 전문 상담 및 택배, 대리운전 등
기업 경영전략 수단	경영컨설팅, 시장조사, 직원연수교육, 인재뱅크, 광고 및 홍보, 보안시스템, 제품의 수리 및 유지를 위한 서비스 등

표 1-4 서비스업의 성장 배경

요 인	관련 서비스업 (예)
정보화의 진전	전자상거래, 이동통신, 컴퓨터 프로그래밍, 홈쇼핑, 인터넷 서비스, 스크린골프 등
다양한 개성과 삶의 질 추구	예식, 연예, 오락, 문화 등의 각종 이벤트 기획업, 보험 등의 금융업, 취미생활 관련업 등
지속가능한 경영 추구	제품과 서비스의 결합 : 렌탈, 컨설팅 등

사례 지속가능한 경영 – 제록스, 문서 관련 컨설팅으로 사업 확장

복사기와 프린터, 인쇄 관련 부자재 등을 생산·판매하는 제록스는 2001년 '제록스글로벌서비스(XGS)'라는 컨설팅 사업부를 만들었다. XGS는 고객사의 인쇄기기 현황을 분석해 보다 효율적으로 문서 작업을 할 수 있도록 컨설팅하고 그 실행까지 책임지는 서비스를 말한다. 즉 자사의 핵심 사업인 인쇄기기 생산·판매와 더불어 전문성을 바탕으로 관련 서비스까지 제공함으로써 사업 영역을 확대했던 것이다.

제록스가 이렇게 사업 방향을 확장한 것은 사업 환경 변화와 그에 따른 위기의식 때문이었다. 1990년대 들어 복사기 및 프린터를 제조하는 경쟁 업체들이 늘어났으며, 고객들도 인쇄비용 절감을 대대적으로 추진하기 시작했다. 제록스는 기존 사업만으로는 더 이상 고객에게 차별화된 가치를 제공하고 안정적인 수익을 확보할 수 없다는 판단을 내렸다.

제록스는 기술력과 전문성을 이용해 고객사의 문서 작업을 개선함으로써 고객사의 업무 효율을 올리고, 비용 절감 욕구를 충족시켜주었다. 단순히 고객사의 사무기기를 교체해주고 지속적으로 점검하면서 소모품을 관리해주는 데 머물지 않고, 문서의 생성에서부터 폐기에 이르는 전 과정을 고객사에게 컨설팅을 해주고, 나아가 컨설팅 결과까지 실행해준다.

즉 고객사의 전 사업장에 있는 복사기, 프린터, 복합기, 스캐너 등 인쇄기기의 수, 각 사업장의 근무 인원, 출력 분량, 장당 출력 비용, 월평균 출력 비용, 근무 시간 동안의 인쇄기기 가동률 및 감가상각 현황 등을 꼼꼼하게 조사한 뒤 이 조사 결과를 바탕으로, 우선 필요 이상으로 많은 인쇄기기의 숫자를 줄여 재배치한다. 그리고 전문적인 분석 도구로 고객사의 장비별 · 직원별 출력 사항을 모니터링하여 불필요한 인쇄를 줄인다. 따라서 불필요한 출력을 줄이면 전력 사용은 물론 종이와 토너 등 인쇄 관련 부자재와 환경에 나쁜 영향을 주는 폐기물 배출도 줄일 수 있는 것이다.

연습문제 및 토의주제

1 서비스의 사회화란 무엇인가?

2 서비스의 경제화란 무엇인가?

3 서비스의 특성에 대하여 설명하시오.

4 서비스산업의 성장요인은 무엇인가?

5 서비스를 경제주체에 따라 분류해 보시오.

6 고령화시대를 맞이하여 주목해야 될 산업으로는 어떤 것들이 있는가?

7 후기산업사회에서 생활수준의 측정은 무엇으로 하는가?

8 지속가능한 경영이란?

제2장

고객과 서비스

"훌륭한 서비스는 고객에게 미소 짓는 것이 아니라 고객이 당신에게 미소 짓게 만드는 것이며, 고객에게 맑은 날씨를 약속할 수 없어도 비가 올 때 우산을 받쳐주겠다는 약속은 할 수 있어야 한다"

Service Management

제 2 장 고객과 서비스

1 고객과 만족

1.1 고객의 개념

고객(顧客)은 경제에서 창출된 재화와 용역을 구매하는 개인이나 가구를 일컫는다. 이러한 고객은 기업의 출발점으로서 고객이 없는 기업이란 존재할 가치가 없다. 과거 물재가 부족하여 수요가 공급을 초월하고, 시장독점이 가능했던 시절 기업은 대량생산을 통해 공급에만 주력하였으므로 고객은 안중에도 없었다. 그러나 과잉공급, 과다경쟁, 고객의 욕구가 다양한 오늘날에는 고객에 대한 칭호가 왕(王), 황제(皇帝), 신(神)으로 격상되어 더 이상의 수식어가 부족한 실정이며, 고객지향, 고객만족, 고객감동, 고객사랑 등 찬란한 문구로 고객을 유혹하고 있다.

서비스업체도 예외는 아니다. 병원의 환자, 행정기관의 민원인, 대학교의 학생들도 서비스 고객개념으로 바뀌고 있으며, 이를 수용하지 못하는 서비스기업이나 기관은 도태될 수밖에 없는 환경에 이르렀다.

고객은 영어로 'customers'와 'clients'로 표현된다. 'customers'는 백화

점, 호텔, 항공사, 레스토랑 등지의 불특정 다수의 고객을 말하는 것이고, 'clients'는 의사와 환자, 변호사와 의뢰인의 관계처럼 일대일의 세심한 배려가 필요한 고객이다. 그러나 백화점, 호텔, 항공사, 레스토랑 등의 서비스기업은 불특정 고객인 'customers'를 세심한 배려가 필요한 'clients'로 육성시킬 필요가 있다. 그래서 단골고객을 'clients'라고 한다.

고객이란

고객은 이 사무실에서 가장 중요한 사람이다 … 고객이 우리에게 의존하는 것이 아니라 … 우리가 고객에게 의존하고 있다. 고객은 우리의 일을 방해하는 것이 아니고 … 우리 일의 목적이다 … 우리가 고객에게 서비스를 제공하는 것이 고객에게 호의를 베푸는 것이 아니라 … 고객이 우리에게 서비스를 제공할 수 있는 기회를 줌으로써 고객이 우리에게 호의를 베푸는 것이다. 고객은 말다툼의 대상이 아니며 어느 누구도 고객에게 주장을 해서 승리할 수는 없다. 고객과 우리 자신에게 도움이 되도록 서비스하는 것이 우리의 일이다.

※ 출처 : 통신판매 회사인 L.L. Bean사의 포스터

■ 삼성생명 직원들이 고객의 참된 의미를 생각해 보자는 취지로 진행한 '나에게 고객이란' 이벤트에서 뽑힌 수상작을 선보이고 있다. 삼성생명 제공

1.2 고객만족의 개념

고객만족은 마케팅사고의 중심적 개념으로서 1970년대 이후 끊임없이 학계와 기업체로부터 주목을 받아왔으며, 오늘날 세계의 우량기업들은 생존경쟁에서 살아남기 위하여 고객만족경영에 관심을 가지게 되었다. 고객만족(CS : customer satisfaction)이란 고객의 필요와 기대에 부응하여 그 결과로서 제품이나 서비스의 재구입이 이루어지고 아울러 고객의 신뢰감이 연속되는 상태를 말한다.

고객만족경영(customer satisfaction management)이란 기존 매상고나 이익 증대와 같은 목표와 달리 고객에게 최대의 만족을 주는 것에서 기업의 존재 의의를 찾으려는 경영 방식을 말한다. 즉 제품과 서비스에 대하여 고객에게 만족을 주기 위하여 만족도를 정량적으로 측정하고, 그 결과에 따라서 제품과 서비스 그리고 사내 풍토를 조직적이고, 지속적으로 개선 및 개혁을 해 나가는 것을 중심과제로 삼는 것을 말한다. 따라서 고객만족경영은 고객을 최우선적으로 생각하고, 제품 및 서비스를 단지 고객에게 판매하는 것이 아니라 만족을 고객에게 판매한다는 사고를 말하며, 고정고객을 확보하여 지속적으로 제품과 서비스를 구입하도록 하는 것이 그 목적이다.

서비스기업의 경영에 있어서도 가장 중요한 과제는 고객만족이다. 고객만족 여하에 따라 서비스기업의 생존이 달려 있으며, 고객만족 추구는 서비스기업의 전사적 지향점이라고 할 수 있다. 서비스기업에서 고객만족을 특별히 강조하는 것은 서비스가 사람과 사람의 접촉에서 창출되기 때문이다. 따라서 고객만족서비스란 고객의 필요(needs)와 욕구(wants) 충족에 초점을 두고, 기대에 부응하는 서비스를 제공하여 그 결과로 서비스의 재구매가 이루어지고, 이것이 반복하여 고객 애호도(customer loyalty)가 계속 유지되는 상태라고 정의할 수 있다. 따라서 고객의 필요를 예측하고 준비된 서비스를 제공하는 기업만이 수익을 창출할 수 있는 것이다.

1.3 고객만족의 중요성

(1) 고객만족과 불만족의 결과

고객이 제품 및 서비스를 구입하여 만족하게 되면 재구매로 이어지고, 고정고객을 확보할 수 있으며, 주변에 좋은 구전을 전파하여 신규고객도 창출되어 결국 매출이 증대된다. 또한 기존고객이 반복 구매하고, 구전에 의하여 신규고객이 창출됨으로서 판매비 · 광고비 등의 비용절감도 할 수 있다. 즉 단골 고객은 기업의 매출을 올려줄 뿐만 아니라 걸어 다니는 광고판 역할까지 하는 것이다.

그러나 불만족하게 되면 재구매가 중단되어 고객을 상실하게 되고, 나쁜 구전을 주변에 전파함으로서 잠재고객까지도 상실되므로 매출의 감소를 가져다준다. 따라서 대부분의 기업들은 고객불만족을 개선하기 위해 '고객센터', '고객상담실' 등을 설치하여 운영하고 있는 실정이다. 고객만족과 불만족의 결과를 도식화하면 〈그림 2-1〉과 같다.

그림 2-1 고객만족과 불만족의 결과

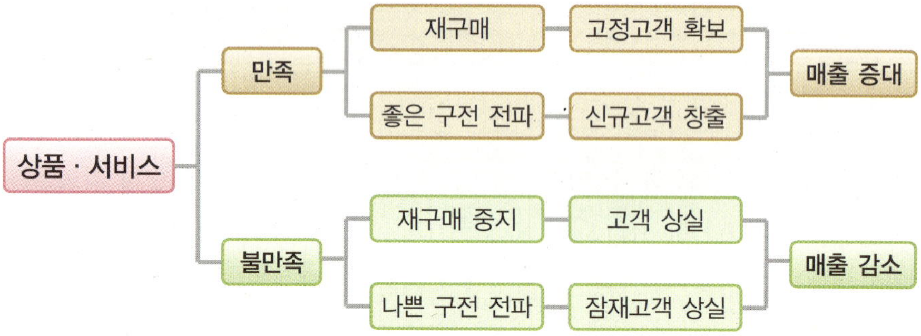

(2) 고객만족과 충성도와의 관계

고객만족과 기업에 대한 고객 충성도와의 함수관계는 〈그림 2-2〉와 같다. 즉 해당 기업에 대하여 만족도가 높을 경우 충성도는 높아지고, 만족도가 낮을 경우 충성도는 낮아진다. 만족도와 충성도가 매우 낮은 고객은 일명 '테러고객'이 되어 주변에 불만족을 무찰별적으로 공격한다.

반면에 매우 만족한 고객과 충성도가 높은 고객은 서비스기업과 생사를 같이 하는 동반고객으로 발전하게 된다. 결국 기업의 성패는 자신의 기업에 테러고객이 많은지, 충성도가 높은 고객이 많은지에 달려있다고 할 수 있다.

그림 2-2 고객만족과 충성도의 함수관계

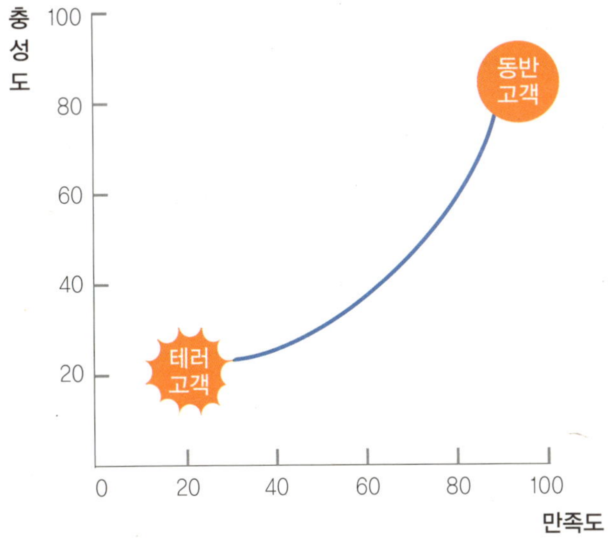

2 고객만족 서비스의 시스템

고객만족 서비스를 실천하기 위해서는 〈그림 2-3〉과 같이 단계별로 시스템을 구축하여 체계적으로 전개할 필요가 있다.

그림 2-3 고객만족 서비스 시스템

고객만족 서비스의 이념 확립	• 고객만족 서비스 도입에 대한 이념 • 고객만족 서비스의 중요성 인지
⇩	
고객만족 서비스 추진조직 만들기	• 고객만족 서비스 추진 조직구성
⇩	
고객만족 서비스 이념의 전사원 공유	• 고객만족 서비스의 슬로건 구축 • 고객만족 서비스를 위한 캠페인 전개 • 고객만족 서비스 교육
⇩	
고객만족도 조사	• 고객의 욕구 및 불만 조사 • 객관적이고 정량적인 조사
⇩	
고객만족도 조사의 분석	• 불만요인 추출 및 문제점 분석 • 고객의 욕구 파악 • 고객만족도 갭(gap) 분석
⇩	
고객접점 및 프로세스의 개선	• 서비스의 개선계획 수립 • 벤치마킹(benchmarking) 계획
⇩	
고객만족 서비스 실행	• 서비스 개선활동 전개
⇩	
고객만족 모니터링(monitoring)	• 성과분석 • 서비스 개선활동 평가
⇩	
통제 및 조정	• 미비점 보완 • 향후계획 수립

2.1 고객만족 서비스의 이념

서비스경영자는 무엇이 고객만족 서비스이고, 왜 고객만족 서비스경영을 도입해야 하는가에 대하여 명쾌하게 설명할 수 있어야 하며, 고객만족 서비스를 위해 우리 회사는 무엇을 해야 하는가? 등의 기업 목적에 대해서도 명확히 제시할 수 있어야 한다. 이와 같은 고객만족 서비스를 추진하기 위해서는 경영자의 고객만족 서비스에 대한 확고한 신념과 의지가 필요하며, 그 의지와 신념은 관리직에서 일반사원까지 전사적으로 확산되어야 한다. 따라서 고객만족 서비스는 기업이념으로 표방하고, 전 사원이 공유하여 실천에 옮길 때 성공할 수 있다.

고객만족 서비스를 실천하기 위한 행동강령과 슬로건의 설정은 경영자가 주도하여 하부 직원으로 하달하는 'top down' 방식과 전 사원이 공모하여 도출하는 ' bottom up' 방식이 있는데, 'bottom up' 방식은 직원 스스로 만든 행동기준이라는 점에서 자발적 참여가 가능하다는 장점이 있다. 기업이념으로서 고객만족 서비스에 대한 대표적인 슬로건은 '고객최우선', '고객제일주의' 등을 들 수 있다. 이처럼 도출된 고객만족 서비스의 이념은 슬로건 · 캠페인 · 교육 등을 통하여 강화되고, 정신적으로 무장할 수 있다.

표 2-1 고객만족 관련 주요 기업의 이념 슬로건

기 업	슬로건
롯데 백화점	언제나 고객과 함께(Always with you)
현대 · 기아차	고객을 위한 혁신
SK	고객이 OK할 때까지
금호 아시아나	아름다운 사람들, 아름다운 커뮤니티, 아름다운 만남
대한항공	하늘 가득히 사랑을
유나이티드항공사	당신이 주인입니다(You' re the boss)
P&G	소비자가 우리의 비즈니스이다

결국 고객지향적인 서비스이념은 모든 조직원이 고객만족 수준 향상에 관심을 가지고 행동하도록 규범하며, 어느 부서의 조직이든 고객의 욕구에 어떻게 대응하는지를 알게 하는 지침역할을 한다고 할 수 있다.

2.2 고객만족도 조사

(1) 고객만족도 조사의 목적

고객만족도를 조사하는 목적은 고객의 만족도를 개관적으로 측정하고 평가하여 그것을 토대로 개선방안을 모색하고, 기업활동이나 영업활동에 적절히 반영함으로써 기업 이미지개선 및 신뢰성 확보는 물론 궁극적으로는 고객의 지속인 유지와 함께 매출의 증가를 도모하는 것이다. 고객만족도 조사를 통하여 구체적으로 파악할 수 있는 내용은 다음과 같다.

- 현재의 제품 및 서비스에 대한 만족과 불만족 요인을 파악할 수 있다.
- 불만족한 고객들의 특성을 파악하여 차기 고객만족전략 수립에 활용할 수 있다.
- 정기적인 조사를 통하여 고객요구 변화 및 환경변화를 사전에 감지하여 대응 안을 마련할 수 있다.
- 경쟁사와 비교분석하여 제품과 서비스의 경쟁우위를 파악할 수 있다.

그림 2-4 고객만족도 조사의 과정

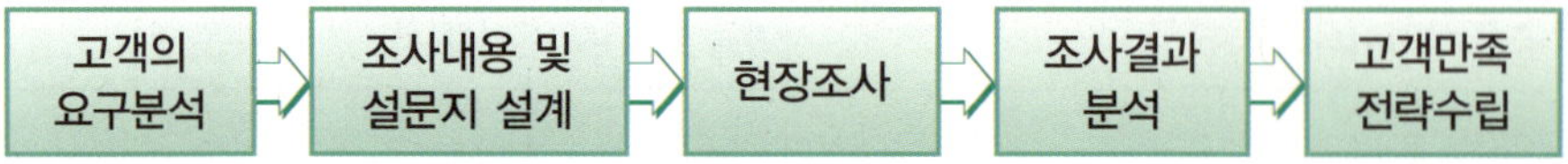

(2) 고객만족도 조사의 원칙

고객만족도 조사는 계속성, 정량성, 정확성 등의 3원칙에 의하여 진행되어야 한다.

계속성의 원칙 고객만족도는 정기적으로 계속해서 실시되어야 한다. 특히 일정한 시기에 일정한 방법으로 조사함으로써 시계열적인 비교가 가능하도록 한다. 조사의 회수는 일반적으로 연간 1회 정도 실시하되, 자사의 상품과 경영환경의 변화에 따라 6개월 또는 분기마다 실시할 수도 있다.

정량성의 원칙 정량성의 원칙이란 만족도 조사결과를 통계적 분석에 의하여 객관적인 숫자로 표현하는 것을 말한다. 따라서 각 기업은 독자적인 기준을 설정하여 고객만족도를 수치로 지수화하는 것이 필요하다. 이와 같은 정량적 조사는 현재의 고객만족도를 파악할 수 있을 뿐만 아니라 과년도와 비교할 수 있어 서비스개선의 계획에 중요한 자료가 된다. 고객만족도를 측정하는 방법은 설문에 의하여 5점 또는 7점 척도를 사용한다. 설문의 예는 다음과 같다.

설 문	전혀 그렇지 않다	그렇지 않다	보통 이다	그렇다	매우 그렇다
우리 업체에 전반적으로 만족하였습니까?	①	②	③	④	⑤
기회가 되면 재방문하시겠습니까?	①	②	③	④	⑤
우리 업체를 다른 사람에게 추천하시겠습니까?	①	②	③	④	⑤

정확성의 원칙 고객만족도 조사는 시간과 비용을 들여서 하는 것인데 조사가 정확하지 않다면 낭비만 초래할 뿐만 아니라 개선계획을 수립할 수가 없다. 따라서 다음과 같은 사항에 유의할 필요가 있다.

- 조사 대상자의 표본은 적절한가?
- 조사항목이 만족도를 충분히 조사할 수 있는 내용인가?
- 조사방법이 적절한가?
- 조사 담당자가 적절한가?

3 고객접점 및 고객만족 서비스의 실제

3.1 고객접점

(1) 고객접점의 개념

고객접점 서비스에서 '결정적 순간' 또는 '진실의 순간' 이라는 용어를 최초로 주창한 사람은 리차드 노먼(Richard Norman)이며, 이 개념을 도입하여 성공을 거둔 사람은 스칸디나비아 에어라인(SAS) 항공사의 사장 얀 칼존(Jan Carlzon)이다. 이들의 주장에 의하면 고객접점 서비스란 고객과 서비스 요원 사이의 15초 동안의 짧은 순간에서 이루어지는 서비스로서 이 순간을 '진실의 순간(MOT : moment of truth)' 또는 '결정적 순간' 이라고 하였으며, 이 15초 동안에 고객접점에 있는 최일선 서비스 요원이 책임과 권한을 가지고 우리 회사를 선택한 것이 가장 좋은 선택이었다는 사실을 고객에게 입증시켜야 한다는 것이다.

즉 '결정적 순간' 이란 고객이 기업조직의 어떤 한 측면과 접촉하는 사건이고, 그 서비스의 품질에 관하여 무언가 인상을 얻는 것을 말하며(Albrecht, 1988), 이러한 결정적 순간들이 하나하나 쌓여 서비스 전체 품질이 결정된다고 할 수 있다. 서비스를 제공하는 과정에서 고객과 수많은 서비스 접점이 존재하며, 접점에서 고객이 느끼는 이미지는 기업 전체의 이미지로 나타나는 것이다.

따라서 고객이 서비스상품을 구매하기 위해서는 입구에 들어올 때부터 나갈 때까지 여러 서비스 요원과 몇 번의 짧은 순간을 경험하게 되는데 그때마다 서비스요원은 모든 역량을 동원하여 고객을 만족시켜주어야 하는 것이다. 이를 뒷받침하기 위해서는 고객접점에 있는 서비스 요원들에게 권한을 부여하고 강화된 교육이 필요하며, 고객과 상호작용에 의하여 서비스가 순발력 있게 제공될 수 있는 서비스 프로세스를 갖추어야 한다. 고객은 윗사람에게 결재의 여유를 주지 않을 뿐만 아니라 기다리지도 않는다.

'진실의 순간(Moments of Truth : MOT)' 본래 의미

스페인의 투우 용어인 'Momento de la Verdad'를 영어로 표현한 것으로 투우사(Matador)가 1m의 칼로 우표 크기 만한 소의 급소를 찌르는 순간을 의미한다. 즉 생과 사를 결정짓는 매우 중요한 찰나로서 투우사가 급소를 한 번에 제대로 찌르지 못하면 소는 고통을 받게 되고 투우사의 명성도 떨어진다. 따라서 투우사가 소와 일대일로 대결하는 최후의 순간을 '진실의 순간'이라고 하며, 이는 서비스마케팅에 시사하는 바가 크다고 할 수 있다.

(2) 고객접점 서비스의 중요성

고객접점 서비스가 중요한 것은 소위 서비스의 곱셈법칙이 작용하기 때문이다. 즉 고객이 여러 번의 결정적 순간에서 단 한 명에게 0점의 서비스를 받는다면 모든 서비스가 0이 되어버린다는 것이다. 예를 들어 호텔에 투숙하여 체류기간 동안 만족하였으나 체크아웃할 때 장시간 줄을 서서 기다린다든지 계산상 오류가 발생하였다면 이 호텔에 대한 전체 서비스는 제로가 된다는 것이다.

따라서 서비스기업 관리자는 고객접점에서 가시적인 서비스를 담당하는 요원은 물론 경비, 주차, 운전사, 전화 교환, 청소, 정원관리, 시설 요원 등 비가시적인 서비스요원들에게도 고객접점에 있다는 것을 강조하여 그들의 용모나 유니폼, 서비스정신 등 관리가 요구된다. 특히 고객접점에서 종업원의 용모와 복장은 친절한 서비스를 제공하기 전에 첫인상을 좌우하는 첫 번째 요소라고 할 수 있다.

고객접점에 있는 서비스 요원들을 효과적으로 관리하기 위해서는 명찰 패용을 비롯한 서비스 실명제를 통해서 고객으로부터 고객불만으로 지적된 직원에게는 경고카드를, 고객만족 직원으로 추천된 직원에게는 상응하는 인센티브를 부여하는 것도 하나의 방법이라고 할 수 있다.

사례 **고객접점 서비스 – SAS 항공사의 결정적 순간**

SAS(Scandinavian Airlines) 항공사의 사장 얀 칼존은 1981년도 800만 달러의 적자를 취임 1년만에 7,100만 달러의 흑자 경영으로 전환시켰다. 물론 비즈니스 고객을 주 타깃으로 한 마케팅적 노력이 있었지만 그보다 고객접점에 있는 사원들의 우수한 서비스가 더 중요하다는 것을 「고객을 순간에 만족시켜라 : 결정적 순간」이라는 책을 통하여 역설한 것이다. 이 책의 주요 내용은 다음과 같다.

한해에 천만 명의 승객이 각 5명의 SAS 항공사 종업원과 접촉한 사실을 강조하였으며, 1명당 1회 접촉시간이 평균 15초였다는 것이다. 따라서 1회 15초라는 짧은 시간에 1년간 5천만 회 고객의 마음에 SAS 항공사의 인상을 새겨 넣은 것이다. 이 한순간이 결국 SAS 항공의 성공을 좌우하기 때문에 종업원들은 이 결정적 순간이 항공사 전체 이미지를 결정한다는 사실을 인지해야 한다고 역설하였다.

이를 뒷받침하기 위하여 그는 최일선 고객접점에 있는 현장 직원의 교육을 강화시켰으며, 유니폼을 깔끔하고 세련되게 만들어 입히고, 현장의 권한을 강화하여 종업원의 판단을 존중해 주었다. 그리고 고객에게 가능한 "NO"라는 응답을 하지 않도록 주의를 주었다. 결국 그는 고객접점에 있는 종업원이야말로 SAS의 영웅이라고 불렀고, 조직 구조를 쇄신하였으며, 전사적인 서비스체계를 구축한 것이다.

(3) 직접 서비스접점의 유형

고객접촉 과정에서 발생되는 직접적인 서비스접점은 ① 원격접점 ② 전화접점 ③ 대면접점 등 세 가지 유형으로 나누어진다.

원격접점 서비스기업과 어떠한 인적 접촉 없이 이루어지는 서비스접점으로서 예를 들면 은행의 폰뱅킹이나 현금자동인출기를 통해서 거래를 한다든지 또는 통신판매를 통해 배달서비스를 받는 경우이다. 비록 원격접점에서는 인적접촉이 발생하지 않지만 고객의 입장에서는 현장까지 와서 서비스를 구매해야 하는 불편을 해소하고, 서비스 제공자 입장에서는 인적 서비스의 수고를 들 수 있다는 측면에서 상호 이해가 맞아떨어지고, 정보기술의 발달에 힘입어 향후 더욱 활성화될 것으로 기대된다. 단지 서비스의 유형적 증거와 기술적 프로세스 및 시스템이 품질 판단의 근본이 되므로 이에 대한 전략이 요구된다.

전화접점 전화는 대면접촉을 하기 전에 문의, 예약, 주문 등의 수단으로서 빈번하게 발생되는 서비스접점이다. 따라서 서비스업체에서의 전화는 비즈니스 라인으로서 더욱 전화서비스에 대한 품질관리가 요구된다.

대면접점 종업원과 고객이 접촉과정에서 발생되는 접점서비스를 말한다. 이미 앞에서 설명했지만 종업원은 대면접촉에서 '결정적 순간'을 좌우하는 인적 서비스의 제공자이자 그들 자신이 서비스상품이고, 품질을 결정짓는 요소이자 평가의 대상이 되기도 한다.

(4) 간접 서비스접점의 유형

서비스는 인적, 물적, 시스템적 서비스로 구성되어 있으므로 이 중에서 어느 한 요소만으로 고객에게 서비스를 제공할 수 없다. 즉 서비스기업의 고객접점은 서비스 요원과 고객과의 직접적인 접촉에 의해서만 이루어지는 것은 아니다. 물적 서비스, 시스템적 서비스와 같은 간접적인 고객접점에 의해서도 이루어지는 것이다.

물적 서비스 건물의 외관, 시설, 분위기, 공간배치, 소품, 가구, 비품, 인테리어 요소, 물자 및 서비스와 함께 제공되는 일부 유형의 제품(예 : 호텔의 음식과 음료)을 말하며, 고객이 서비스 구매과정에서 수없이 접하게 되는 접점이다. 특히 서비스기업에 있어서 물적 서비스는 유형성을 높여주는 가장 강력한 수단이고, 실제 구매포인트로서 상당한 역할을 한다. 아무리 인적 서비스가 훌륭하다고 하여도 물적 서비스가 불량하면 서비스품질 전체가 불량으로 평가된다. 고객은 상품속성의 유형성이 낮은 서비스업을 연상할 때 가장 먼저 물적 서비스부터 떠올리게 된다. 예를 들면 고객이 백화점에서 만족한 쇼핑을 하고 셔틀버스를 타고 집으로 돌아갈 때 그 셔틀버스 내부가 불결하다든지 또한 호텔의 레스토랑에서 아무리 맛있는 식사를 먹고 인적 서비스를 잘 받아도 실내의 청소상태 및 테이블 클로스, 냅킨, 나이프나 포크 등의 물적 서비스가 불결하다면 전체 만족도는 떨어지고 서비스품질과 수준은 의심을 받게 될 것이다.

시스템적 서비스 고객이 선택구매하고 이용하는데 있어서 간접적으로 영향을 주는 것을 말한다. 즉, 지식, 정보, 아이디어에 의한 흐름, 절차, 체계, 제도 등으로 고객에게 편익을 제공하는 노력을 의미한다. 이러한 것도 고객의 입장에서는 비가시적인 접점의 대상이 되는 것이다. 시스템적 서비스의 구체적인 예를 들면 다음과 같다.

- 조직자체의 커뮤니케이션의 체계 유지
- 판촉 및 홍보를 통한 고객 간의 정보 커뮤니케이션의 경로구축 (인터넷 홈페이지 서비스 등)
- 고객의 다양한 욕구에 대응하는 서비스 개발 및 상품화
- 업무의 프로세스, 매뉴얼화로 시간 단축 및 서비스의 표준화 실현
- 고객을 위한 쾌적하고 안전한 환경조성

그림 2-5 **고객접점도**

3.2 고객만족 서비스의 실제

(1) 고객만족 서비스 원칙

고객을 알아보라 고객만족 서비스의 첫 출발은 고객과의 첫 접점에서 고객을 알아보는 것이다. 즉 아는 고객일 때는 이름과 직함을 불러 주는 것이다. 설령 초면인 고객일지라도 마치 그 전에 알고 있는 듯한 뉘앙스로

친근하게 접근을 시도해야 한다. 서비스 고객은 항상 기억되기를 바라고, 환영받고 싶어 하며, 관심을 바라고, 중요한 사람으로 인식되기를 바란다.

사례 **고객을 알아보는 기법**

병원에서 접수직원으로 하여금 환자들이 도착할 때마다 인상착의를 간단하게 기록하도록 훈련시킨다. 예를 들어 줄리아 존스, 45세, 빨간색 블라우스, 금발. 이렇게 기록해두면 환자가 치료실에 들어갈 순서가 됐을 때 간호사는 이 자료를 바탕으로 '줄리아 존스'라는 손님을 찾아서 따뜻하고 정감 있는 인사를 전할 수 있다.

자료 : 레오나르도 인길레리 · 마이카 솔로몬(2012).

첫인상을 좋게 하라 첫인상이 나쁘면 이를 만회할 기회가 오지 않으며, 아무리 좋은 서비스를 제공해도 선입견을 가지게 된다. 반면에 첫인상이 좋으면 그 후의 서비스접점에서도 호감을 가지게 된다. 이를 초두효과 또는 후광효과라고 하는데 즉 먼저 들어온 정보가 나중에 들어오는 정보에 영향을 미친다는 것이다. 첫인상의 결정요인으로는 용모, 자세, 인사, 미소와 표정, 대화, 경어사용 등을 들 수 있다.

치알디니(Cialdini)의 호감의 법칙

인상이 좋은 피의자가 무죄판결을 받을 가능성이 높다.

그림 2-6 첫인상의 결정요인

고객의 기대에 부응하라 고객은 우리의 영업 매뉴얼을 읽으려고 하지 않으며, 우리의 정책이나 업무절차를 알고 싶어 하지도 않는다. 단지 그들의 욕구를 충족시켜 주기를 원한다. 특히 고객은 규정 외의 친절에 더 고마움을 느낀다. 따라서 서비스 종사원은 가능한 고객의 기대에 부응하도록 노력해야 한다.

고객의 수고를 들어 주라 고객은 서비스를 구매하면서 가능한 적은 시간과 노력을 추구하고자 한다. 따라서 서비스 종사원은 고객에게 자주 다가가도록 해야 한다.

고객의 의사결정을 촉진하라 고객은 결정하기를 주저하는 경우가 많다. 그들은 결정을 내리기 위해 추천이나 권유를 기다리고 있다.

고객의 관점에서 보고 다투지 말라 고객은 반드시 우리가 보는 시각으로 사물을 보지 않는다. 아무리 우리의 서비스 상품이 우수하고 저렴하다고 하여도 고객이 아니라고 하면 아닌 것이다. 고객이 원하는 것을 고객 이상으로 알고 있다는 생각은 무지에서 오는 오만의 산물이다.

고객의 시간을 침범하지 말라 기다리며 보내는 시간은 실제보다 4배나 더 길게 느껴진다. 가능한 고객의 대기시간을 짧게 하도록 해야 한다.

고객이 회상하고 싶어 하는 추억을 만들라 고객은 기억나는 좋은 시절을 다시 만들고 싶어 한다. 이것은 고객애호도의 기초이다.

나쁜 경험은 오래 기억된다는 것을 알라 고객은 좋은 경험보다는 나쁜 경험을 더 오래 그리고 더 생생히 기억한다. 또한 좋은 경험보다 나쁜 경험을 주변 잠재고객에게 더욱 강하게 전달한다는 점에 유의해야 한다.

고객에게 항상 빚지고 있다고 생각하라 고객이 지불한 요금에 대해서만 감사하게 생각해서는 안 된다. 고객이 지불한 요금과 시간 투자에 비하여 가치를 크게 느끼고 떠나도록 해야 하며, 다음에 그 고객이 다시 올 때는 더 많은 가치를 제공하겠다는 마음의 빚을 안고 있어야 한다.

(2) 서비스의 7대 죄악

알브레히트(Albrecht)는 고객의 불만을 분석한 결과 서비스의 7대 죄악을 규정하였는데, 그 의미를 첨삭하여 정리하면 다음과 같다.

무관심 '나와는 관계없다'는 태도. 주로 일에 지친 서비스 종업원이나 뒷짐을 지고 있는 관리자에게서 자주 볼 수 있다. 예를 들어 백화점 매장에서 손님이 왔는데도 반겨주지도 않고, 다가오지도 않는 경우, 또한 은행의 경우 창구의 여직원은 바쁜데 뒷줄의 관리자들은 회전의자를 돌리면서 퇴근 후의 시간이나 골프이야기로 소일하는 경우 등을 들 수 있다.

무시 고객의 요구나 상담에 대해 무시하고 고객을 피하는 것을 말한다. 즉 정해진 시간과 절차 안에 고객을 속박시키고 고객의 문제에 대해서는 귀찮아하는 경우이다. 예를 들어 식사시간 또는 폐점 무렵에 고객이 왔을 때 피하는 경우를 들 수 있다.

냉담 고객에게 퉁명스럽고, 불친절 등의 냉담을 보이면서 '방해가 되니 저쪽으로 가시오.' 라고 하는 식의 태도이다. 주로 행정기관 등에서 많이 볼 수 있었으나 최근에는 개선되고 있다.

어린애 취급 고객을 어린애 취급하는 것을 말한다. 주로 의료기관에서 많이 볼 수 있다. 즉 환자를 부르거나 대화할 때 낮추어 말하고, 병명이나 치료과정에 대하여 설명을 잘 해주지 않고 단지 의사만 알고 있으면 된다는 식이다.

로봇화 서비스가 정감이 없고 마치 기계처럼 돌아가는 경우이다. 즉 서비스를 하는데 미소와 대화가 없고, 인사를 하더라도 가식적이며 진심이 결여되어 있는 상태를 말한다. 대부분의 서비스업종에서 볼 수 있다.

법대로 고객만족보다는 회사의 규칙을 우선시하고 자기가 맡은 업무 외에는 기꺼이 응하지 않으려고 하는 태도이다. 즉 예외를 인정하거나 상식을 생각하지 않는다. 무사안일주의 서비스업체에서 흔히 볼 수 있다.

발뺌 고객의 불평불만에 대하여 적절히 대응해 주지 않고 "나는 모릅니다", "글쎄요", "윗분에게 물어 보세요"하는 식으로 대하고, 때로는 고객의 잘못으로 돌리는 경우이다.

고객만족 서비스 철학

- 훌륭한 서비스는 고객에게 미소 짓는 것이 아니라 고객이 당신에게 미소 짓게 만드는 것이다.
- 고객에게 맑은 날씨를 약속할 수 없어도 비가 올 때 우산을 받쳐주겠다는 약속은 할 수 있어야 한다.

4 고객만족 모니터링

고객만족도 조사가 정기적으로 일정시점에서 표본을 통해 설문조사하는 것이라면 고객만족 모니터링은 상시적으로 고객의 정보를 수집하여 분석하고 그것을 경영전략에 반영하는 것을 말한다. 대표적인 고객만족 모니터링의 기법으로는 고객의 소리(VOC) 청취, 미스터리 쇼퍼를 활용하는 방법 등이 있다.

4.1. VOC를 통한 모니터링

(1) VOC의 의의

고객의 소리(VOC : voice of customer) 청취제도란 고객의 소리에 귀를 기울여 그들의 욕구를 파악하고 이를 수용하여 경영활동을 함으로써 고객만족을 추구하고자 하는 제도이다. 이 제도는 고객의 불만을 최소화하여 궁극적으로 고객불평을 제로(zero)화하자는 것인데, 제조업의 ZD(Zero Defect) 즉 무결점 운동에서 비롯된 것으로 서비스업에서는 이를 ZC(Zero Complaint)라고 하여 고객불만 및 불평을 제로화하자는 것이다.

고객 및 서비스에 대한 정보가 기업 내에 흩어져 있으면 죽은 정보와 같은 것이므로 하나의 시스템으로 통합하여 그것이 전 부서에 피드백(feed-back)되고 활용될 때 고객만족이 가능한 것이다. VOC는 고객의 요구 및 욕구파악의 기준이 되고 그에 따른 개선방향을 통계적이고 과학적으로 처리할 수 있으며 무엇이 중요한지를 알게 해 준다. 고객으로부터 듣는 것은 무료이지만 얻는 것은 큰 가치가 있으며, 서비스혁신의 80%는 고객의 소리에서 비롯되는 것이다.

■ 고객 서비스에 대한 모니터링

(2) VOC 시스템의 효과

- 여러 고객의 집합체인 시장의 욕구와 기대의 변화를 알 수 있다.
- 고객의 결정적 순간을 이해하고 고객의 입장에서 바라봄으로써 서비스 프로세스의 문제를 알 수 있다.
- 예상 밖의 아이디어를 얻을 수 있다.
- 고객과의 관계유지를 더욱 돈독하게 할 수 있다.
- 고객접점에서 고객의 욕구에 근거하여 표준화된 대응 서비스가 가능하다.

(3) VOC 시스템의 구축

VOC를 이용하여 체계적인 고객만족 시스템을 구축하기 위해서는 다음과 같이 4단계의 프로그램이 필요하다.

- 1단계 : 고객이 쉽게 의견을 제시할 수 있는 홈페이지 및 창구 개설
- 2단계 : 체계적인 고객의 소리 분석
- 3단계 : 각 부서에 신속한 피드백을 통한 문제해결
- 4단계 : 처리결과 고객에게 통보 또는 경영활동에 반영

그림 2-7 VOC시스템 설계 및 구축

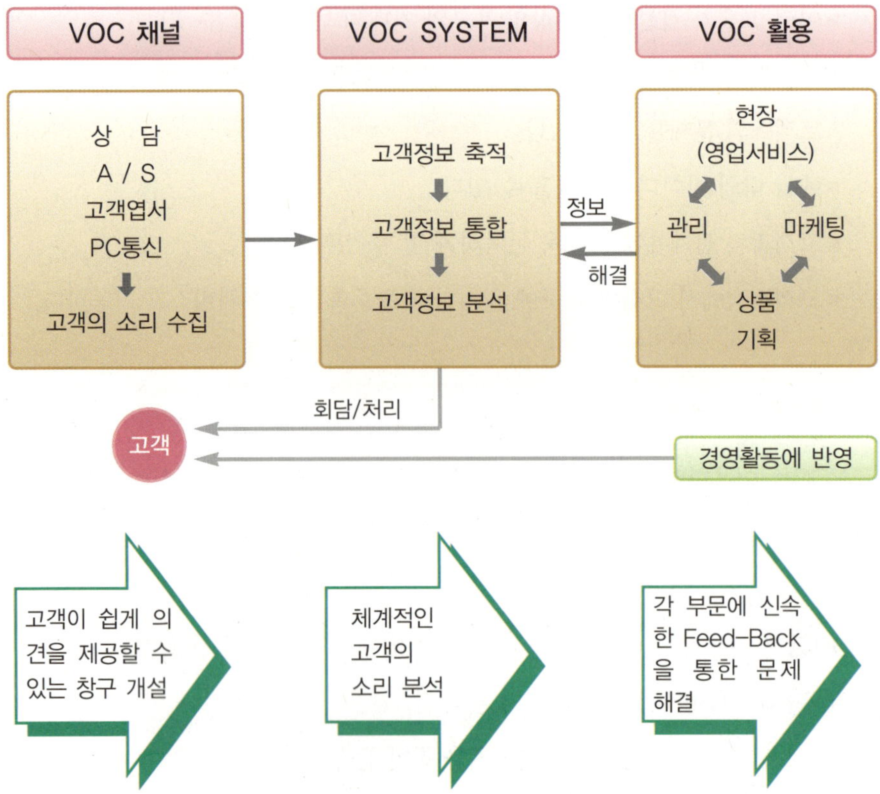

※ 자료 : www.kmaccs.co.kr

사례 고객의 소리

사례 1 밥솥 전문업체 쿠쿠홈시스

2005년 초 이 업체의 고객센터로 한 주부가 전화를 걸어왔다. "밥솥 뚜껑 커버를 따로 뗄 수 없어 닦기 불편하다." 이런 불만 전화가 잇따랐고 홈페이지 게시판에도 비슷한 내용의 글들이 올라왔다. 쿠쿠홈시스는 그해

5월 분리형 커버 기술 개발을 시작했다. 하지만 압력밥솥의 뚜껑 커버를 분리하려면 뚜껑과 몸체에 있는 16가지 안전장치 구성과 위치를 바꿔야 해 시간이 걸렸다. 2008년 커버 분리형 밥솥을 내놓은 데 이어 작년 9월 한층 개선한 밥솥 제품을 출시했다. 회사 관계자는 "개당 40만 원대로 일반 제품보다 두배나 비싸도 판매량은 2~3배 많다"고 말했다. 사소해 보이는 소비자 불만이 기업들의 제품과 서비스를 바꿔 회사 경영에까지 영향을 미치고 있다.

사례 2 CJ오쇼핑

이 업체는 구매 상품이 많지만 교환 반품이 잦고, 고객 상담팀에 전화를 해 불편을 조목조목 따지는 횟수가 많은 고객을 중심으로 '현고이사'라는 모니터 모임을 운영한다. '현고이사' 회원 중에는 반품 횟수만 200번이나 되는 고객도 있다. 하지만 이들은 그만큼 열성 고객이어서, 200번 반품한 고객은 CJ오쇼핑에서 1000번 가까이 상품을 샀다. 현고이사 회원들이 "속옷을 주문할 때 상 · 하의가 세트로 돼 입지도 않을 옷을 함께 사야 한다"고 지적하자, 회사 측은 상 · 하의를 각각 고를 수 있게 상품 구성을 바꿨다.

사례 3 대한항공, 회장이 직접 고객의견 청취

고객의 불만과 불평은 오래 놔두면 곪아터진다. 고객불만은 싹부터 잘라버리는 것이 고객감동 경영의 지름길이다. 타당한 클레임을 제기했던 고객 100명을 초청, 미개봉작에 대한 사전시사회를 통해 우호고객으로 전환시키는 것이다. 이런 노력의 결과로 불만고객의 20%가 오히려 감사메일을 보냈다고 한다. 대한항공 조양호 회장은 매일 한 시간씩 '고객의 말씀'이란 인터넷 사이트를 방문, 고객들 불만을 직접 확인한다. 조 회장은 "고객들로부터 같은 불만을 두 번 듣는 부서는 존재할 가치가 없다"고 강조하고 있다.

4.2 미스터리 쇼퍼를 통한 모니터링

(1) 미스터리 쇼퍼의 의의

고객만족을 위해서는 고객의 입장에서 자사의 서비스를 실제적이고 객관적으로 모니터링할 필요성이 있는데 대표적인 기법이 미스터리 쇼퍼를 활용하는 것이다. 미스터리 쇼퍼(mystery shopper)란 자사의 직원 또는 대행사 직원이 고객으로 위장하여 전화 또는 서비스 현장에 직접 방문하여 종업원들의 고객접객 태도 등을 직접 모니터링하는 것을 말한다.

소비자의 암행어사라고 불리는 미스터리 쇼퍼를 활용한 모니터링은 누가 어떻게 잘못했는지를 따지고 문책하기 위한 것이 아니라, 자사의 서비스 실체를 구체적이고, 객관적으로 평가하여 개선을 하자는 것이다.

(2) 미스터리 쇼퍼의 체크사항

미스터리 쇼퍼가 체크할 사항은 조사대상 업종에 따라 다른데 예를 들어 백화점이나 마트 등 유통업의 경우 현장에서 종업원과 상호작용을 통하여 서비스능력을 체크하고, 실제 물건을 사고, 교환 및 반품을 하는 등을 통하여 돌발 상황이나 대처능력을 모니터링하기도 한다. 업종에 관계없이 미스터리 쇼퍼가 기본적으로 체크할 사항은 다음과 같다.

- 충실한 답변
- 업무숙지능력
- 친절도
- 고객에 대한 예의
- 돌발 상황 대처능력
- 불만 이의제기 등에 대한 대처방안

(3) 미스터리 쇼퍼의 조사원칙

- 일반 고객이 묻는 것처럼 자연스럽게 조사한다.
- 구경하면서 평가해서는 안 되고, 반드시 직원의 서비스를 받으면서 조사한다.
- 종업원들은 눈치가 빠르므로 모니터 요원 신분이 노출되지 않도록 조심한다.
- 전화평가 때는 끝인사가 두 마디 이상인지 점검한다.

사례 하나은행의 미스터리 쇼퍼를 활용한 고객만족도 조사

하나은행 고객만족(CS)팀은 신용정보회사인 한국신용정보와 계약하고 매달 지점 창구나 콜 센터 직원의 친절도를 평가하고 있다. 평가요원이 하나은행에 전화를 걸어 "전업주부인데 1000만 원 대출을 받고 싶다"고 물으면 은행담당자는 필요한 서류 및 절차를 매뉴얼대로 정확히 설명해야 한다. "일단 지점에 나와 보라"는 것은 최악의 답변이다.

전화를 끊을 때도 "감사합니다. 좋은 하루 되십시오"라는 식으로 끝인사를 두 마디 이상해야 한다. "감사합니다"처럼 짧은 인사로는 좋은 점수를 받기 힘들다.

※ 자료 : www.donga.com

사례 미스터리 쇼퍼의 직업

미스터리 쇼퍼는 이미 외국에서는 주부들 사이에 인기 직종으로 자리 잡은 직업이다. 하지만 국내에 소개된 지는 채 몇 년이 되지 않은 신종 직업이다. 미스터리 쇼퍼가 하는 일은 클라이언트의 요구에 따라 각 매장을 둘러보고 객관적인 평가를 하는 일. 물론 이는 손님으로 가장해 비밀스럽게 이뤄진다.

국내 제1호 미스터리 쇼퍼 신정이씨. 아르바이트로 시작했던 기업 설문조사와 모니터에서 탁월한 실력을 인정받아 미스터리 쇼퍼로 발탁되는 행운을 거머쥔 럭키 우먼이다. 취재 중 가장 놀랐던 것이 녹취와 녹화가 기본이라는 사실이다. 요즘은 클라이언트의 요구에 따라 평가서 외에도 객관적인 증거 제시를 해야 한다. 시사 고발 프로그램에서 볼 법한 가방 안의 몰래카메라까지 등장하고 있는데, 카메라의 경우 위험부담 때문에 남자 미스터리 쇼퍼들이 많이 이용하지만 경우에 따라 신정이 씨도 사용하는 일이 종종 있다고 한다.

하루 일과는 대개 정해진 스케줄대로 움직인다. 스케줄은 해당 기관에서 클라이언트의 요청을 받은 후 적당한 미스터리 쇼퍼에게 한 달 이전에 미리 알리는 것이 일반적이다. 객관적인 평가의 신뢰도를 높이기 위해 하루에 한 업체 이상의 방문은 금지되고 있고, 프로젝트가 하나 끝날 때까지 2가지 일을 동시에 진행하는 경우는 없다고 한다. 미스터리 쇼퍼는 능력제로 운영되고 있기 때문에 일에 대한 클라이언트의 만족도가 높아야 계속해서 일이 많이 들어오는 편이다. 따라서 개인의 능력 관리에도 세심한 주의가 필요하다고 한다.

미스터리 쇼퍼의 가장 큰 매력은 바로 자격 조건이 없다는 것. 20세 이상의 남녀라면 누구나 지원할 수 있다. TGI Fridays의 경우 자체적으로 미스터리 쇼퍼를 뽑고 있지만 요즘은 미스터리 쇼퍼 양성기관이나 협력업체에 이를 일임하는 경우가 대부분이다. 1개의 프로젝트를 이수할 경우 대략 40만 원 정도의 보수를 받는데, 능력제로 운영되므로 능력에 따라 보수 조절이 가능하다.

※ 자료 : www.lemontree.patzzi.com

연습문제 및 토의주제

1 고객을 정의해 보시오.

2 고객만족서비스를 정의해 보시오.

3 고객만족과 불만족의 결과에 대하여 설명하시오.

4 테러고객이란 무엇이며, 어떤 경우에 발생하는가?

5 고객만족도 조사의 원칙에 대하여 설명하시오.

6 진실의 순간(MOT : moment of truth)이란 무엇인가?

7 서비스의 곱셈법칙이란 무엇인가?

8 직접 서비스접점의 유형에 대하여 설명하시오.

9 간접 서비스접점의 유형에 대하여 설명하시오.

10 고객만족 서비스 원칙에 대하여 설명하시오.

11 서비스의 7대 죄악에 대하여 설명하시오.

12 고객만족 모니터링 방법에 대하여 설명하시오.

제3장

서비스경영의 기초

"서비스경제화에 의하여 서비스산업이 부각되면서 제품의 경영방식으로는 부족하거나 해결하지 못하는 관리 영역이 존재하여 서비스경영이 태동하게 되었다."

Service Management

제3장 서비스경영의 기초

1 서비스경영의 이해

1.1 서비스경영의 배경

경영학의 출발은 테일러(F. W. Taylor)의 과학적 관리론, 페이욜(H. Fayol)의 관리 5요소, 포드의 포디즘(Fordism) 등에서 찾을 수 있다. 19세기 후반과 20세기 초 테일러(F. W. Taylor)는 동작연구 등의 과학적인 방법을 통하여 제품생산의 효율과 능률의 극대화를 도모하고자 하였고, 페이욜(H. Fayol)은 경영관리의 5요소를 ① 계획 ② 조직 ③ 지휘(명령) ④ 조정 ⑤ 통제로 규정하였으며, 포드(Ford)는 미국의 포드 자동차 회사에서 처음 개발한 벨트 컨베이어에 의한 대량생산 체계의 방식을 도입하였다. 이러한 고전적 관리이론은 경영학의 배경이 되었으며, 이후 인간관계론 및 행동과학적 경영이론에 이어 1950년대에는 과학적인 계량적 분석도구들이 도입되면서 경영과학으로 발전하게 되었다.

결국 경영과학은 1980년대 정보시스템(information system)을 컴퓨터와 결합하면서 의사결정과정을 단축시키는 등 경영 전 분야에 크게 공헌하였고, 이후 현대경영학의 체계를 갖추게 되었다. 그리고 경영의 분야는 국제경영, 경영정보시스템, 인사조직, 회계학, 재무관리, 마케팅, 생산관리 등으로 세분화되었다.

일반 경영학은 제품의 생산과 판매에 초점을 두고 기능적 관리를 해왔다. 그런데 서비스경제화에 의하여 서비스산업이 부각되면서 제품의 경영방식으로는 부족하거나 해결하지 못하는 관리 영역이 존재하여 서비스경영이 태동하게 되었다. 이러한 서비스경영은 1970년대 제품과 서비스의 속성 차이를 규명하면서 일반 경영학과 차별화를 시도하였고, 1980년대는 서비스품질, 1990년대부터는 서비스마케팅을 중심으로 발전하게 되었다.

1.2 경영관리의 패러다임

경영은 전통적으로 제조업의 중심에서 유형의 제품(goods)을 대상으로 전개되어 왔다. 1900년대 초 재화의 공급이 수요를 충족시키지 못하던 시절 제품을 생산하면 모두 팔렸으므로 경영관리의 초점은 제품의 대량생산이었다. 따라서 대량생산을 하기 위해서 설비를 대형화하고, 생산라인을 자동화하였다. 그러나 대량생산은 결과적으로 과잉공급이 되어 결국 1929년 미국의 경제 대공황과 같은 상황을 초래하였다.

이후 기업의 환경이 독점체계에서 경쟁체계로 바뀌면서 소비자는 여러 제품 중에서 품질이 우수한 제품을 선택함에 따라 경영관리의 초점은 품질관리에 두게 되었다. 그러나 품질만 좋으면 팔린다는 품질지상주의도 경쟁사들의 기술개발에 따라 기업 간에 제품의 품질이 평준화되어 소용이 없게 되었다. 즉 소비자의 입장에서 품질은 기본이라는 것이다. 그리고 경영관리의 초점은 누가 더 많이 판매하느냐의 판매중심으로 바뀌게 되었다.

판매중심의 경영관리도 결국 오래가지 못했다. 고객의 욕구가 다양해짐에 따라 제품의 수명주기(PLC : Product Life Cycle)가 단축되고, 기업은 소비자의 욕구를 충족시키기 위해서 '생산된 것을 판매한다(product out)'는 개념에서 '판매될 수 있는 것을 생산한다(market in)'는 마케팅적 사고로의 전환이 필요하게 되었다.

마케팅 중심적 사고는 1960년대 이후 기업이 시장에서 존재하기 위한 가장 강력한 경영관리의 수단으로 정착하게 되었다. 그러나 서비스의 경제화에 의하여 소비자는 고품질의 재화만을 바라는 것이 아니라 그것과 더불어 높은 수준의 서비스도 기대하게 됨에 따라 서비스는 기업의 경쟁력 또는 차별화 수단으로 작용하게 되어 오늘날에는 경영관리를 서비스지향에 초점을 두지 않으면 안 되게 되었다.

그림 3-1 경영관리의 패러다임

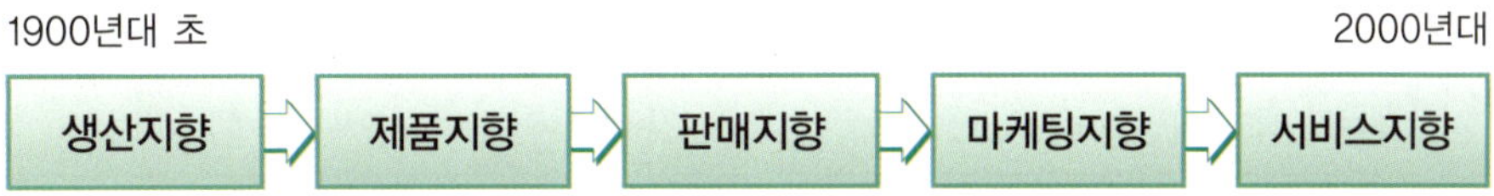

1.3 제품과 서비스경영관리의 차이

제품은 유형의 물재이므로 생산 · 유통 · 품질 · 재고 · 원가 · 판매 · 연구개발 등의 경영관리가 용이한 편이다. 그러나 서비스는 무형의 가치재라는 점에서 제품의 경영관리와는 상이하며, 매우 관리가 어렵다. 이러한 점에서 서비스경영관리는 제품의 경영관리와는 차별화되는데 제품과 서비스의 경영관리를 비교하면 다음 표와 같다.

표 3-1 제품과 서비스경영관리의 비교

구분	제 품	서 비 스
생산관리	생산과정에 고객이 참여할 수 없다.	생산과정에 고객이 참여한다.
	종업원은 분업에 의하여 생산활동만 한다.	종업원자체가 상품의 한 부분이다.
	수요에 공급을 맞출 수 있다.	수요와 공급의 조화가 어렵다.
	계획 및 대량생산이 가능하다.	주문 및 소량 생산이다.
	기계 의존도가 높다.	인적 의존도가 높다.
	고정비보다 변동비가 높다.	변동비보다 인건비 등의 고정비가 높다.
유통관리	생산과 소비자 사이에 유통경로가 있다.	생산현장에서 소비가 가능하므로 유통경로가 거의 없다.
품질관리	품질의 동질성 유지 및 표준화가 용이하다.	품질이 다양하며, 표준화가 어렵다.
	측정이 객관적이다.	측정이 주관적이다.
재고관리	재고의 저장이 가능하다.	재고의 저장이 불가능하다.
원가관리	원가의 산정이 쉽다.	원가의 산정이 어렵다.
판매관리	사전 설명이 가능하고 구체적이다.	사전 설명이 어렵고 비구체적이다.
	진열판매가 가능하다.	진열판매가 불가능하다.
	구매 후 소유권의 이전이 가능하다.	이용 후 소유권의 이전이 안 된다.
	시간의 흐름과 과정이 없다.	시간의 흐름과 과정이 중요하다.
연구개발	물적 품질	인적 서비스

2 서비스경영관리의 특성과 환경

2.1 서비스경영관리의 특성

서비스경영관리는 ① 상품관리 ② 가격관리 ③ 유통관리 ④ 촉진관리 측면에서 제조업과 다르며, 제조업에서는 관리되지 않는 ⑤ 종업원관리 ⑥ 물리적 환경 및 증거관리 ⑦ 프로세스관리 등이 추가로 요구된다.

(1) 상품관리

서비스는 무형의 가치재라는 점에서 그 특징을 잘 파악하여 상품화할 수 있어야 한다. 즉 고객가치 창출과 소비자에게 경험 및 편익제공을 제공한다는 차원에서 상품관리가 되어야 한다. 특히 서비스상품이 효력을 가지기 위해서는 핵심 서비스와 부가서비스의 묶음(bundle), 관련 업체와 상호보완관계에서 패키지(package)화하는 전략이 요구된다.

(2) 가격관리

제품의 가격은 투입된 재료의 원가를 토대로 비교적 안정적으로 운용할 수 있으며, 객관화되어 있다. 그러나 서비스의 가격은 탄력적이며, 가격의 기준이 애매모호하고 주관적이라고 할 수 있다. 즉 서비스의 가격은 수요에 따라 주중과 주말, 성수기와 비수기에 따라 탄력적으로 운용되거나, 묶음과 패키지의 구성에 따라 가격의 차별화가 가능하다. 또한 서비스 가격은 객관적인 준거가 어렵다는 점에서 같은 업종에서도 차이가 난다는 점에 유의할 필요성이 있다.

(3) 유통관리

제품은 일반적으로 공장→도매업자→소매업자→소비자의 과정을 거치게 되는데, 공장과 소비자 사이에 도 · 소매업자와 같은 중간상을 유통업체라고 한다. 그러나 서비스의 경우 대부분 서비스공급자와 소비자가 직거래 한다는 점에서 유통과정이 거의 없다고 할 수 있다. 결국 서비스업체의 유통은 위치 선정, 주차시설, 예약 및 홈페이지 운용, 경로의 설계 등을 통하여 고객에게 편리성(convenience)을 제공하는 것이라고 할 수 있어야 한다.

그리고 표준화된 서비스를 프랜차이징하여 소비자들이 가까운 곳에서 소비를 할 수 있도록 유도하는 것도 유통관리의 일환이라고 할 수 있다. 예를 들어 스타벅스 커피전문점이 프랜차이즈를 통하여 전국 곳곳에 위치하는 것도 서비스 유통전략이라고 할 수 있다.

(4) 촉진관리(promotion)

서비스상품이 서비스고객의 욕구에 부합하고 요금이 적절하여도 서비스고객이 알지 못하면 팔리지 않는다는 점에서 적절한 촉진활동이 요구된다. 따라서 서비스촉진은 서비스고객에게 서비스상품의 존재와 혜택을 알리고, 유용한 정보를 제공하여 서비스고객과 커뮤니케이션을 원활하게 하는 마케팅 활동이라고 할 수 있다. 특히 서비스는 무형성 때문에 건물이나 시설 분위기 등 물리적 환경 등 같은 유형적 요소가 강력한 커뮤니케이션 수단이라고 할 수 있다.

즉 제조업의 경우 공장보다 제품이 조명이 되지만 서비스업의 경우 서비스의 무형성으로 인하여 건물이나 시설물 자체가 촉진의 수단으로서 종종 광고에 활용되기도 한다. 또한 서비스촉진은 고객접점에서 종업원과 고객과의 커뮤니케이션이 중요하게 작용된다는 측면에서 인적 서비스를 활용한 광고의 역할도 크다고 할 수 있다.

(5) 종업원관리

제품경영과 비교하여 서비스경영의 기장 큰 핵심은 종업원관리라고 할 수 있다. 제조업의 종업은 고객과 접촉 없이 한정된 작업만을 수행하지만, 서비스업의 종업원은 고객과의 상호작용에서 매출이 발생하기 때문이다.

즉 서비스업의 종업원은 고객접점에서 촉진(promotion)은 물론 마케터(marketer)로서의 역할까지 담당한다는 점에서 그 비중과 역할이 크다고 할 수 있다. 따라서 서비스경영자는 종업원에게 동기부여와 교육훈련 실시, 권한 위임 등 내부마케팅에 대한 관심과 노력을 기울여야 될 것이다.

(6) 물리적 환경 및 증거관리

물리적 환경과 증거는 건물, 인테리어, 가구, 비품, 인쇄물, 간판, 조명, 음악 등의 분위기를 말하며, 이러한 요소는 구매를 자극하여 매출증대에 유효하게 작용한다. 예를 들어 "저 레스토랑은 분위기가 좋아서 자주 이용한다."에서 분위기는 구매의 결정적 단서가 된다. 특히 안내표지, 각종 인쇄물, 명함 등에서 오자 하나도 서비스 수준을 가늠한다는 점에서 이에 대한 관리가 요구된다.

따라서 서비스는 제품처럼 구매 전에 비교 테스트를 할 수 없다는 점에서 물리적 환경과 증거는 서비스의 무형성을 유형화시켜주고, 구매를 촉진시키는 역할을 하는 것이다. 구체적인 서비스 물리적 환경과 증거의 개념은 다음 표와 같다.

표 3-2 서비스의 물리적 환경과 증거의 개념

구 분		내 용
물리적 환경	시설적 환경	건물외관, 인테리어, 간판, 안내 표지판, 조경 등
	감각적 환경	• 시각적 환경 : 색상, 조명, 공간배치, 청결 등 • 청각적 환경 : 음악의 유무 및 템포 등 • 후각적 환경 : 향기 등 • 촉각적 환경 : 실내공기, 온도, 습도 등
물리적 증거	종업원의 유니폼, 인쇄 홍보물, 명함, 서류, 영수증, 입장 티켓, 메모지, 메뉴판, 포장지 등	

(7) 프로세스관리

프로세스관리란 서비스가 제공되는 실제적인 절차, 메카니즘 및 활동의 흐름 등을 말한다. 즉 서비스는 고객과의 첫 접점에서부터 마감될 때까지 전 과정이 시스템화되어 있다. 예를 들어 레스토랑의 서비스 과정은 '예약 – 주차 – 안내 – 착석 – 물 제공 – 메뉴제공 – 주문 – 서빙 – 계산' 이라는 과정으로 되어 있으며, 고객은 전 과정을 경험한 후 그 대가를 지불하는 것이다.

이러한 일련의 과정이 원활하지 못하면 고객불만족을 초래한다는 점에서 원활한 서비스 흐름을 위한 프로세스의 관리 및 구축이 요구된다.

2.2 서비스경영관리의 환경

서비스와 제품의 속성이 다르다는 것은 결국 서비스업은 제조업과 경영관리의 환경이 다르다는 것을 의미한다. 서비스업은 일반적으로 제조업에 비하여 어려운 환경에서 경영활동을 하고 있다. 즉 서비스업은 제조업에 비하여 사업의 진출이 용이하지만 경쟁이 심하고, 규모와 범위의 경제 추구 한계성, 수요의 불규칙성 등으로 인하여 계획생산을 할 수 없는 환경을 가지고 있다.

(1) 낮은 진입장벽

서비스는 무형성으로 인하여 독자적인 혁신이나 차별성에 대하여 특허를 인정받기 어렵다. 따라서 경쟁자가 쉽게 모방하거나 신규 경쟁자의 진출이 용이하다. 또한 제조업에 비하여 비교적 소자본으로 서비스업을 할 수 있는 것도 사업의 진입장벽이 낮은 요인인데, 진입장벽이 낮다는 것은 결국 경쟁자가 많다는 것이다.

예를 들어 직장생활을 그만두거나 은퇴 후에 대부분의 사람들이 소형 주점이나 음식점을 창업하는 것을 들 수 있다. 이러한 낮은 진입장벽 요인은 과잉공급을 초래하여 경영악화의 원인이 되기도 한다. 물론 리조트, 테마파크, 카지노, 항공사, 대형 호텔, 종합병원 등과 같은 대규모 서비스기업의 경우 예외일 수도 있다.

사례 **낮은 진입장벽 – 대한민국은 치킨공화국**

대한민국은 치킨공화국이다. 전국 어느 곳을 가도 한집 건너 한집이 치킨집일 정도다. KB금융지주 경영연구소가 2013년 집계한 통계에 따르면, 호프집 등 타 업종을 병행하는 곳까지 포함한 전국 치킨집은 약 3만 6,000개로 조사됐다. 이는 유명 패스트푸드 프랜차이즈인 맥도날드의 전 세계 매장 수 3만 5,429개(2013년 기준)보다도 많은 숫자다. 치킨집은 왜 이렇게 많을까. 베이비부머(1955~1963년) 세대들이 은퇴 이후 많은 이들이 별다른 기술이 없어도 쉽게 시작할 수 있는 프랜차이즈 치킨집 등 자영업에 뛰어들고 있기 때문이다. 치킨집 사장님이 월 500만 원의 순수입을 거두려면 월 2,000만 원의 매출을 올려야 하고, 그러려면 1만 6,000원짜리 프라이드치킨을 하루 평균 45마리 팔아야 한다. 전국의 3만 6,000개의 치킨집들이 모두 월 500만 원의 소득을 올리고 싶다면, 하루에 약 162만 마리의 치킨이 팔려야 한다니 수요에 비해 공급은 넘치는 게 현실이다. 국세청이 집계한 통계에 따르면, 2004~2013년 10년간 개인사업자 창업은 949만 개였고, 폐업은 793만 개였다. 이 기간 살아남은 개인사업자는 16.4%에 불과한 셈이다. 이 중에서도 치킨집 등 음식점의 폐업률은 22.0%로 가장 높았다.

(2) 규모의 경제 추구 한계

규모의 경제(economics of scale)란 공장설비의 확대나 경험곡선효과에 의해서 얻어지는 이득을 말한다. 경험곡선효과(experience curve effect)란 생산과정에서 누적된 경험에 의하여 노동생산성이 높아지고, 분업과 작업방법이 개선되고, 생산투자시설의 효율적 활용 등을 통하여 생산 단위당 비용이 줄어드는 효과를 말한다.

그러나 서비스의 경우 기계의 활용도가 낮고 인적 서비스의 비중이 높다는 점에서 규모의 경제 추구에 한계가 있으며, 또한 서비스 기술의 경험곡선효과는 개인적이라는 점에서 제조업에 비하여 다소 효력이 약하다고 할 수 있다.

그림 3-2 **경험곡선효과**

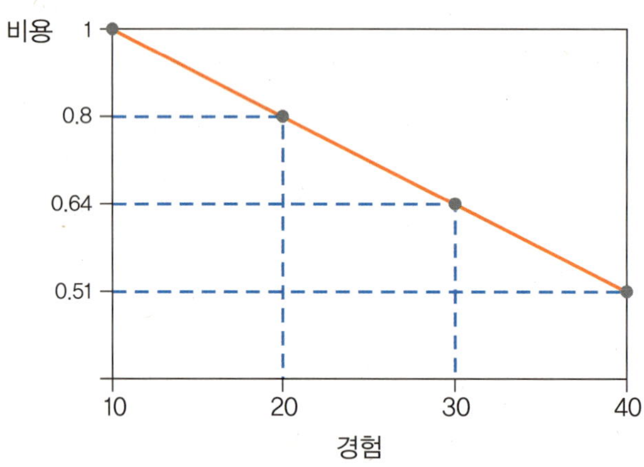

(3) 범위의 경제 추구 한계

범위의 경제(economies of scope)란 하나의 기업이 2가지 이상의 제품을 함께 생산할 경우, 2가지를 각각 따로 다른 기업에서 생산하는 경우보다 생산비용이 적게 드는 현상을 말한다. 제조업은 ① 관련제품의 일괄생산 ② 원료재 등의 대량구입 ③ 전국적 규모의 광고 ④ 제품의 대량판매 및 수송비의 절약 가능 ⑥ 금융적 요인(유리한 자금 조달) 등을 통하여 범위의 경제를 추구할 수 있다. 그러나 서비스업은 대부분 단일 업종에 단일 서비스를 제공한다는 점에서 범위의 경제를 추구하는데 한계가 있다.

(4) 수요의 불규칙성

제품의 수요는 비교적 비탄력적이고, 월별, 계절별 수요를 통계에 의하여 예측할 수 있으며, 갑작스런 수요의 증감에도 유연하게 대처할 수 있으나 서비스의 수요는 제품에 비하여 탄력적이고, 여러 가지 변수에 의하여 예측이 힘들며, 갑작스러운 수요의 증감에도 유연하게 대처하지 못하는 환경을 가지고 있다.

예를 들어 서비스업체인 항공사의 수요는 주중 · 주말, 월별, 계절별로 불규칙한 경향을 보여주고, 일기 등의 변수에 의하여 영향을 받으며, 갑작스런 수요의 증가에도 한정적인 좌석으로 인하여 유연하게 대처할 수 없다.

3 서비스경영의 성과지표

서비스기업이 성과를 창출한다는 것은 목표를 구체적으로 달성하고자 하는 것이며, 기업의 목표는 기업이 최종적으로 달성하려고 의도하는 성과나 결과를 말한다. 서비스기업의 경영성과 지표는 크게 ① 경제적 성과지표 ② 사회적 성과지표로 구분하는데(신유근, 2008), 서비스경영자는 이와 같은 경영성과 지표의 향상을 위하여 최선을 다해야 하는 것이다.

서비스경영의 성과지표

- 경제적 성과지표 ① 이윤 ② 매출액 ③ 시장점유율 ④ 생산성 ⑤ 투자수익률 등
- 사회적 성과지표 ① 기업 이미지 ② 사회적 공헌 ③ 소비자 만족 ④ 종업원 만족 등

3.1 경제적 성과지표

(1) 이윤(profit)

이윤은 통상적으로 '수익-비용' 이라는 수식에서 결정된다. 기업의 궁극적인 운영 목적은 이윤추구에 있다는 점에서 서비스경영자 입장에서는 가장 큰 성과지표라고 할 수 있다. 서비스 이윤은 서비스기업의 활동과 조직을 지속적으로 유지시켜주고, 사세의 확장을 위한 내부자금을 확보해 주는 등 가장 근원적인 요소라고 할 수 있다.

(2) 매출액(revenue)

서비스 매출액이란 서비스기업이 서비스를 생산하여 고객에게 판매하고 받은 금액의 총액을 의미한다. 일반적으로 매출액이 늘어나면 수익이 증가되어 이윤의 증대를 가져올 수 있지만 매출액을 늘리기 위해서는 그에 따라 소요되는 비용이 매출원가보다 적어야 한다.

(3) 시장점유율(market share)

서비스의 시장점유율이란 시장에서 판매되고 있는 같은 종류의 서비스 중에서 자사의 서비스가 차지하고 있는 비율을 의미한다. 시장점유율이 높으면 종업

원의 사기향상, 금융시장에서의 신용도 상승, 규모의 경제 추구 등이 가능하며, 결국 매출이윤이 높아질 수 있다.

(4) 생산성(productivity)

일반적으로 생산성은 다음과 같이 투입량과 산출량에 의하여 결정된다.

$$생산성 = \frac{산출량}{투입량} \times 100$$

생산성은 위의 공식에서처럼 투입량을 낮추거나 산출량을 높이면 향상되는 것이다. 제조업은 제품이라는 유형의 산출물이 있기 때문에 생산성을 수치로 측정하는 것이 쉬우나 서비스는 무형적이고, 프로세스로 구성되어 있으며, 고객이 참여한다는 점에서 계량화하기 힘들다.

생산성은 투입요소에 따라 노동생산성, 기계생산성, 자본생산성, 가치생산성으로 나눌 수 있다. 그런데 서비스는 인적 의존도가 높기 때문에 주로 노동생산성으로 측정하는 경우가 많다. 즉 직원 수와 인건비를 투입요소로 하고 매출액을 산출로 하여 생산성을 측정하는 것이다. 서비스는 업종에 따라 투입요소와 산출요소가 달라질 수도 있다.

표 3-3 서비스업의 생산성 측정 요소

서비스업종	투입요소	산출요소
호텔, 항공사, 극장	이용 가능한 객실 또는 좌석	점유된 객실 또는 좌석
의료, 이 · 미용실, 컨설팅, 법률, 교육, 통신	이용 가능한 시간 및 고객 수	제공된 시간 및 이용한 고객 수
은행	직원 수	고객 계정 수, 매출액
백화점	직원 수, 평수	매출액
레스토랑	좌석 수, 평수, 고객 수	매출액, 객단가

그러나 서비스업에 있어서 단순 노동생산성은 기업 측면에서 수치로 측정하여 통제 및 관리의 준거로 간주한다면 서비스본질인 편익과 가치제공이 퇴색할 우려가 있으며, 서비스품질의 하락을 초래할 수도 있다. 따라서 서비스기업은 고객지향의 가치생산성을 중요시해야 한다. 가치생산성이란 고객이 비용과 시간을 투입하고 고객이 느낀 가치를 산출로 하여 생산성을 측정하는 것이다. 여기서 가치란 비용 · 시간 · 노력을 들여 고객이 얻는 모든 것이라고 할 수 있다. 아래의 공식에서 분모의 수치가 크면 고객은 불만족할 것이고, 분자의 수치가 크면 고객은 만족할 것이다.

$$\text{가치생산성} = \frac{\text{고객이 느낀 가치}}{\text{고객이 지불한 비용} \times \text{시간}} \times 100$$

(5) 투자수익률(ROI : Return on Investment)

투자수익률은 가장 널리 사용되는 경영성과 측정기준의 하나로서 기업의 순이익을 투자액으로 나누어 구한 것을 말한다. 일반적으로 수익률이 높으면 그 투자는 성장성이 인정된다. 성장성이란 경영활동에 참가한 사람들이 상호이익을 증대시키며, 함께 발전한다는 가치를 내포하는 것을 의미한다.

$$투자수익률 = \frac{순이익}{투자액} \times 100$$

예제 상가 건물의 매매가는 1억 5천만 원이다. 1억 원을 투자하고 나머지 5천만 원은 연이자 5%에 대출을 받았다. 임대를 놓을 경우 보증금 없이 월 100만 원(연간 1200만 원)의 수익을 올릴 수 있다면 연간 투자수익률은 얼마인가?(단, 매입 후 임대를 놓기까지 공백은 고려하지 않음)

$$투자수익률 = \frac{1200만\ 원 - (5천만\ 원 \times 5\%)}{1억\ 원} \times 100 = 9.5\%$$

3.2 사회적 성과지표

(1) 기업이미지

기업이미지는 기업 측에서 심어주고 싶은 것이 소비자에게 전달되어 형성된 인식 및 태도로서 단편적인 속성이나 사실보다는 전반적이고 종합적인 인상이며, 장기적으로 형성된 하나의 반응체계라고 할 수 있다. 오늘날 기업의 이미지가 중요한 이유는 제품이나 서비스 차별화를 통한 경쟁적 우위의 확보가 어려워짐에 따라 소비자들이 제품이나 서비스를 선택할 때 기업의 이미지가 호감도를 자극하여 구매에 영향을 미치기 때문이다.

이와 같은 기업의 이미지는 ① 좋은 서비스를 생산하여 소비자에게 적정한 가격으로 제공할 때 ② 기업의 운영이 투명할 때 ③ 공공의 이익과 공중(public) 및 환경에 대하여 관심을 가질 때 ④ 교육 · 사회복지 · 보건 · 문화예술 등의 활동에 지원할 때 소비자에게 긍정적으로 작용한다.

(2) 사회적 공헌

사회적 공헌이란 기업이 일반 시민 등과 같은 이해 관계자의 요구나 기대에 부합하는 활동을 의미한다. 현대의 기업은 이윤추구만 하는 것이 아니라 그 이윤이 창출되는 지역사회에 환원을 해야 하는 사회적 책임을 지고 있다. 최근의 기업들은 사회공헌이 결국은 회사의 이익으로 돌아온다는 인식을 바탕으로 일회성 봉사활동이나 기부에서 벗어나 지역사회에 장기적으로 기여하려는 노력을 펼치고 있다. 또한 사회공헌을 재무가치와 사회적 가치를 함께 추구하는 '사회적 투자'로 마땅히 해야 한다는 적극적인 인식 변화를 보이고 있다.

따라서 서비스기업도 사회적 기대에 부응하지 못하면 지역사회에서 도태할 수 있다는 점에서 기업의 사회적 공헌은 지속가능한 경영(Sustainable Management)을 위한 수단이라고 할 수 있다. 지속가능한 경영을 위한 사회적 공헌의 구체적인 사례를 살펴보면 다음과 같다.

- 연말에 불우이웃을 돕기 위한 성금 기부
- 소년소녀가장을 위한 장학금 지원
- 자연재해 피해지역에 구호물자 지원
- 임직원들이 사회복지시설을 찾아 자원봉사활동
- 메세나(Mecenat ; 기업의 문화예술 후원)
- 각종 공익 캠페인

메세나(Mecenat)

커다란 대가를 바라지 않고 문화예술 활동을 지원하는 개인이나 기업, 또는 이러한 활동을 의미하는 메세나는 고대 로마의 정치가였던 가이우스 마이케나스(Gaius C. Maecenas)의 이름에서 유래한 말이다. 마이케나스는 베르길리우스(Vergilious)와 호라티우스(Horatious) 등의 문인들에게 창작활동을 지원했다. 이후 1966년 미국 체이스 맨해튼 은행의 회장이었던 데이비드 록펠러가 기업의 사회공헌 예산 일부를 문화예술 활동에 할당하고자 건의했던 것이 계기가 되어 메세나라는 용어가 일반화 되었다. 미국에서 시작된 메세나 운동은 각국으로 확산되어 25개국에서 32개의 메세나 협의회가 조직되었고, 한국에선 1994년 한국메세나협의회가 발족돼 2016년 3월 현재 235개 기업이 회원사로 가입하여 운동에 참여하고 있다.

(3) 소비자 만족

소비자 만족은 기업의 생존 기반을 마련하고 수익성을 제고시킬 수 있는 성과 지표이다. 즉 소비자를 만족시키지 못하면 시장에서 퇴출될 수 있다는 점에서 서비스경영자는 이에 대한 지표에도 관심을 가져야 한다.

(4) 종업원 만족

특히 서비스업은 종업원의 의존도가 매우 높다는 점에서 이들의 직무만족에도 관심을 가져야 한다. 직무만족(job satisfaction)이란 자기 직무에 대하여 호의적인 태도를 가지는 것을 의미하며, 긍정적인 감정을 가진 개인의 심리상태라고 할 수 있다. 종업원이 자신의 직무에 대하여 만족하게 되면 높은 근로의욕은 물론 조직목표를 달성하는데 자발적으로 참여하며, 창의성을 불러일으킨다는 점에서 서비스경영자에게는 경영성과의 지표라고 할 수 있다.

4 서비스경영의 패러다임

4.1 서비스경영 패러다임의 의의

패러다임(paradigm)이란 하나의 주제에 대하여 아이디어를 연결하고 가치를 정리하여 본질적인 문제에 접근함으로써 궁극적으로는 행동에 습관을 형성해 주는 방식을 말한다. 패러다임은 항상 고착화되어 있는 것이 아니라 기존의 패러다임이 새로운 문제에 봉착하여 원하는 것을 더 이상 얻을 수 없거나 오히려 마이너스될 때 새로운 이론이나 방식의 준거체계가 필요하여 변화하는 것이다. 대부분 서비스기업의 경영방식은 제조 위주의 패러다임에 벗어나지 못하고 있다. 이러한 연유는 서비스경영에 대한 인식 부족과 전문 경영자들이 부족하여 제조업 출신의 경영자들이 운영하고 있기 때문이며, 새로운 패러다임의 변화에 대처하지 못하는 결과이다.

따라서 전통적 서비스경영으로는 오늘날 급변하는 환경에 능동적으로 대처할 수 없는 것이다. 서비스경영의 패러다임은 고객에게 수동적으로 대응하는 기업지향의 전통적 서비스경영에서 고객에게 능동적으로 대응하는 고객지향의 혁신적 서비스경영으로 바뀌고 있다.

서비스경영의 패러다임이 변하게 된 요인은 첫째, 오늘날 모든 시장에서 고객이 중심이 되기 때문이며 둘째, 고객의 구매선택기준이 가격이나 물질보다는 가치추구에 있으며 셋째, 기업이 경쟁체제와 시장경제 원리에 따라 독점이 불가능해지고 특정 기업이 영원히 경쟁적 우위를 차지할 수 없기 때문이다.

4.2 서비스경영 분야별 패러다임

(1) 사업목표

전통적 서비스경영의 사업목표는 먼저 서비스상품을 설계한 다음 고객들에게 구매를 유도하여 많이 판매하는데 목적이 있다. 즉 고객을 통계단위나 판매목표로 간주하는 것이다. 혁신적 서비스경영의 사업목표는 먼저 고객의 요구와 욕구를 수렴한 다음 이를 충족시킬 수 있는 서비스상품을 설계하고, 문제해결 및 가치창출을 통하여 고객을 획득하고 거래를 지속적으로 유지하는데 목적이 있다.

(2) 조직관리

전통적 서비스조직은 피라미드형으로서 관료적이고 통제적이어서 조직에 순종을 강조하는 수동적 서비스를 생산하지만, 혁신적 서비스조직은 고객을 받들어 모시는 전사적인 역피라미드 조직으로서 고객접점의 현장을 중시하고 재량권을 강화하여 고객에게 능동적인 서비스를 창출하도록 유도한다.

(3) 서비스 프로세스

전통적 서비스 프로세스는 기업 내부 시스템 즉, 노동과 자본을 효율적으로 사용하여 비용을 통제하고 원가를 낮추는 등 제공자 입장에서 편의적으로 설계되지만 혁신적 서비스 프로세스는 고객의 목소리와 욕구충족에 초점을 두고 고객위주로 디자인된다.

(4) 서비스 품질관리

전통적 서비스 품질관리는 판매하기 전에 불량방지를 막는데 초점을 두지만 혁신적 서비스 품질관리는 판매사후까지도 그 영역을 확대하는 것이다.

(5) 서비스 수요 및 공급관리

전통적 서비스 수요 및 공급관리는 한정된 공급에 수요를 맞추려고 하지만 혁신적 수요 및 공급관리는 다양한 공급 채널을 마련하고 수요분산을 위해 노력한다.

(6) 서비스 보증 및 회복

전통적 서비스 보증 및 회복은 비용발생 문제 때문에 소극적으로 대처하나 혁신적 서비스 보증 및 회복은 적극적으로 대처하여 이를 평생고객으로 만드는 수단으로 간주한다.

(7) 서비스 마케팅관리

전통적 서비스마케팅은 불특정 고객을 대상으로 대량 마케팅을 전개하지만, 혁신적 서비스마케팅은 고객계층을 세분화하여 타깃 마케팅(target marketing) 또는 나아가 개별 마케팅(individual marketing) 즉 고객화를 위해서 데이터베이스 마케팅(database marketing)을 추구한다.

그림 3-3 서비스마케팅의 패러다임

표 3-4 서비스경영의 패러다임의 변화

구 분	전통적 서비스경영	혁신적 서비스경영
사업목표	서비스 상품판매	서비스 가치판매
조직관리	관료형의 피라미드 조직	고객중심의 역피라미드 조직
마케팅관리	대량 마케팅	타깃, 데이터베이스 마케팅
서비스 프로세스	기업 내부 시스템에 맞춤	고객욕구에 맞춤
서비스 품질관리	판매 전 불량방지	판매사후 까지 품질관리의 영역을 확대
서비스 수요 및 공급관리	공급에 수요를 맞춤	다양한 공급채널 마련과 수요의 분산에 노력
서비스 보증과 회복	소극적	적극적

연습문제 및 토의주제

1 경영관리의 패러다임에 대하여 설명하시오.

2 제품과 서비스경영관리를 비교하여 설명하시오.

3 서비스 물리적 환경과 증거의 개념에 대하여 설명하시오.

4 서비스경영관리의 환경에 대하여 설명하시오.

5 서비스기업의 경영성과 지표를 경제적 성과지표와 사회적 성과지표로 구분하여 설명하시오.

6 서비스의 가치생산성 측정에 대하여 설명하시오.

7 메세나(Mecenat)란 무엇인가?

제4장

서비스 경영자의 경영이념

Service
Management

제4장 서비스 경영자의 경영이념

1 서비스 경영이념의 개요

1.1 서비스 경영이념의 의의

서비스 경영자란 서비스 기업이나 사업 등을 관리하고 운영하는 사람으로서 특히 최고 경영자를 CEO(Chief Executive Officer)라고 한다. 서비스 경영자는 서비스기업이라는 배를 이끌고 가는 선장과 같은 것이다. 결국 서비스 경영자의 능력에 따라 서비스기업의 운명이 좌우된다고 할 수 있다. 구체적으로 서비스 경영자는 서비스 기업의 목표의 달성을 위하여 계획을 수립하고, 조직을 만들고, 부하를 지휘하여 그 성과를 통제하는 등의 여러 경영활동을 수행하는 역할을 한다. 특히 서비스 조직을 이끄는 서비스 경영자가 조직원들을 통솔하기 위해서는 경영이념을 확고히 해야 한다.

서비스 경영이념이란 서비스조직의 존재 의의나 사명을 보편적인 형태로 나타내는 기본적인 가치관을 말한다. 즉 서비스 경영자는 경영이념을 통해 서비스 기업의 기본적인 철학을 기업 내외에 전달할 수 있다. 조직 구성원에게는 행동과 판단의 지침을 제시할 수 있고, 종업원이 공감한다면 일을 하는데 있어서 동기부여도 될 뿐만 아니라 구심점 역할을 하게 될 것이다. 외부적으로는 고객에게 자사의 경영이미지를 정위화시켜준다고 할 수 있다.

따라서 서비스 경영이념은 제조업처럼 유형의 물적 상품을 파는 것이 아니므로 가치와 환대를 판매한다는 것에 경영목표를 두어야 한다. 예를 들어 디즈니의 서비스경영이념은 고객을 자기들의 물건을 구매하는 사람으로 보는 것이 아니라 초대한 사람으로 대한다. 따라서 고객에게 무엇을 팔 것인가를 고민하는 것이 아니라 집에 손님을 초대해 놓고 어떻게 하면 손님을 즐겁게 해 줄 것인가를 고민한다는 것이다. 이와 같은 서비스 경영이념은 서비스기업이 어떠한 목적과 방식으로 경영해 나갈 것인가에 대한 기본적인 의식으로서 기업의 신조 및 철학 그리고 경영활동 방향 제시 등의 지침이라고 할 수 있으며, ① 비전 ② 사명 ③ 핵심가치 등으로 구체화된다.

1.2 비전/사명/핵심가치

(1) 비전

비전(vision)의 사전적 의미는 보이지 않는 것을 마음속에 그리는 통찰력이나 직감을 통한 상상도, 미래도 보이는 것 등을 말한다. 즉 비전은 보여주는 것으로서 나의 목표와 계획을 다른 사람들에게 보여주는 것을 의미한다. 이와 같은 비전은 조직 내의 모든 구성원들의 꿈과 의지가 포함되어 있는 미래의 모습을 이미지화한 것으로 계량적으로 측정이 불가능한 개념적 성격이라고 할 수 있다. 따라서 서비스기업에 있어서 비전이란 조직의 바람직한 미래상으로서 그 미래를 인도하는 엔진 또는 네비게이션이라고 할 수 있다.

기업 비전의 역할

- 미래로 인도하는 엔진이다.
- 미래로 안내하는 네비게이션이다.
- 미래의 이정표이다.
- 등대처럼 길잡이 역할을 한다.

비전 만들기(VM : Vision Making)를 위한 착안점은 다음과 같다.

- 기업의 핵심이념과 부합되는 목표의 설정
- 고객에게 가치를 제공할 수 있는 도메인 설정
- 경영진의 의지와 분석의 조화
- 구성원들의 의견 반영 및 공감대 형성
- 마스터 플랜의 수립과 단계적 추진

(2) 사명

사명(mission)은 다른 기업과 해당기업을 차별화시켜주고 활동의 영역을 규정함으로서 기업의 근본적인 존재 의의와 목적을 나타내는 것이다. 즉 기업의 사명은 기업의 기본적인 지향점을 나타냄으로 나침반 역할을 하는 것이다. 예를 들어 월마트의 사명은 '사람들이 돈을 아껴서 더 잘 살도록 해 주겠다' 는 것인데, 월마트의 영업방침과 목적이 가격의 저렴화를 통하여 고객을 창출하겠다는 기본철학을 읽을 수 있다.

(3) 비전과 사명의 비교

비전은 현재보다 더 나은 미래의 상태를 의미하고, 사명은 현재에 보다 초점이 주어지며 특정시간에 구애받지 않는다. 또한 비전이 달성되면 새로운 비전의 개발이 필요하지만 기업의 사명은 그것이 의미를 가지는 한 지속적으로 유지될 수 있다. 따라서 비전은 목표와 관련이 있는 반면, 기업사명은 행동의 방식과 관련이 있다.

(4) 핵심가치

핵심가치(core value)란 어떤 제품이나 서비스가 고객에게 줄 수 있는 가장 중요한 혜택으로서 기업의 비전과 사명을 실현하기 위한 수단을 말한다. 핵심가치는 단순 기능을 강조하는 하위가치와는 차원이 다르며, 인간의 본질적 욕구를 충족시켜주는 것을 말한다. 예를 들어 포털사이트 구글(google)이 '빠르고 다양한 검색서비스' 라는 단순 기능의 하위가치보다는 '인터넷 민주주의' 라는 핵심가치를 표방하는 것을 들 수 있다.

그림 4-1 비전, 미션, 핵심가치의 구조

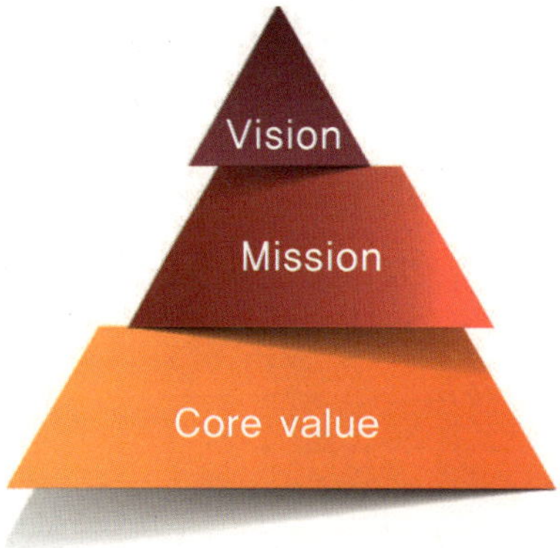

사례 핵심가치

애플의 창업주 스티브잡스(Steve Jobs)는 신제품을 소개하는 프리젠테이션에서 타사의 CEO와는 전혀 다른 방식으로 스피치를 했다. 아이폰의 강화유리, 카메라의 높은 화소 탁월함을 강조하는 하위가치보다는 "여러분이 이 아이폰을 사용한다는 것은 외국에 떨어져 지내는 애인과 다가오는 크리스마스를 함께 보낼 수 있습니다"라고 했다. 그는 스마트 폰으로 소중한 사람과 소통하고 마음을 나누는 것이 고객이 원하는 것, 즉 핵심가치를 생각했던 것이다. 또한 "아이폰끼리의 영상통화는 무료입니다"라는 하위가치보다는 "소중한 사람과 눈빛을 교환할 수 있다"는 핵심가치를 주장하여 고객의 감성을 자극하였고, 결국 고객으로 하여금 지갑을 열게 했다.

그림 4-2 에버랜드의 비전, 사명, 핵심가치

비전 (vision)	356일 언제나 휴일과 같은 편안함과 즐거움이 있습니다. (Everyday is a holiday of Everland Resort)
사명 (mission)	에버랜드는 365일 평생 기억에 남을 최고의 순간을 만들어 드립니다. (To help people have the best moments of their lives.)
핵심가치 (core value)	• 안전(Safety) • 고객만족(Customized Carving) • 평생 기억에 남을 추억(Memorable Moments) • 즐거움(Entertaining) • 자연 속에서의 휴식(Relaxing in Nature)

2 서비스 통념의 극복

통념이란 일반 사회에 널리 퍼져 있는 생각을 말한다. 아직도 많은 기업들은 서비스를 비하하는 통념과 무관심으로 인하여 발전의 속도가 더디고, 경쟁에서 뒤떨어지고 있다. 반면에 서비스의 중요성을 인식한 일부 선진 기업은 시장 경쟁에서 확실한 우위를 선점하고 있다. 1800년대 이후부터 지금까지 존재하는 서비스에 대한 통념은 다음과 같은데 이와 같은 통념을 극복해야 서비스경영 마인드를 창출할 수 있다.

통념 1 서비스는 제조업이 생산한 재화보다 가치가 떨어진다.

칼 막스(Karl Marx)나 아담 스미스(Adam Smith)의 초기 경제이론에 의하면 서비스가 제조된 재화보다 덜 중요하고 덜 가치가 있다고 믿었으며, 서비스부문에 대한 투자도 회피되어야 한다고 믿었다. 그러나 오늘날 소비자는 개인적인 예산에서 서비스부분에 많이 할당하고 있으며 제품구입보다 건강관리, 교통수단 이용, 여행, 외식, 교육 등 서비스를 구매하는데 우선순위를 부여하고 있다. 제조기업들은 서비스를 통해 생산성의 증가와 완제품의 가치를 높이고 있다.

이처럼 서비스업은 총생산, 고용 등 각종 경제지표에서 제조업을 앞서고 있어 결코 서비스의 경제적인 가치를 간과해서는 안 된다. 예를 들어 영화 '타이타닉' 한편의 수익은 자동차 100만대~150만대 수출의 수익과 맞먹는 경제적 가치를 지니고 있다.

통념 2 서비스업종은 저임금이고 단순 기술직이다.

서비스하면 대부분의 사람들은 레스토랑과 술집 같은 곳에서 서빙(serving)하는 직원을 연상하고 그들은 저임금을 받고 있으며 단순 기술직이라고 인식하고 있다. 또한 제조업체는 기업형으로 서비스업체는 개인 업소로 생각하기도 한다. 물론 소규모 서비스업은 제조업보다 자본 투자 등 여러 가지 면에서 창업이 수월하며 단순 노동력으로 운영할 수도 있을 것이다.

그러나 호텔, 백화점, 항공사, 은행, 병원, 통신회사, 신용카드사 등 대규모이고 기업형 서비스업체도 많으며, 법률, 회계 등의 전문 서비스직종도 있다. 이들 업체에 종사하는 직원들은 결코 제조업에 비해 낮은 수준의 임금을 받거나 단순 노동자들은 아니다.

통념 3 서비스업은 노동집약적이며 생산성이 낮다.

서비스업종은 인적 의존도가 높기 때문에 노동에 대한 투자가 자본투자보다 크며 생산성이 낮아 경제에 기여하지 못하는 것으로 생각하기 쉽다. 물론 노동집약적인 서비스업도 있지만 항공, 통신, 공공서비스(가스, 전력, 수도 등)와 같이 자본집약적인 서비스업도 많이 있다. 서비스의 생산성이 낮다는 것은 생산성 측정이 어렵고 생산성 결정 요인인 양과 질의 상쇄관계(trade-off) 즉 양을 추구하면 질이 하락되고 질을 추구하면 양이 문제가 되는 등 설명이 복잡하기 때문이다.

연구 자료(Magnet, 1993)에 따르면 서비스부문의 생산성이 제조업의 생산성을 능가하고 생산성의 증가가 매우 크다고 밝히고 있다. 생산성이 높다는 것은 원가가 낮거나(동일한 가치나 질을 유지하면서), 고객에게 보다 높은 가치와 질(동일한 원가를 유지하면서)을 제공하는 것을 말한다. 예를 들어 유치원 교육의 경우 교사 1인당 교육하는 어린이의 수로 측정하여 동일한 성과를 보다 적은 원가로서 이루어 낸다면 생산성이 높은 것으로 평가되지만 동일한 성과란 측정하기가 어려우며 교육의 질은 하락될 수도 있다는 것이다.

통념 4 제조업체에 있어서 서비스는 필요악이다.

많은 제조업체들의 서비스 개념은 애프터서비스(after service)이다. 이러한 서비스는 수익을 창출하는 것이 아니라 비용만 발생시킨다고 간주하고 있다. 즉 서비스를 고장수리나 불만처리와 같은 용도로 생각하고 있다. 그러나 오늘날의 시장에서 서비스는 제품의 편익이나 가치를 증가시키고 경쟁사와 차별화하기 위한 강력한 수단으로 간주하게 되었다. 서비스를 확장하여 해석하면 서비스 없는 제품이란 있을 수 없다. 즉 제품을 구매하는 고객들은 실제로는 그 제품을 통해 얻으리라 기대되는 서비스를 구매하는 것이다. 예를 들어 자동차는 이동을, 비누는 깨끗함을, 책은 정보와 지식의 전달이라는 서비스를 고객이 누리는 것이다.

또한 과거의 서비스는 제품을 팔기 위한 부수적인 수단이라고 간주하였지만, 오늘날에는 오히려 서비스가 제품생산을 촉진시키는 경우가 발생하고 있다. 예를 들어 서비스업인 대형 마트가 해외에 진출할 경우 국내 제조업이 제품을 수출할 수 있는 판로를 열어 주는 것이다. 이처럼 제조업체에 있어서 서비스는 필요악이 아니라 제품의 부가가치를 올려줄 뿐만 아니라 생산을 촉진시켜준다고 할 수 있다.

통념 5 서비스업 경영은 제조업 경영과 같다.

실패한 대부분의 서비스기업은 서비스의 문화와 특성을 고려하지 않고 제조업 스타일로 경영을 했기 때문이다. 서비스경영은 제조업 경영과는 분명 다르며, 달라야 하는 것이다. 이 부문은 서비스경영이 왜 일반 경영학과는 분리하여 별도의 과목으로 존재해야 하는지를 말해준다.

3 서비스문화와 리더십

3.1 서비스문화

서비스 경영자가 경영이념을 확립하기 위해서는 먼저 서비스문화와 서비스기업문화를 창출하여 조직의 가치관을 형성할 필요가 있다. 서비스문화란 서비스 자체에 대한 가치관의 집합체로서 고객 · 종업원 · 기업 등의 정서가 일정한 패턴으로 형성되어 표출되는 방식을 말한다. 이러한 서비스문화는 모든 구성원의 규범이자 자연스러운 생활방식으로써 서비스 경영자가 어떠한 서비스문화를 창출하느냐에 따라 조직원들의 서비스에 대한 가치관이 달라진다고 할 수 있다.

서비스기업문화는 서비스문화를 토대로 경영성과를 창출하기 위하여 전사적으로 구축한 기업의 가치관의 말한다. 서비스경영자가 서비스기업문화를 어떤 방식으로 창출하느냐에 따라 조직의 지향점이 결정된다고 할 수 있다. 예를 들어 연공서열과 절차를 중시하는 서비스기업문화라면 다소 기업지향적인 서비스가 창출될 것이고, 연공서열과 절차보다는 고객접점에서 종업원의 권한을 강화하는 기업이라면 보다 고객지향적인 서비스가 창출될 것이다. 즉 보수적인 서비스기업문화이냐, 혁신적인 서비스기업문화이냐에 따라 조직의 지향점이 달라지는 것이다.

서비스기업문화의 중요성

- 조직 구성원들의 가치공유를 통한 단합
- 일관된 경영스타일의 지속
- 중간 관리자들의 행위규정 설정
- 협력적 노사관계의 구축
- 사회적 이미지 제고

3.2 서비스 경영자의 리더십

서비스고객의 만족도는 경험의 가치 즉, 마음이나 심리에 의해서 좌우되는데 이 욕구를 충족시켜 주는 수단이 서비스정신이다. '정신' 은 조직과 종업원들을 움직이는 보이지 않는 구심점이다. 즉, 조직 내의 정신은 구성원들이 그들 자신, 고객, 사업의 세계를 보는 방법에 영향을 미치고 현재의 행동을 이끄는 핵심 가치, 태도, 신념 등을 반영한다. 이처럼 올바른 서비스정신을 어떻게 무장하느냐에 따라 서비스문화가 창조되어 지는 것이다.

결국 서비스정신을 정의하면 다른 사람에게 기꺼이 봉사하는데 솔선수범하고, 그 자체에 자부심과 보람을 느끼며, 이러한 신념을 가지는 태도라고 할 수 있다. 서비스정신은 선천적으로 정도의 차이만 있을 뿐 거의 모든 인간에게 내재되어 있다. 자기 자신을 인간으로서 귀중하게 생각하고, 다른 사람의 욕구를 귀중하게 생각하고, 자신의 일에 의미를 부여하려는 가치관을 추구한다면 다른 사람에게 기꺼이 서비스할 수 있는 정신을 소유할 수 있다.

이와 같은 서비스정신은 서비스 경영자의 리더십에 달려 있다. 리더십은 타인에 대한 영향력으로서, 서비스 리더십에는 고객에 대한 리더십, 종업원에 대한 리더십, 조직에 대한 리더십이 있다. 따라서 서비스 경영자는 고객에게는 고객지향적인 서비스정신, 종업원에게는 동기부여와 비전을 제시하여 고객서비스에 열정적으로 동참하게 하는 서비스정신, 조직에게는 서비스문화를 지향하는 서비스정신을 창출하는 것이 서비스 경영자의 리더십이다. 일류 서비스기업들은 서비스정신과 리더십을 통하여 신화를 창조해 나가고 있다.

그림 4-3 서비스 경영자의 리더십

서비스 경영자의 10계명

- 서비스문화를 이해해야 한다.
- 변화하는 경영환경에 능동적으로 대처해야 한다.
- 권한 위임과 현장중심의 마인드를 가져야 한다.
- 유연하고 융통성 있는 리더십을 발휘해야 한다.
- 고객욕구에 대한 통찰력이 있어야 한다.
- 내부고객을 감동시키고 비전을 제시해야 한다.
- 모든 사안을 장기적인 안목에서 처리해야 한다.
- 솔선수범하는 자세를 갖추어야 한다.
- 고객위주의 가치경영을 지향해야 한다.
- 서비스업에 대한 사명감을 가져야 한다.

4 서비스 가치경영과 수준 창출

4.1 서비스 가치경영

(1) 서비스 가치경영의 의의

가치(value)란 어떤 상황에서 적절한 반응이 무엇인가에 대한 믿음과 인식 그리고 사고의 조합이라고 할 수 있으며, 개인이나 기업은 자신만의 독특한 가치를 추구하고자 한다. 따라서 서비스 가치경영이란 서비스상품을 최소의 비용으로 만들어 고객에게 밀어내기식 판매로 최대의 이윤을 추구하는 것이 아니라 서비스정신에 입각하여 고객이 원하는 최상의 서비스가치를 제공함으로써 거래를 지속적으로 유지하기 위한 노력이다. 즉 고객을 이윤추구를 위한 통계적 수치로 보는 것이 아니라 그들이 원하는 가치를 만들어 주고 도와줌으로서 자연적으로 발생되는 이윤을 추구하는 것이다.

서비스고객은 서비스를 제공받은 후 경험의 가치를 대가로 지불하는 것이다. 서비스의 가치는 고객이 서비스를 통해서 얻는 것과 그것을 위해 기꺼이 지불하는 비용의 상대적인 차이에서 발생되며, 서비스고객은 비용보다 상위의 개념인 가치에 근거를 두고 구매결정을 하는 것이다. 예를 들어 맥도날드의 경영목표는 품질(quality), 서비스(service), 가치(value), 청결(cleanliness)을 추구하고 실천한다. 많은 고객들이 맥도날드를 즐겨 찾는 것은 이러한 가치를 제공받을 수 있기 때문이며, 월마트의 가치는 편리한 곳에 위치한 점포에서 기분 좋은 서비스와 항상 낮은 가격을 지향한다는 점을 강조하고 있다.

서비스 경영자가 고객을 위해 가치경영을 추구하게 되면 종업원들이 고객의 가치를 분명히 파악할 수 있어 보람과 동기부여에도 큰 도움을 준다. 예를 들면 다음과 같은 보험 설계사가 있을 경우 누가 동기부여를 가지고 더욱 열심히 일을 할까?

설계사 A "나는 보험상품을 판매하고 있다."

설계사 B "나는 실적을 위해 보험상품을 판매하고 있다."

설계사 C "나는 고객의 불의의 사고와 재난으로부터 안전과 보장을 위해 보험상품을 판매하고 있다."

Walmart
Save money. Live better.

※ 월마트는 대형 할인점으로서 '항상 낮은 가격(always low prices)'이라는 서비스 가치경영을 지향하고 있다.

표 4-1 주요 서비스기업의 가치경영

서비스 기업	핵심 상품	가 치 경 영
호텔	객실	객실을 판매하는 것이 아니라 고객에게 깨끗하고 편한 잠자리를 제공하기 위해 도와주는 것이다.
항공사	좌석	좌석을 판매하는 것이 아니라 비즈니스 고객에게는 약속 시간을 지켜주고, 휴양고객에게는 그들의 휴가를 도와주기 위한 것이다.
백화점	진열 상품	진열된 상품을 판매하는 것이 아니라 고객의 편리한 쇼핑과 풍요로운 삶을 도와주는 것이다.

(2) 서비스 가치의 범주

고객의 입장에서 느끼는 서비스 가치는 일반적으로 ① 낮은 가격 ② 원하는 바의 실현 ③ 가격대비 품질 ④ 비용 · 시간의 투자에 대한 결과 등 네 가지의 범주에서 평가된다. 따라서 서비스 가치 중심의 프로세스는 네 가지의 틀 중에서 어느 것에 초점을 두고 디자인할 것인가를 결정해야 한다.

낮은 가격 세탁소와 할인점의 경우 고객의 입장에서는 저렴한 요금이 최고의 가치이다. 즉 고객은 세탁물에 대해서 비싸게 요금을 준다고 해서 특별히 달라지는 것이 없다고 판단하며, 할인점에서 상대적으로 비싼 고급 물건을 구입할 이유가 없다는 것이다.

원하는 바의 실현 병원에서 환자의 경우 병이 완치만 될 수 있다면 그 요금에 대해서는 크게 구애를 받지 않는다. 즉 환자에게는 요금보다는 병의 완치가 최고의 가치라고 할 수 있다.

요금대비 품질 지불한 요금에 비하여 서비스품질이 얼마나 좋았는지를 가치로 평가하는 것을 말한다. 예를 들어 하루 숙박을 하는데 요금이 비싼 호텔과 요금이 저렴한 여관 중에 요금이 비싼 호텔을 선택했다면 그만큼의 품질과 서비스를 기대하는 것이다. 만약 기대에 부응하지 못하면 그 가치는 저하되는 것이다.

비용 · 시간의 투자에 대한 결과 고객이 비록 비용과 시간을 투자하였지만 얻어진 결과가 만족하면 최고의 가치로 판단하는 경우를 말한다. 예를 들어 미용실에서 비용과 시간을 들였지만 예쁜 모습으로 단장되었다면 그 가치는 높은 것이다.

표 4-2 서비스 가치의 범주와 사례

서비스 가치의 범주	사 례
낮은 가격	세탁소 · 할인점 : "가장 낮은 가격이 가치이다"
원하는 바의 실현	의료서비스 : "병이 완치되는 것이 가치이다"
가격대비 품질	호텔 : "가치란 지불한 가격만큼 시설 및 서비스가 좋은 것이다"
비용 · 시간의 투자에 대한 결과	미용실 : "가치란 내가 지불한 비용 · 시간에 대한 대가로 얻은 외모이다"

(3) 서비스 가치경영의 범위

서비스기업 경영자는 외부 고객만족을 위한 가치경영도 중요하지만 특히 인적 의존도가 높은 서비스기업에 있어서는 종사원의 내부고객 만족을 위한 가치창조도 간과해서는 안 된다. 그들의 예절과 친절, 말 한마디에 고객이 창출되고 매출이 증진되기 때문이다. 또한 협력업체도 고객의 차원에서 접근하여야 한다. 따라서 서비스 경영자는 서비스의 시스템 환경을 이해하여 외부 고객과 종사원의 내부고객 그리고 이해 관계자에게까지도 만족과 감동을 줄 수 있는 서비스가치 창조를 목표로 해야 한다. 이를 실현하기 위해서는 다음과 같은 물음에 대하여 확신이 있어야 한다.

- 서비스기업과 경영자의 가치추구가 고객이 원하는 것인가?
- 서비스기업과 경영자의 가치추구가 종업원이 원하는 것인가?
- 서비스기업과 경영자의 가치추구가 협력업체가 원하는 것인가?

(4) 서비스수익 체인

서비스수익은 〈그림 4-4〉에서 보는 바와 같이 내부직원 만족, 직원유지, 외적 서비스가치 창출, 고객만족, 고객애호도로 연결되는 일련의 관계에 의해서 발생된다. 즉 수익의 증가는 고객애호도로부터 파생되는데, 통계적으로 고객충성도의 5% 상승은 수익을 25%에서 80%까지 상승시킨다. 고객충성도는 고객이 인지한 서비스의 가치에 영향을 받는 만족도의 결과이다. 또한 서비스의 가치는 직무에 만족하고 고가치의 생산성을 지닌 종업원에 의하여 창출되고 종업원의 만족도는 기업이 정보기술 및 교육훈련에 대한 투자와 종업원 권한부여 정책에 의하여 창출되는 것이다. 결국 서비스 수익체인은 서비스 가치에 의하여 고객만족도로 연결되는데, 핵심 내용은 다음과 같다.

- 종업원 만족은 내적 서비스품질에 연결되어 있다.
- 종업원 충성도는 종업원 만족에 연결되어 있다.
- 종업원 생산성은 종업원 충성도에 연결되어 있다.
- 고객만족은 서비스가치에 연결되어 있다.
- 고객애호도는 고객만족에 연결되어 있다.
- 수익과 성장은 고객애호도에 연결되어 있다.

그림 4-4 서비스 수익 체인

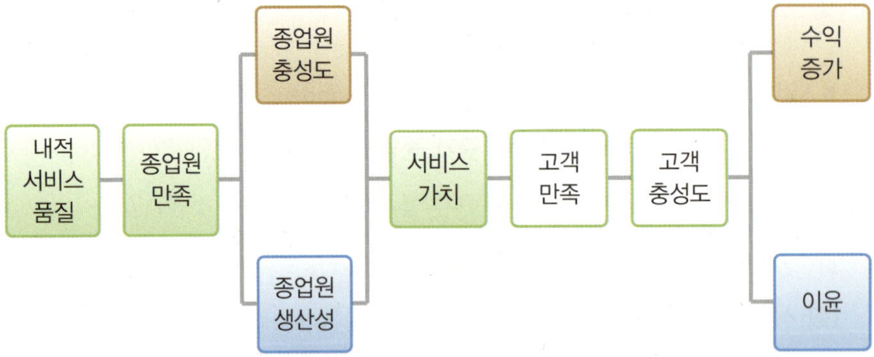

※ 자료 : Heskett 외(1994)

4.2 서비스수준 창출

(1) 서비스수준의 단계

베시 샌더스(Betsy A. Sanders)는 그의 저서 「Fabled Service」에서 서비스전설의 필요성을 강조하고, 서비스비전에 대하여 놀라운 서비스(fabulous service), 칭찬받는 서비스(renowned service), 신화적인 서비스(mythical service), 전설의 서비스(fabled service)를 주장한 바 있다. 알브레히트(Albrecht)는 그의 저서 「At America's Service」에서 ① 업계에서의 탈락 ② 눈가림식의 서비스추구 ③ 최소한의 서비스 ④ 고품질 서비스에 매진 ⑤ 예술의 단계 등 5단계로 서비스수준을 구분하고 있다.

이들 학자의 의견을 종합하면 서비스수준은 〈그림 4-4〉와 같이 ① 무관심 서비스 ② 눈가림식 서비스 ③ 열정적 서비스 ④ 감동적인 서비스 ⑤ 신화적인 서비스 등으로 나눌 수 있다. 따라서 서비스 경영자는 최소한 열정적 서비스수준 이상의 비전을 가져야 하며, 성공적인 비즈니스를 위해서는 단시안적 경영성과에 집착하기보다는 장기적인 안목에서 물결효과(ripple effects)를 기대해야 한다.

그림 4-5 서비스수준의 5단계

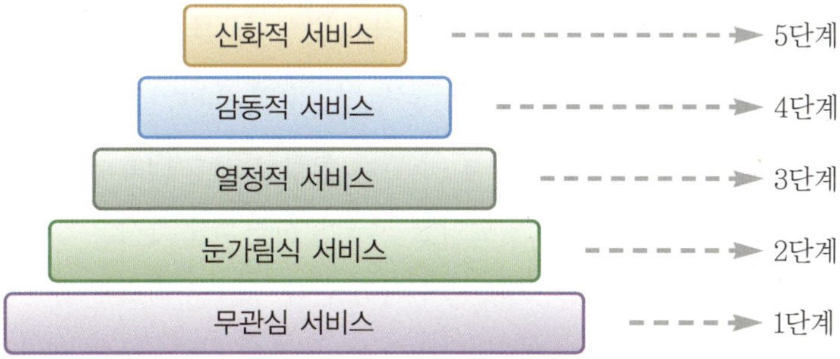

무관심 서비스 서비스 프로세스가 고객하고는 관계없이 다람쥐 바퀴나 기계처럼 돌아가는 서비스수준이다. 즉, 고객이 오면 고객의 의사와는 관계없이 이미 짜여진 설계에 의하여 로봇처럼 응대하고 고객이 불평, 불만을 토로하면 다른 곳으로 가라는 식의 서비스이며, 고객의 요구사항에 응대하더라도 마지못해 하는 수준이다. 많은 병원, 대학교, 공공기관 서비스가 이 경우에 해당하며, 경영자, 종업원의 마인드는 모두가 월급만 받아가면 그만이라는 형태이다. 따라서 무관심 서비스는 '고객은 우리의 사업하고는 무관하다.' 는 서비스수준이라고 할 수 있다.

눈가림식 서비스 고객을 대하는 서비스 태도가 가식적이고 비위를 맞추는 수준이다. 오직 고객의 주머니만 노리는 한탕주의 사고로서 한두 번은 거래가 되어도 진실성 결여로 장기적으로는 고객을 잃게 된다. 대부분의 허위광고, 무책임한 서비스와 달면 삼키고 쓰면 뱉는 서비스발상에서 오는 경우로서 아직도 많은 서비스업종이 이에 해당된다. 따라서 눈가림식 서비스는 '고객은 우리의 사업을 도와주기 위한 존재이다.' 라고 인식하는 서비스수준이라고 할 수 있다.

열정적 서비스 서비스에 대하여 책임감을 가지고 열성적으로 최선을 다하는 모습이다. 즉 보통의 서비스직원이 보통의 서비스에 대하여 진실적으로 고객을 대하고 최선을 다하면 실현할 수 있는 서비스이다. 예를 들어 호텔의 도어맨은 누구에게나 친절해야 한다는 보통의 서비스를 가지고 있다. 그러나 고급 승용차 고객에게는 깍듯한 인사와 함께 주차 서비스 등을 하면서 소형 승용차 고객에게는 관심을 가지지 않는 경우가 많다. 만약 이 소형 승용차 고객에게도 그러한 친절을 베푼다면 열정적 서비스에 도달할 수 있는 것이다. 따라서 열정적 서비스는 '고객이 있기 때문에 우리가 존재한다.' 라고 인식하는 서비스수준이라고 할 수 있다.

감동적인 서비스 일상적인 서비스이지만 고객을 기쁘게 만드는 경우로서 고객이 기대수준 이상의 서비스를 받게 되면 칭찬을 보내고 감동을 느끼는 수준의 서비스를 말한다. 즉 고객감동 서비스는 고객이 이미 기대하고 있는 것을 제공하는 것이 아니라 고객이 기대하지 않았던 서비스를 제공하는 것이다. 이와 같은 서비스 수준의 슬로건으로는 '고객의 감동이 곧 우리의 기쁨이다' 라는 것을 들 수 있다. 감동적인 서비스의 사례를 들면 다음과 같다.

감동적인 서비스의 사례

- 택배회사에서 물건이 잘 전달되었다는 문자 메시지
- 컴퓨터판매회사에서 컴퓨터를 설치하고 일주일 후 다시 방문하여 제대로 작동되고 있는지 점검해 주는 행위
- 세탁소에서 셔츠나 블라우스 단추가 떨어진 것을 보고 새로 달아드렸다는 메모와 함께 세탁물을 보내는 행위
- 호텔, 백화점, 레스토랑, 은행 등의 서비스기업에서 비가 올 때 우산을 무료로 빌려주는 행위(반드시 반환의 의무를 주기보다는 우산에 "사용하신 후 오시는 길에 돌려주십시오."라고만 한다면)

신화적인 서비스 노드스트롬 백화점은 어떤 상품이든 반품을 요구하면 불문하고 받아준다는 방침이 있는데 이를 시험하는 고객이 타이어를 가지고 와서 반품을 요구하였다. 그러나 노드스트롬 백화점은 패션제품 전문점으로 타이어는 취급하지 않는다. 하지만 판매원은 타이어 가격을 묻고는

흔쾌히 환불해 주었다. 이 이야기는 소문으로 전해지고 심지어는 자기를 괴롭히는 시어머니를 교환해 달라는 유명한 일화도 있었다. 물론 초기에는 악의적인 고객으로 인하여 고초를 겪었지만 이를 인내하고 일관적인 서비스로 인하여 오늘날 세계에서 가장 친절한 백화점의 대명사가 되었고, 미국 내에서 가장 많은 이익과 시장 점유율이 높은 백화점으로 성장하였다. 노드스트롬백화점에서 서비스를 경험한 고객은 다른 소매점에서도 기대하고 그 기대는 다른 서비스업계까지 파급되며, 모든 업계에서는 노드스트롬을 목표로 하여 자신의 조직을 노드스트롬화하려고 노력할 것이다.

이와 같이 동종업계는 물론 산업 전체의 표본의 대상이 되는 서비스가 신화적인 서비스이다. 이 정도 수준의 서비스는 명성 그 자체가 고객에게는 구매동경의 대상이며, 경영자에게는 목표를, 종업원에게는 행동의 기준을 제시해 줄 수 있을 뿐만 아니라 그들에게 긍지와 자부심을 줄 수 있는 서비스이다. 따라서 신화적인 서비스는 '고객을 위해 신화적인 서비스를 창출하는 것이 우리의 목표다.' 는 서비스정신을 가지는 수준이다.

사례 **신화적 서비스 : 노드스트롬 백화점**

노드스트롬(nordstrom) 백화점은 1901년 존 노드스트롬(John W. Nordstrom)이 신발가게를 기반으로 설립하였는데 치열한 경쟁에도 불구하고 동종산업 내에서 가장 큰 이익을 달성한 서비스 우량기업으로서 유명 백화점뿐만 아니라 고객서비스에 분야에 벤치마킹 대상이 되는 기업이다.

노드스트롬 백화점이 가장 큰 자산은 생각하는 것은 고객과 접촉하는 판매사원들이다. 그들의 서비스품질과 생산성은 탁월하여 동종업계로부터 부러움의 대상이 되고 있다. 노드스트롬 백화점의 대외고객만족과 대내고객만족을 위한 서비스 전략, 권한 위임 및 동기부여 내용을 분석해 보면 다음과 같다.

- 고객을 숙지하여 고객의 니즈(needs), 태도, 인식, 가치관, 구매의욕 등을 파악하여 대처하는 판매 서비스를 하고 있다.
- 판매사원에게는 판매, 반품, 고객서비스를 위한 자율권이 있으며, '종업원 핸드북'이라고 하는 16절지 반장 정도 크기의 카드 한 장에 유일한 규칙은 '어떤 상황에서든지 자신이 판단하여 고객에게 유리하다고 생각하는 일을 실행할 것' 뿐으로서 종업원을 신뢰하여 규칙과 규제가 거의 없는 특수한 문화를 구축하였다.
- 판매사원은 고객과 장기적인 관계를 구축하기 위해 개인적으로 고객을 지원하거나 특별한 서비스를 통하여 장기적으로 더 큰 매출을 올리는 것을 목표로 하고 있다.
- 판매사원은 개개인의 담당구역이 없으며, 매장 어디든지 고객이 원하는 곳으로 안내하여 고객이 개인화된 서비스를 받고 있다는 느낌을 갖도록 하고 있다.
- 커미션을 이용한 성과급을 도입하여 장기적으로 고객관리를 하게 하는 미니사업을 하게끔 하고 있다.

미국 시에틀에 있는 노드스트롬 본점

(2) 서비스 경쟁력의 수준

일반적으로 어떤 기업의 경쟁력(competitiveness)이 강하다는 것은 동일한 시장 내에서 다른 기업보다 더 높은 성과와 수익을 내게 하는 경쟁우위를 지니고 있음을 의미한다. 서비스기업이 경쟁력을 유지하려면 생산성과 품질 향상을 위해 지속적으로 개선하려는 노력을 기업의 전략과 문화의 일부로 만들어야 한다. 체이스(Chase)와 헤이즈(Hayes)는 서비스기업들의 전략개발에서 운영방식의 역할을 설명하기 위해 〈표 4-3〉과 같이 서비스기업 경쟁력을 서비스 제공이 가능한 수준, 서비스 제공이 숙련된 단계, 서비스 경쟁력을 가진 단계, 세계적 수준의 서비스 제공 단계 등의 4단계를 개발하였다. 모든 서비스들이 1단계에서 시작할 필요가 없지만 서비스의 품질향상에 무관심하거나 태만하게 되면 1단계로 후퇴할 수도 있다는 점에 유의해야 한다.

표 4-3 서비스 경쟁력 수준의 4단계

항목	1단계 : 서비스 제공이 가능한 수준	2단계 : 서비스 제공이 숙련된 수준	3단계 : 서비스 경쟁력을 가진 수준	4단계 : 세계적인 서비스의 수준
개요	서비스품질보다는 안면 때문에 고객이 찾는 수준	고객이 일부러 찾지도 거부하지도 않는 수준	고객의 기대를 맞추기 때문에 일부러 찾는 수준	회사의 서비스 명성이 탁월하여 신화적 수준
운영 상태	소극적 수준	평범한 수준	고객에게 초점을 맞추어 지속적인 서비스개선 추구	혁신적이고 경쟁사보다 탁월한 경쟁력 보유
서비스 수준	비용고려 우선	부분적으로 고객요구에 부합	고객기대 수준에 다양하게 부합	고객에게 가치부여
지원 부서	통제를 위한 관리업무	전사적 서비스의 필요성 인정하나 실천미흡	역피라미드 조직에 의한 서비스 지원	적극적으로 지원하거나 스스로 서비스 수행
고객	기대수준의 서비스가 없으며 최소비용이면 만족	기본적인 서비스만 충족되기를 기대	다양한 욕구를 표출하고 이에 충족되는 서비스를 기대	제안이나 아이디어를 기업 측에 제공
새로운 기술도입	기업이 생존의 기로에 처했을 때	비용절감이 가능할 때	서비스를 확장할 때	경쟁사와 차별화를 시도할 때
노동력	비용 측면으로 간주	서비스 프로세스를 담당하는 일부분으로 간주	서비스상품을 판매하기 위한 자원으로 간주	고객이나 기업에게 가치창출을 위한 혁신적 자원으로 간주
최일선 부서	통제의 대상	프로세스 위주로 통제	고객과의 커뮤니케이션 수단으로 간주	경영층에 아이디어를 제공하는 등 경영계획이나 의사결정에 참여

※ 자료 : Chase and Hayes(1991)에서 저자 일부 수정

연습문제 및 토의주제

1 서비스기업의 비전/사명/핵심가치란 무엇인가?

2 서비스통념에 대하여 설명하시오.

3 서비스기업문화의 중요성에 대하여 설명하시오.

4 서비스가치의 4가지 범주와 그에 따른 예를 들어보시오.

5 서비스수익 체인에 대하여 설명하시오.

6 감동적인 서비스의 사례에 대하여 설명하시오.

제5장

서비스경영전략

"서비스업은 물적 상품을 파는 것이 아니라 가치와 환대를 판매하는 것이다"

Service Management

제5장 서비스경영전략

1 서비스경영전략의 개요

1.1 경영전략의 개념

전략(strategy)은 예부터 군사용어였으나 그 응용범위가 확대되어 어떠한 개인이나 조직이 경쟁에서 우위를 점하고자 할 때 일상적으로 사용하는 용어로 정착하게 되었다. 이러한 전략은 기업의 경영에도 도입되었는데 경영전략은 기업목표를 달성하기 위하여 경영환경 요인들의 변화를 예측하고, 그에 대한 합리적이고 효과적인 대응책을 강구하여 결국 경쟁에서 이기고자 하는데 그 목적이 있다.

경영전략은 전략적 경영이라고도 표현하는데 즉 경영전략은 계획 · 실행 · 통제하는 과정으로서 조직의 구축 및 기업문화 창조 등과 같은 기업의 모든 시스템들이 설계되고 관리되어져야 한다는 것을 의미한다. 따라서 경영전략이란 사업이 지속적으로 경쟁우위를 확보하기 위하여 중 · 장기적인 관점에서 불확실한 미래를 예측하고, 자사의 능력과 지식을 활용하여 경영성과를 내고자하는 체계적인 경영활동이라고 할 수 있다.

1.2 서비스경영전략의 중요성

서비스경영전략은 ① 환경변화에 유연하게 대처할 수 있는 적응력을 촉진시키고 ② 회사 전체적인 관점에서 경영자원을 효율적으로 배분하며 ③ 기업 내부의 다양한 경영활동을 통합하는데(신유근, 2008) 그 중요성이 있다.

(1) 환경변화 대처 능력 촉진

서비스 기업을 둘러싼 외부환경의 변화가 없다면 경영자는 과거의 경험을 토대로 미래를 예측할 수 있다. 그러나 오늘날 급변하는 외부환경에서 과거의 경험은 지침이 될 수 없다. 다가오는 외부환경 요인이 위협적인지, 기회인지를 분석하여 그에 따른 경영전략의 수립은 기업을 유지하고 발전시키는데 내비게이션 역할을 하는 것이다. 특히 서비스업은 제조업보다 동적인 요소가 많아 환경변화에 민감하다고 할 수 있다. 따라서 서비스 경영자는 미래를 통찰하고, 경영전략을 통하여 환경변화에 유연하게 대처해야 할 것이다.

(2) 경영자원의 효율적 배분

한정적인 기업의 자원을 전사적인 관점에서 어떻게 효율적으로 배분하는가는 경영전략에 달렸다고 할 수 있다. 기업 내부에는 각 사업부에서 보유하고 있는 경영자원을 서로 확보하려고 하고, 이 과정에서 사업부 간 갈등과 마찰이 수반되고 있다. 따라서 경영전략은 회사 전체적인 관점에서 미래에 어떤 사업을 강화할 것인가 등 방침을 수립하여 기업 내부 각 부문에 자원할당의 우선순위를 결정함으로써 경영자원의 효율적 배분을 위한 기준을 제시해 준다고 할 수 있다.

(3) 기업 내부 다양한 경영활동의 통합

기업의 활동은 여러 부서 간의 활동 및 협동을 통해서 이루어진다. 이 과정에서 의사결정을 통합하는 것은 서비스 경영자의 덕목이라고 할 수 있다. 경영전략은 기업목표를 달성하기 위하여 조직 내의 다양한 활동을 전체적으로 조정하고 통합하여 부족한 점이나 중복된 점을 걸러내고, 구성원들의 이해를 구함으로써 일관된 추진력을 발휘할 수 있게 해준다.

1.3 전략적 상황분석 및 대안수립

(1) 전략적 상황분석

서비스경영전략을 추진하는 과정에는 먼저 내 · 외부 환경의 분석이 요구된다. 기업의 내 · 외부 환경을 분석하는 목적은 시장에서 기회와 위협요소를 찾아내고 자사의 강 · 약점을 파악하여 전략적 과제를 밝혀내는 데 있다. 즉 기업은 시장환경의 변화를 분석하여 시장기회를 포착해야 한다. 고객의 욕구가 변하고 다양화될수록 시장의 기회는 많아지지만 한편으로는 그 변화가 기업에게 위협으로 다가오기도 한다. 결국 기업은 기회든 위기든 시장의 환경을 분석하고 이를 자사의 약점과 강점에 결합해서 경쟁회사와의 경쟁우위를 확보할 수 있어야 한다.

내부 환경 분석은 미시적 환경 분석으로서 자사의 경영자원(**경영전략, 기업문화, 제품특성, 시장 점유율, 인적 자원, 자금력**)을 분석하는 것이고, 외부환경 분석은 거시적 환경 분석으로서 정치 · 기술 · 경제 · 사회 · 문화적 환경 등을 분석하는 것이다. 환경 분석은 결코 쉽지 않은데 그 이유는 다양한 환경요인들이 서로 영향을 미치면서 기업을 둘러싸고 시시각각 변화하기 때문이다. 따라서 서비스경영자는 특히 외부환경요인의 변화에 주목하고 그 변화에 대한 대응방안을 경쟁자보다 한발 먼저 마련해야 경쟁에서 승리할 수 있다.

(2) 전략적 대안 수립

기업의 내 · 외부 환경에 대한 분석을 기초로 목표를 달성할 수 있는 전략적 대안의 수립을 위한 기법으로는 흔히 SWOT이 분석이 사용된다.

SWOT분석이란 자사 내부의 강점(strength)과 약점(weakness), 자사 외부의 기회(opportunity)와 위협(threat) 요인을 분석하여 적절한 경영전략을 수립하기 위한 것이다. 즉 강점은 경쟁업체와 비교하여 고객에게 부각시킬 수 있는 요소이고, 약점은 경쟁업체와 비교해 볼 때 취약한 요소이며, 기회는 자사의 사업에 유리하게 작용하는 외부환경을 말하고, 위협은 자사의 사업에 부정적으로 작용하는 외부환경을 말한다.

SWOT분석의 기법 SWOT분석은 한 장에 메트릭스를 이용하여 강점요인과 약점요인, 기회요인과 위협요인을 한 눈에 쉽게 알아볼 수 있도록 하는 것이다. 결국 SWOT분석을 이용한 전략의 수립은 ① 강점은 극대화 ② 약점은 보완 ③ 기회는 활용 ④ 위협은 최소화하거나 극복하자는 것이다. 그림으로 예를 들면 다음과 같다.

그림 5-1 **서비스 기업의 SWOT분석**

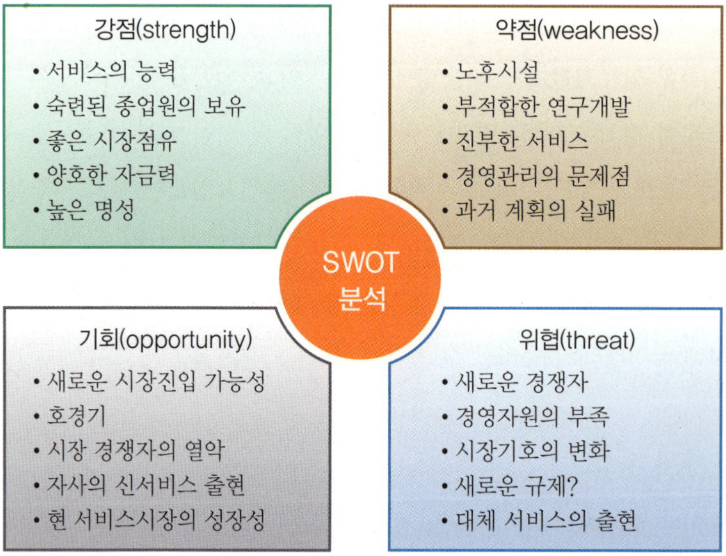

2 기존 사업구조 평가 및 사업재구축 전략

2.1 기존 사업구조 평가

서비스 경영자는 기존 사업구조에 대한 평가를 통하여 기존의 사업을 강화할 것인지, 철수할 것인지, 또는 신규 사업에 진출할 것인지를 결정해야 한다. 기존 사업의 구조를 평가하기 위해서는 사업 포트폴리오 분석이 요구되는데 대표적인 모델이 1970년대 초에 개발된 보스톤 컨설팅 그룹(BCG : Boston Consulting Group)의 성장-점유율 메트릭스이다. 즉 BCG 매트릭스는 기존 사업에 대한 자금의 투입 및 산출 측면에서 사업(전략사업 단위)의 현재 처해있는 상황을 파악하여 그에 알맞은 처방을 내리기 위한 경영분석도구라고 할 수 있다.

BCG 매트릭스는 '성장-점유율 매트릭스(growth-share matrix)' 라고도 불리며, 사업을 점유율과 성장성으로 구분해 4가지로 분류했다. 즉, X축을 '상대적 시장점유율' 로 하고, Y축을 '시장성장률' 로 하여, 미래가 불투명한 사업을 물음표(Question Mark), 점유율과 성장성이 모두 좋은 사업을 스타(Star), 투자에 비해 수익이 월등한 사업을 캐시카우(Cash Cow), 점유율과 성장률이 둘 다 낮은 사업을 도그(Dog)로 구분했다. BCG 매트릭스는 사업의 성격을 단순화 및 유형화하여 어떤 방향으로 의사결정을 해야 할지를 명쾌하게 보여주지만, 사업의 평가요소가 상대적 시장점유율과 시장성장률뿐이어서 지나친 단순화의 오류에 빠지기 쉽다는 단점도 있다.

그림 5-2 BGC 매트릭스(성장-점유율 매트릭스)

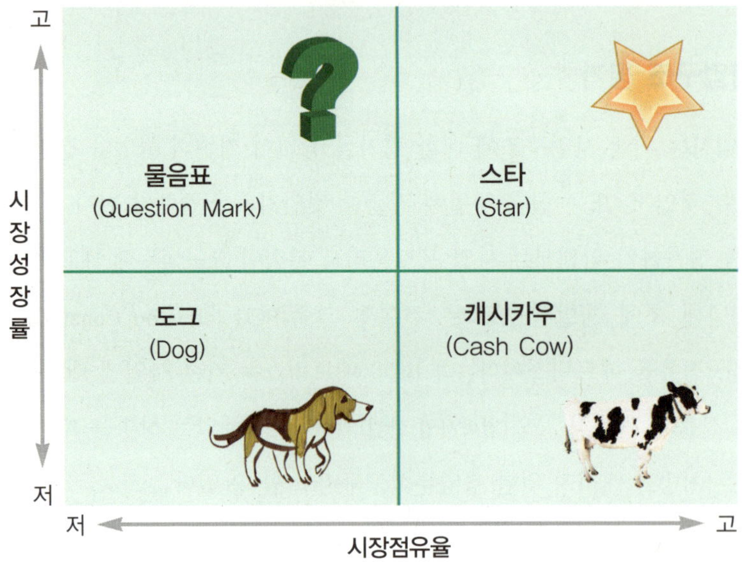

(1) 스타(Star)형 사업

상대적으로 높은 시장점유율과 시장성장률을 보이는 사업으로서 투자는 물론 서비스생산 시설을 확충하는 전략이 요구된다.

(2) 캐시 카우(Cash Cows)형 사업

시장점유율은 높지만 시장성장률이 낮은 사업으로서 지속적인 투자를 하지 않고 현재의 높은 수익을 산출만 하면 되는 사업을 말한다. 궁극적으로는 시장성장률의 추이에 따라 철수전략이 요구되는 사업이라고 할 수 있다. 캐시 카우(Cash Cows)는 마치 젖소가 젖을 과다하게 분출하면 결국 살이 빠지고 마르게 된다는 원리에서 명명되었다. 따라서 캐시 카우형 사업은 시장이 더 이상 커지지 않으므로 현상유지 전략과 여기에서 나오는 자금을 스타형이나 물음표형 사업에 투자하는 것이 요구된다.

(3) 물음표(Question Mark)형 사업

신규 사업과 같이 상대적으로 낮은 시장점유율을 보이지만 높은 시장성장률을 가진 사업을 말한다. 이 형태의 사업은 차후 스타(Star)형 사업으로 발전할 수도 있고, 도그(Dog)형 사업으로 전락할 수도 있다는 점에서 '물음표(Question Mark)형' 사업 또는 '문제아(Problem Child)'형 사업이라고 명명되었다. 따라서 시장이 성장하고는 있지만 추가적인 투자에는 위험이 상존하므로 경쟁력이 확보될 수 있는 부문에 집중 투자하고 나머지는 과감하게 철수하는 전략이 요구된다. 일단 투자하기로 결정한다면 상대적 시장점유율을 높이기 위해 많은 투자금액이 필요하다.

(4) 도그(Dog)형 사업

시장점유율이 낮아 수익이 거의 창출이 안 되고, 시장성장률도 낮아 더 이상의 투자가 필요치 않은 사업으로서 가능한 빨리 시장에서 철수해야 하는 사업을 말한다. 기존의 투자에 대한 미련을 가지고 있다가 기회를 잃으면 더 많은 대가를 치를 수도 있다.

2.2 공격적 사업재구축 전략

서비스 경영자는 경영환경이 유리하다고 판단되면 경영성과를 극대화하기 위해서 사업구조를 공격적으로 재구축하여 영역을 확대할 필요가 있다. 서비스기업에 있어서 공격적 사업재구축 전략으로는 ① 다각화 전략과 ② 체인화 전략 ③ 국제화 전략 등을 들 수 있다.

(1) 다각화 전략

다각화 전략(diversification strategy)이란 기존 사업 외에 다른 분야로 사업을 확대하여 범위의 경제를 통하여 수익을 증대시키기 위한 전략이라고 할 수 있다. 서비스업에 있어서 범위의 경제(economies of scope)란 하나의 서비스 기업이 연관성이 있는 2가지 이상의 사업을 할 경우 비용이 줄어 수익률이 제고되는 경제적 현상을 말한다. 다각화 전략의 유형은 ① 수직적 다각화 ② 수평적 다각화 ③ 비관련 다각화 등으로 구분할 수 있다. 이와 같은 다각화의 방법은 기존의 업체를 인수합병하거나 신규로 진출할 수도 있는데 물론 투자대비 효과를 충분히 고려해야 한다.

수직적 다각화 고객에게 직접 서비스를 제공하는 업체가 하청단계에 있는 공급업체(supplier)의 사업에도 진출하는 것을 말한다. 예를 들어 대형 프랜차이즈 커피전문점이 커피 원두의 재배농장도 경영하는 것을 들 수 있다. 즉 커피전문점은 커피원두 재배업체로부터 재료를 공급을 받아야 하는데 산지의 기상변화에 따른 불규칙한 공급량, 그리고 투기꾼의 개입으로 인하여 가격이 안정되지 못하는 등 위협적 요인이 있다면 아예 직접 커피재배 사업을 시도하는 것이다. 결국 커피전문점은 커피재배사업이라는 또 하나의 사업을 통하여 원가의 저렴화는 물론 재료의 안정적인 공급을 받을 수 있다는 있다는 점에서 시너지효과를 얻을 수 있는 것이다.

수평적 다각화 수평적 다각화는 현재의 사업분야와 공통적인 경영요소를 공유할 수 있는 사업이나 유사한 사업에 참여하여 다각화하는 것을 말한다. 예를 들어 현재 항공사 사업을 하는 서비스업이 호텔 및 렌터카 사업에도 진출하는 것을 들 수 있다. 즉 항공사를 이용한 고객은 호텔 및 렌터카도 이용할 수 있는 고객이다. 따라서 항공사가 호텔 및 렌터카 사업을 같이 한다면 항공사는 다각화를 통하여 동일 고객으로부터 여러 사업에서 수익을 창출할 수 있는 것이다. 또한 항공사 · 호텔 · 렌터카 등을 패키지로 묶어 판매한다면 가격 경쟁력에서 경쟁사를 압도할 수 있는 장점도 있다. 그리고 항공사가 승무원교육사업에 진출하는 것도 수평적 다각화의 일환이라고 할 수 있다. 즉 항공사 자체 교육시설과 강사를 활용하여 타 항공사 및 외부의 교육을 의뢰받아 수익사업을 창출할 수 있는 것이다.

사례

수평적 다각화 – 항공사의 서비스 교육사업

아시아나항공은 지난달 중국남방항공과 승무원 위탁 교육을 실시하기로 합의했다. 약 20명의 중국남방항공 승무원이 올해 안에 서울 강서구 오쇠동 아시아나항공 교육훈련센터에서 서비스 및 안전 교육을 받게 된다. 아시아나항공 관계자는 "남방항공 측에서 가급적 한국 승무원들이 받는 교육을 그대로 해 달라고 요청해 교육 프로그램을 조정하고 있다"고 소개했다. 그만큼 국내 항공사의 서비스 품질을 국제적으로 인정받고 있다는 뜻이다.

국내 항공사들의 서비스가 전 세계 항공사의 표준으로 자리 잡으며 외국 항공사들 사이에 '서비스 한류' 붐이 일고 있다. 아시아나항공은 중국남방항공에 앞서 2010년 야쿠티아항공, 지난해 블라디보스토크항공 등 외국 항공사의 승무원 등을 상대로 서비스 교육을 실시했다. 각각 16명의 승무원이 한국에 와 35시간의 서비스 교육을 받았다. 매 교육마다 아시아나항공은 약 4만 달러(약 4400만 원)의 수입을 올렸다.

자료 : 동아일보(2012. 10. 29)

비관련 다각화 비관련 다각화는 현재의 사업과는 무관한 별도의 사업에 진출하는 것을 말한다. 즉 어떤 사업이든 수익이 된다면 진출하는 것으로 예를 들어 현재 항공사업을 하는 기업이 관련이 없는 백화점 사업을 하는 것을 들 수 있다. 일반적으로 비관련 사업으로 다각화를 시도하는 이유는 위험의 분산과 안정적인 기업경영을 하기 위함이다. 즉 기존의 사업이 현재 호황을 누린다고 하여도 미래에도 호황을 누린다고 장담할 수 없는 것이 기업의 환경이다. 만약 환경변화에 의하여 기존 사업이 존폐의 기로에 서 있다면 기업은 더 이상 영속성을 유지할 수 없다. 따라서 비관련 사업의 다각화는 기존 사업에 대한 위험을 분산시키고, 수익성이 높은 사업부문이 수익성이 낮은 사업부문을 보완함으로써 서비스 기업 전체적으로는 안정적인 수익규모를 유지할 수 있는 전략이라고 할 수 있다. 물론 비관련 다각화는 수직적 다각화와 수평적 다각화와 같이 범위의 경제를 추구하는 것은 아니다.

사례 **아마존 거침없는 사업 확장 어디까지? 다각화의 귀재**

amazon.com

1995년 인터넷 서점으로 출발한 아마존은 혁신을 통한 다각화로 '전자 상거래 업계의 문어발(로스앤젤레스타임스)'로 성장했다. 2002년 세계 최초로 클라우딩 서비스를 선보였고 2006년에는 전자 상거래 중개업을 시작했다. 2007년엔 전자책 킨들을 내놨다. 지난해엔 비디오 · TV 프로그램 유료 재생 서비스와 안드로이드 애플리케이션 판매 서비스를 시작했다. 사업 확장을 위해 오더블닷컴(오디오북 판매 업체), 러브필름(DVD · 온라인 영화 대여 업체), 렉스사이클(전자책 판매 업체), 자포스(신발 판매 사이트) 등 성장성 있는 기업을 잇달아 인수하기도 했다.

작년 11월엔 태블릿 PC 킨들파이어를 출시, 애플에 도전장을 냈다. 아마존은 킨들파이어를 애플 아이패드(최저가격 499달러)의 절반도 안 되는 대당 199달러에 출시했다. 저가 공세로 애플 등 경쟁사 압박에 나선 것. 전략은 통했다. 킨들파이어는 단숨에 시장점유율 22%를 차지, 애플 아이패드에 이어 2위를 기록했다.

자료 : 한국경제매거진(2012. 10. 15)

(2) 체인화 전략

체인(chain hotel)은 사업 브랜드를 각 지역에 확장 설치하는 서비스기업의 성장전략이라고 할 수 있다. 체인은 본사가 직접 운영하는 본사직영과 본사와 가맹점이 계약을 통하여 운영하는 프랜차이징(franchising) 시스템으로 구분할 수 있다. 서비스기업에 있어서 체인화의 시도는 ① 높은 브랜드의 인지도를 통하여 조기에 영업력을 확보할 수 있고, ② 규모의 경제를 통한 수익률 제고를 할 수 있는 장점이 있기 때문이다. 서비스업에 있어서 규모의 경제(economics of scale)란 기존 사업 브랜드의 확장 즉 생산량이 증가할수록 생산비용이 줄어드는 경제적 현상을 말한다. 부연하면 보유하고 있는 경영자산(마케팅, 인사, 교육, 회계, 전산, 구매 등)을 단독 사업체에 국한 하는 것이 아니라 여러 체인 지점에도 활용함으로써 비용을 낮추고 그 대신 브랜드 확장을 통하여 생산량을 증대시킴으로써 수익률을 제고하는 것이라고 할 수 있다. 이러한 규모의 경제는 앞의 다각화 전략에서 언급한 범위의 경제와는 다르다.

표 5-1 서비스 범위의 경제와 규모의 경제 차이점

구분	개념	구체적 경영기법
범위의 경제 (economies of scope)	2가지 이상의 연관 사업을 통하여 비용절감 및 시너지효과 추구	• 수직적 다각화 • 수평적 다각화
규모의 경제 (economics of scale)	기존 사업 브랜드의 확장 즉 생산량 확대를 통하여 비용절감효과 추구	• 본사직영 체인 • 프랜차이징

본사직영 체인 본사직영 체인이란 하나의 소유주가 2개 이상의 지점을 각 지역에 확대하여 직접 운영하는 것을 말한다. 예를 들어 우리나라 롯데호텔의 경우 서울 명동에 본사 격인 호텔롯데를 개관하여 단독경영호텔로 출발하였지만 잠실, 대덕, 부산, 제주, 울산 등지에 직영 호텔을 건립함으로써 체인경영호텔이 되었다.

프랜차이징 프랜차이징(franchising)이란 본사(franchisor)와 가맹점(franchisee) 간에 계약을 맺어 본사는 상표사용권, 경영 노하우 등을 제공하고 가맹점은 본사에게 그에 따른 수수료를 지불하는 형태를 말한다.

그림 5-3 프랜차이즈 시스템

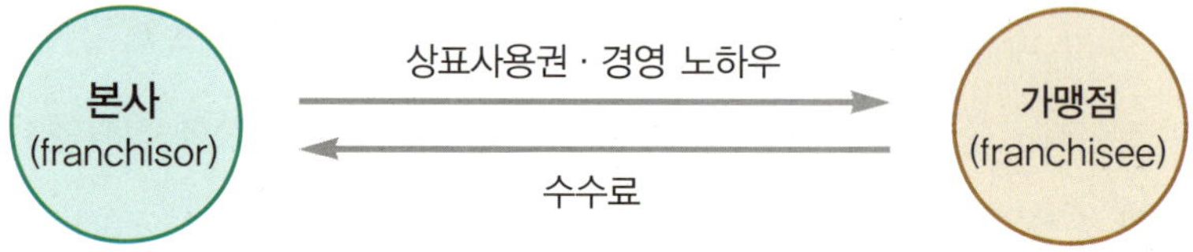

가맹점 입장에서 프랜차이즈 시스템을 도입하고자 하는 것은 단독 자영업보다 경쟁력이 있기 때문이다. 프랜차이즈 시스템의 장단점은 다음 표와 같다.

표 5-2 가맹점 입장에서 프랜차이즈 시스템의 장단점

장 점	단 점
• 사업 진출의 용이 • 인지도 높은 브랜드의 사용으로 초기에 신뢰성 확보 • 공동 광고 효과 • 대량구매에 의한 원가절감	• 과다한 로얄티의 지불 • 프랜차이즈의 브랜드파워가 약해지거나 부정적 이미지로 바뀌면 영업력 하락 • 지역특성을 고려한 독자상품 개발 및 판매의 제한 • 동일 지역 내 가맹점 남발의 우려 • 본사로부터 지나친 통제 • 본사와의 갈등

사례 국내 프랜차이즈에 대한 이용실태

대한상공회의소가 최근 서울 및 4대 광역시 소비자 1000명을 대상으로 '프랜차이즈에 대한 소비자 인식 및 이용실태'를 조사한 결과한 결과 프랜차이즈 점포와 일반 점포의 경쟁력을 비교하는 물음에 응답자의 79.4%가 '프랜차이즈 점포가 더 낫다'고 답변했다. 프랜차이즈에 대한 소비자 이용실태를 살펴보면, 매월 1회 이상 소비자들이 이용하는 외식업종에서는 '치킨'(87.3%)이 가장 높았다. 이어 '커피'와 '아이스크림'(77.8%), '피자'(75.4%), '햄버거'(74.3%) 등의 순으로 나타났다. 또 서비스업은 '미용실'(63.1%), '세탁소'(44.5%), '자동차관련'(30.6%) 등의 순이었고, 도 · 소매업은 '편의점'(82.6%), '식품류'(62.3%), '문구'(51.7%) 등의 차례였다.

이와 함께 프랜차이즈를 이용할 시 가장 중요시하는 항목으로 응답자들은 외식업은 '품질'(26.1%)을, 서비스업은 '위치'(24.2%), 도 · 소매업은 '가격'(32.4%)을 가장 많이 꼽았다. 한편 프랜차이즈 업종 전체로는 '가격'(25.0%), '위치'(24.3%), '품질'(22.5%), '브랜드'(13.7%), '위생'(4.4%) 등을 차례로 고려하는 것으로 조사됐다. 프랜차이즈 이용 만족도와 관련해서는 '만족한다'는 응답이 43.5%였고 '불만족한다'는 응답은

4.3%인 것으로 나타났다. '보통이다'는 응답은 52.2%였다. 이에 따라 프랜차이즈 업체 이용고객들의 큰 불만은 없는 것으로 추정된다.

자료 : 세계일보(2012. 10. 4)

(3) 국제화 전략

서비스기업에 있어서 국제화란 사업의 영역을 국내에 국한하는 것이 아니라 해외까지 확대하는 것으로 성장전략의 일환이라고 할 수 있다. 제조업의 경우 국제화과정은 해외지향의 수출과 현지지향의 다국적기업 등을 들 수 있는데 서비스업의 경우 대부분은 현지지향의 다국적기업을 시도하고 있다. 서비스업에 있어서 다국적기업화는 외국 현지에 직영 체인 또는 프랜차이즈 형식으로 서비스 공급 채널을 확보하는 것인데 예를 들면 우리나라의 대형 마트가 외국 현지에 진출하는 것 등을 들 수 있다. 외국 현지에서 다국적기업을 시도하기 위해서는 현지국의 시장요인은 물론 정치 · 경제 · 사회 등의 기업환경요인을 면밀히 검토하여 추진해야 한다.

사례 놀부보쌈의 국제화 전략

(주) 놀부 NBG Nolboo Global

놀부는 1987년 놀부보쌈을 시작으로 부대찌개와 항아리갈비, 유황오리 등 히트 브랜드를 지속적으로 선보인 국내 외식 대표 브랜드다. 표준화하기에 까다로운 한식 브랜딩에 성공한 대표적인 기업이며, 현재 국내에 700여 개 직영점과 가맹점을 운영하고 있다.

놀부는 2000년대 중반부터 해외 사업에도 본격적으로 뛰어들고 있다.

한식과 칵테일바가 결합된 퓨전 레스토랑인 '놀부항아리갈비'가 해외 사업에선 주력 브랜드다. 2006년 중국 베이징 엔사 지역을 시작으로 2009년엔 상하이에도 점포를 진출시켰다. 이후 싱가포르와 태국에 4개 항아리갈비를 더 오픈해 현재는 모두 6개 해외 점포를 운영 중이다. 앞으로 일본, 중국 등에 더욱 다양한 브랜드로 해외 사업을 확대하여 한식 세계화에 박차를 가한다는 계획을 갖고 있다.

2.3 방어적 사업재구축전략

서비스 경영자는 경영환경이 불리하면 수익성이 없는 사업은 축소하고, 수익성이 있는 사업은 더욱 유지 또는 강화할 필요성이 있는데 이를 기존 사업의 강화 또는 유지전략이라고 한다. 결국 방어적 사업재구축사업은 기존 사업의 강화 또는 축소를 통하여 내실화를 다지는 것을 말한다. 즉 현재의 성장률을 유지하거나 일정 수준 이하로 제한함으로써 안정적인 기업활동을 유지하고자 하는 전략이라고 할 수 있다. 기존 사업을 강화하기 위해서는 핵심역량에 집중하는 것을 의미하는데 핵심역량(core competence)이란 기업을 성장시켜왔고, 미래에도 견인차 역할을 할 수 있는 기업 내부의 축적된 기술, 노하우, 문화 등의 총체적인 능력으로서 경쟁우위에 있는 요소를 말한다.

핵심역량의 중요성

- 자사의 핵심 서비스의 기본 가치를 결정한다.
- 사업단위의 목표와 전사적 목표를 일치시킨다.
- 경영자원을 집중시켜 새로운 사업기회를 창출할 수 있다.
- 사업의 잘못된 철수결정을 피하게 한다.
- 사업의 무분별한 확장을 방지하도록 한다.

연습문제 및 토의주제

1. 서비스경영전략의 중요성에 대하여 설명하시오.

2. SWOT분석이란 무엇인가?

3. BCG 메트릭스에 대하여 설명하시오.

4. 경영 다각화 전략이란 무엇인가?

5. 범위의 경제와 규모의 경제를 비교 설명하시오.

6. 가맹점 입장에서 프랜차이즈시스템의 장 · 단점에 대하여 설명하시오.

제6장

서비스조직 및 인사관리

"종업원이 만족하지 않으면 고객을 만족시킬 수 없다"

Service Management

제6장 서비스조직 및 인사관리

1 서비스 조직 및 인사관리의 개요

1.1 서비스 조직 및 인사관리의 의의

서비스 조직 및 인사관리는 서비스경영전략상의 목표를 달성하기 위해서 조직형태 및 인사시스템을 구축하는 것을 말한다. 즉 서비스경영전략 목표를 실현하기 위하여 조직문화의 양성과 효과적인 조직형태를 만들고, 그 조직을 뒷받침하기 위한 인사시스템을 구축하여 고객서비스를 수행하기 위한 것이 서비스조직 및 인사관리의 목적이다.

인사시스템이란 ① 적합한 종업원의 채용 ② 능력개발을 위한 교육 · 훈련의 실시 ③ 육성된 인적 자원을 적재적소의 원칙에 따라 조직의 각 부문에 배치 ④ 인사고과 등으로 평가 ⑤ 적절한 동기부여 및 보상 ⑥ 직무 스트레스와 갈등 해소 등에 대한 체계라고 할 수 있으며, 조직 및 인사관리의 기초가 되는 것이다.

1.2 서비스조직 및 인사관리의 특징

서비스기업의 종업원은 단순한 서비스 전달자가 아닌 고객접점에서 마케팅을 담당하는 마케터(marketer) 역할을 겸하고 있으며, 또한 고객과의 접점을 관리하는 관리자이기도 하다. 이러한 측면에서 서비스기업에 대한 종업원은 제조업 종업원과는 다른 조직 및 인사관리가 요구되고 있다. 서비스업의 종업원들은 감성업무를 수행하므로 이들에 대한 인사관리 즉, 채용에서부터 교육 · 훈련 등이 제조업과는 분명 다르게 운영되어야 하는 것이다. 서비스기업에 있어서 조직 및 인사관리의 대상인 종업원의 특징을 제조업 종업원과 비교하여 차이점을 살펴보면 다음과 같다.

(1) 능동적인 업무수행

제조업의 종업원은 수요예측에 의한 생산목표에 따라 수동적으로 작업만 수행하면 되지만 서비스업은 수요예측이 어렵고 재고를 가질 수 없으므로 서비스업의 종업원들은 수요변화에 능동적으로 업무를 수행해야 한다.

(2) 확장된 업무수행

제조업은 생산 · 판매 · 소비가 분리되어 있고 분업에 의하여 주어진 역할만 수행하면 되지만, 서비스업은 생산 · 판매 · 소비가 동시에 진행되므로 서비스업의 종업원은 제조업의 종업원들보다 더 확장된 업무를 수행한다.

(3) 품질관리의 어려움

제조업은 유형의 상품이 품질관리의 대상이므로 사전에 불량을 제거하는 등 관리하기가 쉬우나, 서비스업은 종업원의 무형 서비스 자체가 품질관리의 대상이라는 점에서 매우 어렵다. 즉 인적 서비스는 종업원 개개인의 특징에 따라 모두 다르고, 개인의 감정변화에 따라 달라질 수 있으며, 제공과정에서 또는 사후에 검증되므로 사전에 불량을 제거하기가 곤란하다.

(4) 고객과의 상호작용 역할

제조업 종업원의 업무대상은 물재의 생산에 초점을 두지만 서비스업의 종업원은 고객과의 접점에서 인간적 상호작용을 할 뿐만 아니라 심리적 접촉까지도 담당하고 있다.

2 고객지향적 인사관리 시스템

2.1 적임자의 채용

서비스조직의 적임자를 채용하기 위해서는 처음부터 서비스의 역량 및 마인드가 있는 자를 채용해야 하고, 우수 직원을 채용하기 위한 경쟁적 노력이 필요하다. 서비스기업에 있어서 채용의 경우 공개채용보다 산학협동의 실습생이나 인턴사원 중에서 관찰을 하여 뽑는 것이 리스크를 줄이는 방법이며, 또는 현재의 친절한 직원에게 인적 자원을 소개받는 것도 효과적이다. 채용의 기준도 단순히 자격만 나열해서는 안 되고, 학력이 직무에 필요하지 않는다면 결정적인 요인으로 간주해서도 안 되며, 전직에 대해서도 부도덕한 사유가 아닌 이상 편견을 가지고 평가해서는 안 된다.

서비스기업의 종업원 선발과정에서 면접 내용은 대부분 신변에 한하거나 과거 경력에 집착하고 있다. 이러한 방법으로는 우수한 서비스직원을 뽑을 수가 없다. 특히 고객접점이 중요시되는 서비스기업에서는 면접내용이 보다 미래지향적이어야 한다. 즉 고객서비스를 어떻게 할 것인가? 또는 서비스 상황을 만들어 어떻게 대처할 것인가? 물어보아야 할 것이다.

표 6-1 고객지향 서비스를 위한 면접 체크리스트

항 목	질문 내용
서비스상황에 대한 지원자의 인식 측정	"당신의 과거 경험으로 볼 때 어떤 종류의 고객이 가장 다루기 힘들며, 그 이유는 무엇입니까?"
서비스상황에서의 대처능력	"만일 고객이 자기의 불찰임에도 불구하고 화를 내고 우긴다면 어떻게 대처하겠습니까?"
지원자가 얼마나 많은 정보를 수집하는지의 판단	"고객의 주요 불만사항 혹은 부정적인 특징은 무엇입니까?"
대인관계 스타일 판단	"어떻게 고객을 대하고 있습니까? 그리고 그와 같은 형태의 고객을 대하는 가장 이상적인 방법은 무엇입니까?"

2.2. 교육 · 훈련

서비스기업에서 교육 · 훈련은 종업원의 능력을 개발하여 궁극적으로는 서비스품질 향상에 있다. 아직도 많은 서비스기업의 경영층은 교육 · 훈련에 대하여 시간과 비용의 낭비라는 단시안적 사고를 가지고 있다. 종업원에 대한 교육 · 훈련은 서비스품질관리 측면에서 비용의 낭비라는 인식보다는 투자의 개념으로 간주해야 한다. 서비스기업에 있어서 교육 · 훈련은 종업원에게 능력개발의 기회와 직무에 동기부여를 제공하는 것이고, 그 결과는 고객만족으로 나타나며, 결국 기업은 매출증대로 이어진다는 점에서 장려가 되어야 할 것이다.

그림 6-1 교육 · 훈련의 효과 사이클

효과적인 교육 · 훈련을 위해서는 우선 실시하고자 하는 목적과 대상이 뚜렷해야 하고, 단계적이고 체계적인 프로그램을 갖추어야 한다. 즉 신입사원에서부터 경영층까지 교육대상을 구분하고, 신입사원 오리엔테이션, 현장직무 교육(OJT : on the job training), 정신 및 교양교육, 전문 서비스기술 습득 및 신서비스 교육, 어학 및 컴퓨터 교육, 관리자교육, 경영자 교육 등 장기적인 관점에서 단계적이고 체계화되어 있어야 한다.

※ 대한항공의 서비스 교육

사례 **하얏트(Hyatt) 호텔의 교육 프로그램**

1. 기초예절 및 고객 불평처리(social skill & complaint handling)
2. 상급자 양성 교육(train the trainer)
3. 리더십 향상 교육(leadership skill)
4. 인터뷰 및 상담 기술 교육(interviewing & counseling skill)
5. 위생 교육(hygienical Hyatt)
6. 판매 교육(selling skill)
7. 비회계 부서를 위한 회계업무(finance for none-financial management)
8. 요리관리 및 개발 프로그램(culinary management development program)
9. 마케팅 프로그램(marketing program)
10. 하얏트 세일즈 시스템(Hyatt sales system)
11. 단체훈련 기술(group training skill)
12. 외국어 프로그램(language program)
13. 컴퓨터 교육(computer training)

제주 하얏트 호텔

2.3 인적 자원의 적재적소 배치

인사에 있어서 적재적소(適材適所)의 원칙이란 알맞은 인재를 알맞은 자리에 배치하는 것을 말한다. 기업들은 신입과 경력사원을 뽑을 때 오랜 시간과 노력을 들인다. 그러나 정작 사원을 뽑고 나면 모든 것을 그들에게만 맡기고 매출과 성과에만 열을 올리는 경우가 많다. 아무리 능력 있는 인재를 뽑았다 하더라도 회사 안에서 썩혀만 둔다면 그 능력이 녹슬게 된다. 따라서 그들의 능력을 최대한 활용할 수 있는 부서 또는 업무에 배치하여 핵심역량을 키워야 한다. 특히 대고객 접객을 담당하는 부서의 경우 서비스 태도 및 마인드가 우수한 종업원을 배치해야 할 것이다.

2.4 인사고과

(1) 인사고과의 의의

인사고과란 조직의 구성원에 대한 업무 수행성적과 능력 · 태도를 평가하고 기록하는 것으로서 객관적 평가를 통하여 업무수행의 능력을 개발하고 합리적인 인사관리에 필요한 정보를 제공하는 것을 목적으로 한다. 인사고과의 결과는 승진 및 임금의 인상, 인사이동, 교육훈련 등의 기초 자료가 되며, 상벌이나 대우의 불공평을 제거함과 동시에 우수한 직원을 발탁해서 적재적소에 배치하여 직원의 사기를 높이는 점에 의의가 있다.

(2) 인사고과의 방법

기업의 인사고과는 해당 기업이 속하는 직종에 따라 다양하며, 경영자의 경영마인드에 따라 측정기준도 다양하지만 객관성 확보가 무엇보다도 중요하다고 할 수 있다. 따라서 평가의 객관성을 확보하기 위해서는 평가자를 최소 2인 이상 다면평가를 해야 하며, 필요하다면 상하 크로스 평가도 고려해 볼 수 있다.

<table>
<tr><td rowspan="2" colspan="6">인 사 고 과 표 (일반용)</td><td colspan="4">평가자</td></tr>
<tr><td>직급</td><td></td><td>성명</td><td></td></tr>
<tr><td colspan="6">평가대상자</td><td colspan="4">입사연도</td></tr>
<tr><td>소속</td><td></td><td>직급</td><td></td><td>성명</td><td></td><td colspan="4">년 월 일</td></tr>
</table>

평가요소	평 가 내 용	매우 부족 ①	부족 ②	보통 ③	우수 ④	매우 우수 ⑤
업무지식	담당직무에 필요한 지식을 갖추고 있다.					
	관련 업무에 대한 지식을 갖추고 있다.					
창 의 력	업무를 창의적으로 하고 있다.					
	업무를 능률적으로 수행하고 있다.					
적 극 성	항상 솔선하여 의욕적으로 일한다.					
	업무에 도전하는 의욕이 왕성하다.					
인간관계 및 협동정신	동료와 협력하며 조직의 이익에 노력하고 있다.					
	상사의 지시에 따라 적극적으로 업무를 수행하고 있다.					
	부하나 하급자에 대한 지도 또는 팀워크의 형성에도 노력하고 있다.					
업무수행 능 력	업무 속도가 뛰어났으며 긴급한 업무라도 신속하게 처리한다.					
	업무의 정확성이 뛰어나다.					
	일의 결과가 믿을 수 있고 꼼꼼하게 처리한다.					
표현력 및 대외섭외	구두에 의한 표현이 능숙하며 정확하다.					
	문장에 의한 표현이 능숙하며 정확하다.					
	교섭을 원활하게 처리하는 능력이 뛰어나다.					
규 율	규칙이나 지시명령을 잘 지킨다.					
	사내에서의 언행과 차림새가 항상 깨끗하다.					
보 고	보고의 시기, 내용이 모두 적절하다.					
근 태 건 강	지각 · 조퇴 · 결근은 하지 않는다.					
	건강이 아주 양호하고 규칙적인 생활을 한다.					
계 :						점
총평 :						

2.5 동기부여와 보상

(1) 동기부여와 보상의 의의

동기부여란 조직의 경영층이 하부 종업원에게 일을 하고자 하는 의욕이 생기도록 영향력을 행사하여 조직의 목표달성을 위한 행동을 유발시키는 과정이며, 보상 역시 일정한 성과에 대하여 금전적 또는 비금전적으로 대가를 줌으로써 조직의 목표를 달성하고자 하는 방법이다. 동기부여와 보상의 방법으로는 ① 금전적 동기부여와 보상 ② 사회적 동기부여와 보상 ③ 자기실현 동기부여와 보상으로 나눌 수 있다.

금전적 동기부여와 보상 일을 함으로써 생활에 필요한 것을 획득하고자 하는 가장 근본적인 동기이다. 금전적으로 적절한 대우 특히 동종업계와 비교하여 낮은 임금이면 서비스품질이 저하되고 고객서비스에 대한 열정이 없어질 수도 있다. 또한 금전적 대우가 형평성을 잃었을 경우 사내 불만세력이 될 수도 있다. 이러한 측면에서 금전적 동기부여는 가장 기초적인 보상으로 가장 직접적인 효과를 가져올 수 있지만 그 한계효용은 작으므로 다른 보상체계들을 같이 운용해야 효과를 발휘하는 경우가 많다.

사회적 동기부여와 보상 인간은 집단 속에 있으면 귀속의식과 자기표현을 하고자 한다. 즉, 자기한 일에 평가받고 싶어 하고 승진에 대한 욕구가 강하게 나타난다. 이에 대한 객관적인 평가방법과 기준을 마련해야 하고 서비스 종업원을 높게 평가함으로써 업무에 대하여 전향적인 자세를 갖도록 할 수 있다. 또한 지위나 권한 그리고 명예를 부여하는 것도 큰 인센티브가 될 수 있다. 예를 들어 동료들이 선출한 최우수 서비스 사원, 고객이 선정한 최우수 서비스 종업원 등을 선정하여 상을 수여하면 그 종업원은 큰 동기부여를 얻을 수 있다. 그리고 상사나 간부의 사소한 칭찬만으로도 서비스의 활력을 가져올 수 있으며, 특히 서비스기업에 있어서 권한이양은 고객접점에서 고객과 종업원 모두에게 만족을 줄 수 있는 가장 큰 동기부여라고 할 수 있다.

그리고 작업 환경개선도 사회적 동기부여와 보상으로서 종업원이 작업환경에 긍정적인 견해를 가지면 고객에게 더 좋은 서비스를 하고 노력하게 된다. 특히 켄 블랜차드(Ken Blanchard) 등은 칭찬으로 긍정적 인간관계를 만드는 고래반응에 대하여 언급하였는데 칭찬도 사회적 동기부여와 보상이라고 할 수 있다. 고래가 관중들 앞에서 멋진 쇼를 펼쳐 보일 수 있는 것은 고래에 대한 조련사의 긍정적 태도와 칭찬이 있기 때문이라고 하였으며, 칭찬에 대한 10계명을 다음과 같이 주장하였다.

칭찬에 대한 10계명

- 칭찬할 일이 생겼을 때 즉시 칭찬하라.
- 잘한 점을 구체적으로 칭찬하라.
- 가능한 공개적으로 칭찬하라.
- 결과보다는 과정을 칭찬하라.
- 사랑하는 사람을 대하듯 칭찬하라.
- 거짓없이 진실한 마음으로 칭찬하라.
- 긍정적인 눈으로 보면 칭찬할 일이 보인다.
- 일이 잘 풀리지 않을 때 더욱 격려하라.
- 잘못된 일이 생기면 관심을 다른 방향으로 유도하라.
- 가끔씩 자기 자신을 칭찬하라.

자기실현 동기부여와 보상 인간은 금전적, 사회적 동기와는 별도로 자기가 추구하는 이상향을 실현하고자 하는 동기가 있다. 이들에게 자기 나름대로의 성취감을 가지고 일할 수 있는 상황을 만들어 주면 적극적으로 일하고자 한다. 예를 들면 동아리 활동의 지원, 사내대학 운영 또는 야간학교 진학에 따른 시간적 배려 및 학비보조 등을 들 수 있다.

(2) 동기부여 이론

사람은 왜 일을 하는가라는 주제에 대해서 많은 사람이 연구에 몰두해 왔다. 1924년 하버드대학의 메이요(Mayo)와 뢰슬리스버거(Roethlisberger) 등은 시카고의 웨스턴 전기사(Western Electric Co.) 호손(Hawthorne)공장에서의 실험결과를 다음과 같이 발표했다. 첫째, 사람은 일의 사회적 의의나 목적을 이해한 다음 성취감을 가지고 일을 하면 경제적 이익만이 아니라 이해 · 존경받고 싶어 하는 심리적 동기의 영향을 받기 쉽다. 둘째, 생산성을 좌우하는 것은 작업 조건이 아니고 동료나 상사에 대해 갖는 감정, 기분, 태도 등의 인간적 요인이다. 구성원 간의 인간관계가 양호하고 만족도가 높을수록 일의 능률이 높다.

이 호손 실험(Hawthorne experiments) 이후 동기 부여 이론에 대한 연구가 촉진되었고, 기업 내의 조직 · 인사 관리에 적지 않게 영향을 끼쳤다. 대표적인 예로서는 맥그리거, 매슬로우, 허즈버그의 이론 등이 있다.

맥그리거의 X · Y이론 맥그리거(McGregor)는 관리자의 시작에서 노동자의 유형(X · Y)을 두 가지로 나누고 각각을 이론화하였다. 즉 X이론은 인간은 본래 일을 싫어해서 강제나 명령에 의하지 않으면 힘을 발휘하지 않고 책임을 회피하려고 하며, 야심을 가지기보다는 안전을 바라고 있다는 것이다. 그에 반하여 Y이론은 인간은 본래 근면하고 납득할 수 있는 목표나 흥미 있는 일이 주어지면 자진하여 문제 해결에 노력하고 책임을 지고자 한다는 것이다. 맥그리거는 현대 사회에서는 Y이론을 전제로 조직 운영을 해야 한다고 말하고 있다. 장기적으로 조직이 힘을 발휘하기 위해서는 그 구성원이 전향적으로 조직 목표를 달성하려고 하는 의사를 가질 필요가 있는데, 그것을 강제나 공포에 의해서 유지하는 것은 곤란하기 때문이다. 특히 고객과 상호작용하는 서비스 종업원에게는 Y이론의 도입이 요구된다.

그림 6-2 X · Y유형에 의한 동기부여

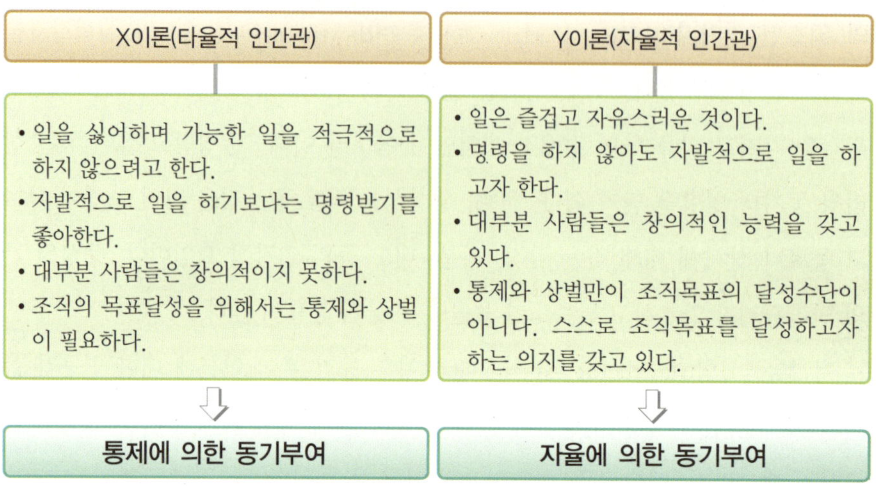

허즈버그의 위생이론 허즈버그(Herzberg)는 조직이 부여하는 인센티브 동기부여요인과 위생요인(hygiene factor)으로 주장하였다. 인센티브 동기부여 이론은 성장하고 싶다는 욕구를 만족시키는 것으로서 예를 들면 높은 업적의 성취감, 다른 사람으로부터의 인정, 고도의 일, 책임, 승진 등에 관심이 있는 것을 말한다. 그에 반해 위생요인은 만족감을 높이는 것은 아니지만 없으면 불만을 느끼는 것. 즉 경영방침, 감독방법, 대인관계, 작업

조건, 월급 등에 관심이 있는 것을 말한다. 위생요인은 불만이 발생하는 것을 예방하는 효과는 있지만 적극적인 직무 태도를 이끌어 내는 것은 아니다. 서비스업에서 직원을 만족시키고 적극성을 높이기 위해서는 가능한 인센티브에 의한 동기부여 요인을 주어야 한다.

그림 6-3 **위생 · 인센티브에 의한 동기부여**

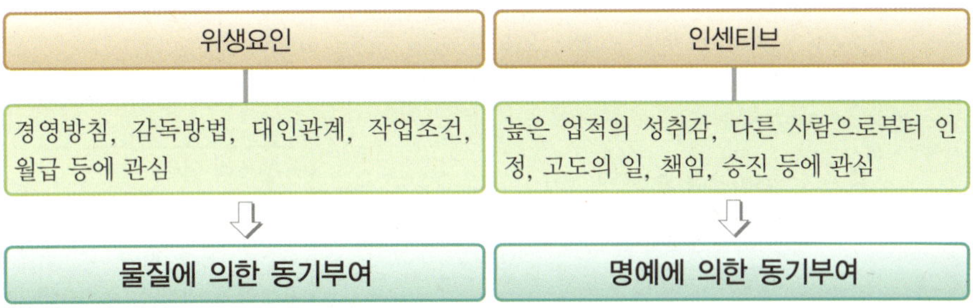

매슬로우의 욕구 5단계설 매슬로우(Maslow)는 인간의 욕구를 저차원 순으로 ① 생리적 욕구 ② 안전 욕구 ③ 사회적 욕구 ④ 존중(존경) 욕구 ⑤ 자아실현 욕구 등 5단계로 구분하여 인간은 저차원의 욕구가 실현되면 보다 고차원의 욕구를 가지게 되고, 일단 만족한 욕구는 다시 동기 부여가 되지 않는다고 보았다.

첫째, 생리적 욕구란 의 · 식 · 주 등 사람이 살아가기 위한 기본적인 욕구이다. 일을 해서 생활에 필요한 급여를 얻고자 하는 것이 여기에 해당한다.

둘째, 안전 욕구란 몸을 지키기 위한 생리적 · 물리적 안전과 더불어 사회생활을 함에 있어 필요로 하는 안전에 대한 욕구로서 사회에서는 안전한 직장 환경에서 일하고 싶어 하는 것과 같은 형태로 나타난다.

셋째, 사회적 욕구란 집단에 소속하고, 원만한 인간관계를 얻으려고 하는 욕구를 말한다.

넷째, 존중(존경) 욕구란 타인으로부터 높이 평가받고 싶어 하고, 책임과 권한을 가진 가능성을 확인하고, 그것을 최대한으로 발휘하며, 자기 나름대로 최고의 모습을 실현하고 싶어 하는 욕구를 말한다.

다섯째, 자아실현 욕구는 타인으로부터 평가받는다는 것과는 달리, 자신의 목표에 대해서 납득할 만한 성과를 이룩했는가가 무엇보다 중요하다고 생각하는 최고의 욕구단계이다.

그림 6-4 **매슬로우의 욕구 5단계설에 의한 동기부여**

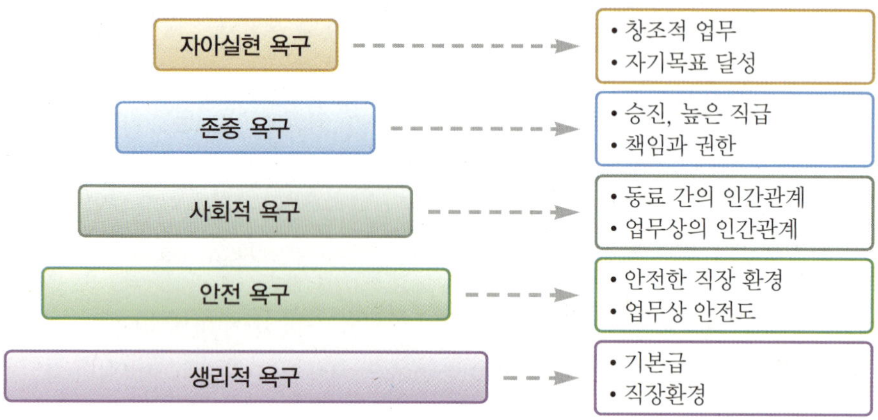

2.6 직무 스트레스와 갈등 · 감정부조화 관리

서비스업의 종업원은 주변 환경과의 많은 직무 스트레스를 받고 있으며, 갈등과 감정부조화를 겪기도 한다. 직무 스트레스(job stress)와 갈등 · 감정부조화는 조직뿐만 아니라 개인에게도 정신적 · 신체적으로 유해한 영향을 미친다는 점에서 관리가 요망된다. 이와 같은 직무 스트레스와 갈등 · 감정부조화는 이직으로 연결되고, 한 기업에서 이직자가 많다는 것은 그 기업의 조직문화를 해칠 뿐만 아니라 대외적으로 기업의 이미지를 추락시켜 결국 고객이 등을 돌릴 우려가 있다는 점에서 체계적인 관리가 요구된다.

감정부조화란 감정노동을 수행해야 하는 종업원의 실제 감정과 조직이 강제하는 규범화된 감정 간의 차이라고 할 수 있으며, 서비스품질에 영향을 미친다는 점에서 이를 적절히 해소할 수 있는 방안이 요구된다(서문식 · 김상희, 2002). 일반적으로 종업원의 직무 스트레스와 갈등 · 감정부조화는 ① 자기 자신 ② 조직 ③ 동료 종업원 ④ 고객 등과의 관계에서 그 원인을 찾을 수 있는데, 이에 대한 관리방안은 다음 표와 같다.

표 6-2 종업원의 직무 스트레스와 갈등 · 감정부조화의 유형과 관리방안

유형	원인	관리방안
종업원 자신	• 직무 불만족	• 인사시스템의 재고 : 채용 및 선발, 동기부여, 적재적소의 배치(변환배치) 등
종업원 – 조직	• 기업문화에 대한 불만 • 수직적 지시	• 조직의 서비스문화 창조 • 내부 커뮤니케이션의 강화 • 역피라미드 조직 구축
종업원 – 종업원(동료)	• 승진 및 임금의 격차 • 업무의 이기주의	• 공정한 직무평가 • 팀워크 향상
종업원 – 고객	• 고객의 불평불만 • 자신의 역량한계	• 교육 및 훈련 • 임파워먼트의 강화

3 서비스조직의 디자인

3.1 서비스조직문화의 의의와 구축방법

(1) 서비스조직문화의 의의

서비스조직을 디자인하기 위해서는 가장 먼저 조직문화를 창조해야 한다. 조직문화란 조직 구성원에 의해서 공유되는 믿음이나 기대 등의 형태를 지니며, 조직 내의 어떤 집단이나 개인의 행동을 강하게 규정짓는 규범이나 기준을 만들어 주는 것이다. 조직문화는 개체를 하나로 묶어줄 수 있는 지주이며, 다른 조직과 구별해 주는 믿음이나 전통으로서 개별적인 조직 구성원을 조직구조 속으로 용해시켜 준다. 세계적인 서비스기업인 월마트에서는 종업원을 비즈니스의 협조자라고 하여 '어소시에이트(associate)' 라고 하며, 디즈니월드는 종업원을 '캐스트(cast)' 라고 명칭하고 청소부까지도 연극을 제작하는 사람과 같은 의식을 갖고 즐겁게 일하는 조직문화를 만들어 일류 서비스기업으로 성장하였다.

이처럼 서비스기업에 있어서 조직문화는 조직 구성원들에게 지향하는 서비스 목표를 제시하고 의식체계와 분위기를 고취해줌으로써 그들이 자부심과 동기부여를 가지고 결국 고객에게 만족한 서비스를 제공하게 하는 것이다. 서비스를 강조하는 조직문화와 종업원의 복지를 강조하는 조직풍토는 서비스품질에 대한 고객의 전반적인 지각과 높은 상관관계가 있는 것이다.

※ 월마트에서는 종업원을 비즈니스의 협조자라고 하여 어소시에이트(associate)라고 하며, 디즈니월드는 종업원을 캐스트(cast)라고 명칭하고 청소부까지도 연극을 제작하는 사람과 같은 의식을 갖고 즐겁게 일하는 분위기를 만들어 주고 있다.

(2) 서비스조직문화의 목적

서비스업이 조직문화를 창조하고자 하는 이유는 첫째, 일하고 싶은 좋은 직장을 만들기 위해서 둘째, 이직률에 의해 조직이 불안정한 것을 막기 위해서이다. 서비스업은 직원이 행복해야 고객을 행복하게 만들 수 있기 때문에 더욱 좋은 조직문화를 창출할 필요가 있다. 일반적으로 이직의 사유는 연봉 등의 급여가 문제인 것으로 보이지만 대부분의 이직 사유는 ① 자기가 하는 일에 의미를 느끼지 못하거나 가치가 없다고 느낄 때 ② 조직 내에 일관성과 원칙 및 기준이 불명확할 때 ③ 5년이나 10년 후 지금보다 더 나아진다는 기대나 꿈이 없을 때 등이다. 이러한 이직 사유는 결국 조직문화와 관련되어 있는 것이다. 따라서 ① 자신이 하는 일에 자부심을 느끼게 하고 ② 상사나 동료에게 믿음을 갖도록 해야 하며 ③ 자신의 일에 비전을 가지도록 조직문화를 구축해야 할 것이다.

3.2 업무의 통합화 및 탁월한 종업원의 배치

(1) 업무의 통합화

업무의 전문화는 자기가 맡은 분야에 노하우가 축적되어 업무처리에 전문성을 발휘할 수 있다는 점에서 장점은 있으나, 제조업처럼 분업화되고 대고객 접촉이 없는 경우에 효력을 발휘할 수 있다. 그러나 서비스업에서는 대고객 접촉과정의 프로세스 자체가 상품이고, 생산과 판매가 동시에 이루어진다는 점에서 업무의 통합화가 필요하다. 즉, 서비스 연결시스템에서 한 사람이 빠지더라도 연속적인 서비스가 가능해야 한다. 서비스고객은 서비스 전달과정에서 시간적 대기를 싫어하고 요구사항에 대해서는 즉각 응대해주기를 원한다. 만약 업무의 통합화가 안 되어 "내 소관이 아닙니다.", "담당자가 부재중이어서 도와드릴 수 없습니다.", "올 때까지 기다려 주시겠습니까?", "다음에 오시겠습니까?" 등으로 응대한다면 고객은 짜증이 날 것이다.

예를 들어 호텔의 레스토랑의 경우 홀의 서비스요원은 단지 서비스 즉, 판매만 담당하고 주방요원은 음식만 만들어 내는 생산자의 역할만 하는 것이 아니라 서비스 요원은 반 요리사가 되어 고객접점에서 전문적으로 요리에 대하여 설명하거나 때로는 주방에서 보조 역할이 가능해야 되고, 반대로 주방요원은 직접 만든 요리를 고객에게 서비스하면서 설명을 곁들일 수 있는 능력이 필요하다. 만약 홀에서 고객이 요리에 대한 질문을 할 때 그때마다 주방에 들어가서 물어보거나 주방요원을 불러온다든지 하는 것은 시간적으로 많은 손실을 초래한다.

또 다른 예로서 백화점에서 고객이 반품하러 왔는데 판매원은 없고 계산대 직원만 있는 경우 "저는 잘 모르니까 실제 판매한 사람에게 물어보십시오. 그런데 그 직원이 점심 식사하러 갔으니 올 때까지 기다리셔야 합니다."라고 응대한다면 고객의 반응은 어떻게 나타날까? 이와 같이 서비스 연결시스템에 있는 직원들은 만약의 사태를 위해 업무를 서로 도와줄 수 있는 업무의 통합화가 필요하고, 이를 위해서는 서로의 업무를 익히는 교차훈련(cross training)이 필요하다.

(2) 탁월한 종업원의 배치

서비스의 대기시간과 병목현상을 해소하기 위해서는 고객접점에서 가장 서비스가 탁월한 종업원들을 배치하여 응대할 수 있도록 조직화해야 한다. 이를 위해서는 요일별, 시간대별 병목현상을 파악하여 그 시간에 집중하는 근무 스케줄이 나와야 하는 것이다. 특히 고객화된 서비스 프로세스에서는 종업원들이 흥미와 책임감을 가지고 일을 할 수 있도록 권한을 강화해 주어야 한다. 물론 맥도날드와 같은 표준화된 서비스 프로세스에서는 직원의 재량권을 제한하여 대량생산 방식으로 성공을 거두고 있지만, 종업원들은 대부분 아르바이트생들이 많고, 이직률이 높다는 점에 유의할 필요가 있다.

3.3 역피라미드 조직의 구축

전통적 서비스의 조직은 피라미드 조직으로서 고객을 제일 아래로 두고 최고경영자와 중간관리자들이 위에서 군림하는 관료적이고 기업지향적인 모습이다. 혁신적 서비스의 조직은 역피라미드로서 고객을 제일 위에 두고 최고경영자와 중간관리자들이 고객을 위해 현장직원을 지원하는 고객지향적인 조직이다. 즉 역피라미드 조직은 고객접점에 있는 종업원을 가장 중요하게 생각하고, 고객에게 가까운 존재일수록 그 역할의 중요성이 높으며, 관료적인 색채는 배격하고, 매니지먼트는 지원하기 위한 존재로 생각하는 것이다.

혁신적 서비스에서는 현장직원만 고객서비스를 하는 것이 아니라 전사적으로 고객서비스를 해야 하는 것이며 조직구조, 절차, 규율과 같은 구속형 조직보다는 최일선 종업원에 대한 지원이 제대로 수행될 수 있도록 역동적인 조직으로 전환되어야 하는 것이다. 최근 혁신을 시도하는 일부 서비스기업에서는 관리부의 명칭을 '지원부서'로 바꾸어 새로운 조직문화를 형성하여 바쁠 때는 관리부 직원들도 현장에 투입하기도 한다. 그러므로 서비스기업의 관리자는 일선에서 일하는 종사원에 대하여 관리, 감독, 통제의 역할을 하는 것보다는 그들을 지원하고 교육을 하는 전향적인 역할 수행이 요구된다.

따라서 서비스경영의 조직은 전사적으로 고객을 제일로 모시는 서비스 문화를 창조하고 유지하기 위한 것이라고 할 수 있다. 이를 실천하는 대표적인 기업이 노드스트롬 백화점으로서 자사의 홈페이지에 '우리의 조직(Our Structure)'을 설명하는 역피라미드 조직의 그림을 볼 수 있다.

그림 6-5 피라미드와 역피라미드 조직

※ 자료 : Albrecht(1988)

표 6-3 피라미드와 역피라미드 조직의 비교

관점	피라미드형 조직	역피라미드형 조직
이익, 원가개념	자본과 노동생산성을 통하여 실현	서비스품질을 높여 고객만족을 통하여 실현
종업원	할당된 일을 실행하기 위한 부속품으로 존재	고객접점에서 결정적 순간을 관리하는 중요한 존재
평가기준	성과에 대한 수치 강조	고객만족 강조
관리자	표준 지침에 의하여 종업원을 통제	종업원의 활동을 지원
조직	절차, 규칙에 의하여 하향식의 권위주의적 조직관리	고객접점 종업원의 배려 권한 강화 등 상향식의 민주적 조직관리
경영자	조직구조에 근거한 경영	서비스문화의 창조와 유지

※ 자료 : Albrecht(1988)에서 저자 수정 정리

3.4 임파워먼트

(1) 임파워먼트의 개념

임파워먼트(EP : empowerment)란 권한의 위임 · 부여 등을 말한다. 산업혁명 이후 기업의 조직은 기계화 및 분업화를 통해 생산성을 급격하게 향상시키고 기

술혁신 및 기술축적을 선도함으로써 산업사회의 발전에 견인차역할을 수행하여 왔다. 그러나 이 과정에서 단기적인 경제적 효율성을 우선시하는 경영방식을 취함으로써 많은 문제점들을 발생시키게 되었다. 특히 권위적이고 관료주의적 조직운영방식은 구성원들의 인간성 상실과 조직 내 인간관계의 붕괴 등 여러 가지 비인간화 문제를 일으켰다. 오늘날 이와 같은 경영방식은 생산성 향상, 노사문화, 경쟁력 제고 등 여러 경영 측면에서 저해의 요인으로 작용하고 있다.

따라서 새로운 경영방식으로써 인본주의의 경영방식이 요구되는데, 특히 고객화 서비스기업에 있어서 인간존중의 경영은 조직에서 구성원들은 인간의 존엄성을 가진 존재로서 존중할 뿐만 아니라 구성원들 스스로가 이성을 가지고 자율적으로 서비스행위를 할 수 있다는 점에서 더욱 요구된다. 이와 같이 임파워먼트는 종업원에게 권한을 이양함으로써 인간존중의 경영을 실천하여 결국 개인과 조직 간의 갈등상태를 해소하고, 개인목표와 조직목표의 균형을 통해 조직에 유효성을 제고하려는 경영방식이라고 할 수 있으며, 새로운 관점에서의 동기부여 이론이라고 할 수 있다. 또한 임파워먼트는 종업원의 직무만족은 물론 불평을 하는 고객에 대하여 즉각적으로 응대함으로써 고객의 이탈을 방지하고, 서비스회복을 통하여 고객만족도 증진시킨다.

효과적인 임파워먼트를 시행하기 위해서는 서비스과업에 대한 재량권 부여는 물론 서비스전달과정에서 필요한 직원들의 역할을 이해시키고, 권한에 대한 정보를 사전에 숙지하도록 해야 한다. 그리고 권한이 위임된 직원들에게는 책임과 보상이 따른다는 것을 주지시킬 필요가 있다.

임파워먼트(empowerment)의 반대는 인폴스먼트(enforcement)로서 권한의 강제를 의미한다. 인폴스먼트는 회사 규정의 준수에 따른 안전제일주의 서비스를 지향하여 고객의 기대충족이 목적이고, 이에 반해 임파워먼트는 고객의 가치창출에 초점을 두고 창조적 서비스를 지향하여 고객의 기대초과가 목적이다. 그리고 인폴스먼트에 의한 서비스는 종업원이 실패의 두려움에 대한 심리가 작용한다는 점에서 조심스러운 서비스를 하게 되지만, 임파워먼트에 의한 서비스는 종업원이 동기부여에 의한 즐거운 서비스를 하게 된다.

표 6-4 인폴스먼트(enforcement)와 임파워먼트(empowerment)의 비교

구분	인폴스먼트(enforcement)	임파워먼트(empowerment)
초점	회사 규정 준수	고객의 가치 창출
서비스 지향	안전제일주의 서비스	창조적 서비스
고객 기대	기대충족	기대초과
종업원 심리	실패의 두려움	동기부여

(2) 임파워먼트의 효용성

임파워먼트는 다음과 같은 효용성이 있다.

- 고객과의 접점에서 요구에 즉각 응대할 수 있다.
- 고객접점에서 불만족한 고객에게 즉시 서비스회복이 가능하다.
- 종업원들이 자신의 직무에 대하여 만족과 긍지를 가지게 된다.
- 고객에게 열정을 다하여 서비스를 할 수 있다.
- 종업원으로부터 더 많은 아이디어가 창출된다.
- 고객으로부터 더 많은 구전의 효과를 얻을 수 있다.

(3) 임파워먼트의 범위

일반적으로 고객화 서비스를 지향하는 서비스 즉 ① 기술로서 서비스를 대처할 수 없는 분야 ② 업무의 다양성 및 복잡한 서비스 ③ 창의적인 서비스가 요구되는 경우 ④ 서비스상품보다 전달과정이 중요한 경우 ⑤ 서비스접점에서 종업원의 부가가치가 큰 경우 ⑥ 고객과의 접촉시간이 긴 경우 ⑦ 서비스회복의 중요

성이 강조되는 경우 ⑧ 고객과 상호작용에 의한 마케팅 기회가 큰 경우 등에서는 임파워먼트의 강도가 커지고, 반면에 맥도날드와 같이 표준화된 서비스업체에서는 강도가 약해진다.

그림 6-6 임파워먼트(empowerment)의 강도

	표준화 서비스	고객화 서비스	
약 함	기술적 서비스 강조	인적 서비스 강조	강 함
약 함	업무의 단순화	업무의 복잡화	강 함
약 함	비창의적 서비스	창의적 서비스	강 함
약 함	서비스상품 자체 중요	서비스전달과정 중요	강 함
약 함	서비스접점 부가가치 약함	서비스접점 부가가치 높음	강 함
약 함	고객과의 접촉시간 짧음	고객과 접촉시간 김	강 함
약 함	서비스회복 덜 중요	서비스회복 중요	강 함
약 함	종업원의 마케팅 기회 적음	종업원의 마케팅 기회 많음	강 함

사례 **노드스트롬 종업원 핸드북**

노드스트롬에 어서 오십시오.

당신을 이곳에서 맞이할 수 있어 우리들은 매우 기쁩니다.
우리들이 가장 중요한 목표로 하고 있는 것은
'최고의 고객서비스를 제공한다' 는 것입니다.
자, 당신도 당신 자신과 직장에서의 목표를 높게 가지십시오.
당신이 그것을 달성할 능력을 갖고 있다고 우리들은 확신합니다.

노드스트롬의 규칙

제1조. 어떤 상황에서도 자신이 판단하여 고객에게 좋다고 생각되는 것을 실행할 것.

그 이외의 규칙은 없습니다.

의문사항이 있으시면 언제든지 각 부서의 책임자, 스토어 매니저, 지역 담당자에게 부담 갖지 말고 질문해 주십시오.

nordstrom

※ 자료 : Albrecht(1988)

4 내부고객 만족

4.1 내부고객의 의의

서비스 종사원은 고객과의 접점에서 오는 과도한 스트레스, 장시간 근무조건에서 오는 피로감, 장래에 대한 불확실, 임금이나 승진 평가의 불공정성 등의 이유로 이직률이 높다. 한 서비스기업에서 이직자가 많다는 것은 그 기업의 조직문화를 헤칠 뿐만 아니라 대외적으로 기업의 이미지를 추락시켜 결국 고객이 등을 돌릴 우려가 있다. 따라서 이러한 상황에서는 직무만족도가 떨어져 고객만족 서비스를 기대할 수 없으므로 내부고객 만족 경영이 요구된다.

내부고객인 종업원이 자신의 기업에 애호도가 높으면 고객애호도도 높고, 종업원이 자신의 직무에 만족하면 고객만족도도 높다는 연구결과는 수없이 증명되고 있으며, 매리오트 호텔(Marriott Hotel) 체인의 설립자인 매리오트는 "서비스산업에서 행복하지 않은 종업원이 고객을 행복하게 만드는 것은 불가능하다."라고 말한 바 있다(Hostage, 1975). 따라서 서비스경영자는 종업원을 내부고객으로 인식하여 종업원 만족을 위하여 근로생활의 비전제시, 내부커뮤니케이션 강화, 공정한 직무평가, 동기부여와 보상 같은 구체적인 대안과 제도를 마련해야 할 것이다.

사례 **내부고객 만족 – 신세계 백화점**

신세계는 유통업계 최초로 부산 센텀시티점, 인천점, 광주점에 198~264㎡ 규모로 임직원과 협력사원을 위한 보육시설인 '신세계 어린이집'을 열었다. 여성인력이 많은 유통업계의 특성을 감안해 육아문제를 해결하고 여성의 원활한 업무 집중 환경을 조성하기 위한 것이다. 이 보육시설은 내부 시설을 친환경 인증 소재를 사용하고 영·유아를 위한 최적의 조명과 난방을 설치했다. 또한 신세계 어린이집은 직장 보육시설 전문기관이 전문적인 교육과 프로그램을 기획하고 업계 최고의 보육교사를 임용해 운영하면서 여직원들의 큰 호응을 얻고 있다.

신세계 백화점은 다이어트와 자기 관리에 관심이 높은 여사원의 건강을 위한 공간도 마련했다. 본점에 991㎡ 규모의 피트니스 센터를 오픈해 임직원은 물론 협력사원들 누구나 무료로 이용할 수 있도록 했다. 7~8명의 전문 트레이너들이 체계적인 코칭 프로그램도 운영하고 있다. 신세계의 최고경영자는 직원이 만족해야 고객만족을 시킬 수 있다는 경영철학을 몸소 실천하고 있는 셈이다.

※ 신세계 백화점 부산 센텀시티 점은 세계 최대 규모의 백화점으로 2009년 6월 기네스 월드 레코드로부터 공식 인증을 받았다.

4.2 내부고객의 중요성

서비스고객은 단순히 서비스상품을 구매하고자 하는 통상적 의미로서의 고객 즉 외부고객(external customs)과 서비스 상품을 외부고객에게 판매하기 위하여 사내 종업원들에게 업무를 판매하는 내부고객(internal customs)으로 구분할 수 있다. 특히 인적 의존도가 높은 서비스업의 종업원은 그들 자체가 서비스상품이고, 고객 눈에 보이는 조직 그 자체로서 기업 이미지에 지대한 영향을 미치며, 고객과 접촉하는 과정에서 스스로 마케팅 활동을 수행하는 마케터(marketer)이므로 내부고객에 대한 마케팅이 중요시되고 있다.

내부 마케팅(internal marketing)이란 종업원을 최초의 고객으로 보고 그들에게 서비스 마인드나 고객지향적 사고를 심어주어 더 좋은 성과를 낼 수 있도록 동기부여하는 활동이라고 정의할 수 있다. 내부고객인 종사원이 만족하게 되면 외부고객에게 좋은 서비스를 제공하고, 외부고객이 만족하면 단골고객이 되어 기업의 매출증대와 성장을 가져다주고, 이를 통하여 기업이 만족하면 내부고객에게 높은 급여와 복지 등 동기부여를 제공한다. 이와 같은 순환을 고객만족 서비스의 삼각형이라고 한다.

그림 6-7 고객만족 서비스의 삼각형

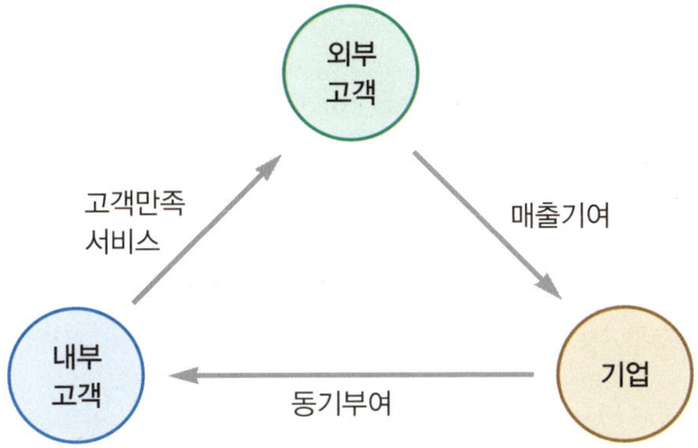

4.3 내부고객 만족을 위한 방안

(1) 근로 생활의 비전 제시

근로 생활의 질(QWL : quality of working life)은 직장에서 일을 통하여 인생의 희망과 보람을 갖게 하는 것이다. QWL 수준을 결정하는 변수는 다음과 같다.

- 적정하고 공정한 보수 체계
- 안전하고 즐거운 근로 환경 조성
- 개인 능력을 발휘할 수 있는 기회 제공
- 성장과 안정을 위한 기회 제공
- 건전한 조직 문화 구축

(2) 내부 커뮤니케이션 강화

인사관리자는 내부고객인 종업원의 만족도를 높이기 위하여 일에 대한 만족도, 직장에 대한 만족도, 인사에 대한 만족도, 근로조건에 대한 만족도, 회사에 대한 만족도를 주기적으로 조사하고, 제안제도, 고충상담실, 대화의 광장 등을 통하여 내부고객의 목소리를 개방적이고 진지하게 수렴해야 한다. 또한 열린 경영을 통하여 종업원에게 경영정보를 제공하고 경영계획과 의사결정과정에 종업원이 참여할 수 있는 길도 마련해야 한다. 즉 이유를 모르고 단순히 시키는 대로 일을 하는 것과 이유를 알고 스스로 일하는 것과의 능률은 비교가 안 될 것이다. 결국 내부 커뮤니케이션의 강화는 종업원의 불만을 잠재울 수 있을 뿐만 아니라 동기부여를 제공한다고 할 수 있다.

(3) 공정한 직무 평가

직무평가에 대하여 다음과 같은 원칙을 수립함으로써 효율적인 업무 수행과 이해를 요구할 수 있다.

- 조직 내의 많은 직무를 비교 평가하여 상대적인 가치를 결정함으로써 직계제도를 확립한다.
- 동일노동, 동일임금의 원칙을 실현할 수 있는 직무체계를 확립한다.
- 조직 내의 임금 격차를 합리화함으로써 종업원 간의 이해를 증진시킨다.

4.4 신노사문화의 정립

(1) 신노사문화의 의의

노사갈등의 문제는 서비스기업도 예외는 아니며, 오히려 그 파장이 더 크다는 것이다. 서울 L호텔의 경우(2000년 6월에 파업) 파업 40여 일간 기준으로 호텔 면세점 손실액은 3백34억 원, 시설파손 피해액 46억 원 등 손실액이 모두 380억 원에 달하고 이 호텔에서 열릴 예정이던 대형 국제행사가 4건이나 취소되었다. 이 피해액은 드러난 수치이지만 보이지 않는 수치까지 합하면 상상을 초월할 것이다.

전통적 서비스경영에서의 노사관계는 대립과 갈등의 관계였다. 그러나 혁신적 서비스경영에서의 노사관계는 노사가 함께 이기는 상생(win-win)의 전략으로

가는 것이다. 경영자는 열린 경영을 실천하고 성과보상을 확대하는 등의 노력을 해야 하며, 노동계는 시대적인 흐름을 인식하여 투쟁만이 유일한 방법이 아니라 기업의 경쟁력을 강화하는데 노력해야 하는 것이다.

결국 신노사문화의 개념은 노사가 신뢰와 존중을 바탕으로 참여와 협력을 실천하고, 자율과 책임을 다함으로써 미래의 가치를 창출하는 노사공동체를 형성해 나가는 것이다.

(2) 신노사문화의 원칙

신노사문화를 정립하기 위해서는 노사 간의 상호인식의 전환이 필요한데, 경영자는 근로자를 단순한 비용요소가 아닌 가치창출의 원천인 지식생산자로 인식하고, 근로자는 자아실현과 기업발전을 위한 가치창출의 주체라는 자긍심을 가져야 한다. 신노사문화의 정립을 위한 구체적인 전제조건은 다음과 같다.

- 기업은 노조를 경영자산으로 간주한다.
- 노동조합은 조합원의 복지가 기업의 성공에 달려 있다고 인식한다.
- 노동조합의 운영은 민주적이고 책임감이 있어야 한다.
- 기업은 노동조합의 내부 운영에 개입하지 않아야 하며, 근로자에게 노조에 대한 충성을 약화시키려 해서는 안 된다.
- 노사가 신뢰하고 존중해야 하며, 노사 어느 쪽도 힘의 논리로 제압해서는 안 된다.
- 문제해결을 위해 법적 소송을 하지 않는다.
- 추상적인 원칙보다 구체적 문제해결에 접근한다.
- 노사협의와 정보공유를 활성화시킨다.
- 고충은 즉시 해결한다.

연습문제 및 토의주제

1 인사시스템이란 무엇인가?

2 서비스기업 종업원의 특징을 제조업 종업원과 비교하여 설명하시오.

3 교육 · 훈련 효과의 삼각형에 대하여 설명하시오.

4 동기부여와 보상의 방법에 대하여 설명하시오.

5 X · Y이론에 대하여 설명하시오.

6 위생 · 인센티브에 의한 동기부여 이론에 대하여 설명하시오.

7 매슬로우의 욕구 5단계설에 의한 동기부여 이론에 대하여 설명하시오.

8 종업원의 직무 스트레스와 갈등 · 감정부조화의 유형과 관리방안에 대하여 설명하시오.

9 월마트에서는 종업원을 비즈니스의 (　　)라고 하며, 디즈니월드는 종업원을 (　　)라고 부른다.

10 역피라미드 조직이란 무엇인가?

11 인폴리스먼트와 임파워먼트를 비교 설명하시오.

12 내부고객의 중요성에 대하여 설명하시오.

13 내부고객 만족을 위한 방안에 대하여 설명하시오.

14 신노사문화의 원칙에 대하여 설명하시오.

제 7 장

서비스 프로세스 관리

"결과를 바꾸려면 과정을 바꾸어라"

Service Management

제7장 서비스 프로세스 관리

1 서비스 프로세스의 개요

1.1 서비스 프로세스의 의의

제품의 생산은 기계에 의하여 대량생산 및 품질의 동질성을 추구할 수 있지만 서비스는 특성상 불가능한 것으로 간주되어 왔다. 그러나 서비스도 프로세스 관리에 의하여 제품처럼 동질성을 유지할 수 있으며, 고객에게 일관된 서비스를 제공할 수 있다. 서비스 프로세스(service process)란 고객에게 서비스가 전달되어지는 절차나 흐름을 말하며, 그 자체가 서비스상품이고, 유통의 성격도 가지고 있다. 즉 서비스는 고객과의 첫 접점에서부터 마감될 때까지 전 과정이 시스템화되어 있고, 묶음(bundle)으로 제공되며, 고객은 전 과정을 경험해야 그 대가를 지불한다. 특히 서비스는 제품과는 달리 현장에서 고객의 주문에 의하여 생산을 하게 되고, 고객이 생산과정에도 참여하며, 생산이 되면 곧 소비되어 생산과 소비가 분리되지 않는 동시성을 가지고 있다는 점에서 서비스 프로세스의 관리는 더욱 요망된다.

따라서 서비스 프로세스는 서비스가 생성되어 고객에게 전달될 때까지의 전 과정을 포함하는 것으로서 제조업의 생산 공정과 같은 것이다. 서비스는 무형성, 다양성, 고객이 참여한다는 점 등의 특성에 따라 표준화가 불가능한 것으로 인식되어 표준화는 유형적 제품의 전유물로 간주되어 왔다. 그러나 서비스도 고객접점을 청사진, 플로우 차트(flow chart), 사이클(cycle) 등으로 도식화하여 각각의 과정에 서비스 매뉴얼 및 표준화를 시도하고, 각 과정을 통합하는 서비스 매니지먼트를 구사하게 되면 고객에게 일관된 서비스를 제공할 수 있는 것이다.

1.2 서비스 프로세스의 종류

서비스 프로세스의 표준화와 고객화는 서로 상충되는 것으로서 업종에 따라 또는 동종이라도 경영전략에 따라 선택적 설계가 요구된다.

(1) 표준화(standardization) 서비스 프로세스

서비스 전달과정을 표준화함으로써 대량 또는 일관성 서비스를 지향하는 프로세스를 말한다. 즉 원가의 절감에 의하여 저가를 지향할 경우와 프랜차이징 시스템에 적합한 프로세스라고 할 수 있다. 결국 표준화 프로세스는 주로 대량의 고객을 상대하고 고객의 참여 수준이 낮은 서비스업체에 적합하며, 저가를 통한 경쟁우위를 추구하는 서비스업체에 적용이 요구되는 프로세스라고 할 수 있다. 예를 들어 사우스웨스트 항공사(Southwest Airlines)는 저가를 실현하기 위하여 가까운 노선 운항과 기내식을 제공하지 않는 등 표준화 서비스 프로세스로 고객을 유치하고 있다.

(2) 고객화(customization) 서비스 프로세스

서비스 전달과정을 고객화함으로써 고객의 다양한 요구에 즉각 응대하도록 하는 프로세스를 말한다. 즉 고객화 서비스 프로세스는 주로 고객의 욕구충족에 초점을 두고, 고객의 참여수준이 높은 서비스업체에 적합하며, 차별화 서비스를 통하여 전문적이고 다양한 서비스를 제공하는 등 고가를 지향하는 업종에 요구되는 프로세스하고 할 수 있다. 예를 들어 싱가포르 항공은 승무원의 친절과 고객 맞춤형 서비스 등을 제공하는 등 고객화 서비스 프로세스로 고객을 유치하고 있다.

■표준화 서비스 프로세스(패스트푸드점)

■고객화 서비스 프로세스(호텔 레스토랑)

그림 7-1 서비스 프로세스의 표준화와 고객화 정도

2 서비스 프로세스의 디자인 과정

2.1 서비스 프로세스의 디자인 고려사항

서비스 프로세스의 디자인에 있어서 여러 가지 고려사항을 표준화 서비스 프로세스와 고객화 서비스 프로세스 구분하여 정리하면 다음 표와 같다.

표 7-1 서비스 프로세스 디자인 고려사항

고려사항	표준화 서비스 프로세스	고객화 서비스 프로세스
설비위치	생산, 운송라인 등의 설비가 작업자 주변에 위치	생산, 운송라인 등의 설비가 고객 주변에 위치
설비배치	생산자 중심으로 배치	고객의 신체적, 심리적 요소를 고려하여 배치
상품 디자인	단순하고 규격화	복잡하고 다양화
프로세스 디자인	물리적 서비스와 빠른 서비스 강조	인적 서비스를 통한 고객요구에 부응하는 서비스 강조
일정계획	서비스구매 완료에 초점	서비스과정 중시
생산계획	재고의 흐름이 빠르므로 어느 정도의 예측 생산 가능	사전 예약이나 주문이 요구되며 그 의존도가 높음

고려사항	표준화 서비스 프로세스	고객화 서비스 프로세스
작업자 능력	분업화에 따른 기능적인 측면 강조	고객과의 커뮤니케이션 능력이 요구됨
품질통제	작업 명세서에 의한 품질통제가 용이하고 고정적	고객의 주관성이 강하여 변동적
시간표준	시간표준이 엄격함	시간표준은 고객의 욕구에 종속적이므로 비교적 엄격하지 않음

※ 자료 : Chase, R.B.(1978) 참고하여 저자 작성

2.2 서비스 프로세스의 디자인 과정

효과적인 서비스 전달시스템을 구축하기 위해서는 〈표 7-2〉와 같은 단계가 필요하다.

표 7-2 단계별 서비스 프로세스 디자인 과정

단계	내용
1단계	모든 고객접점을 수집하고 분석한다.
2단계	고객접점을 플로우 차트 또는 서비스 사이클로 만든다.
3단계	서비스 청사진을 만든다.
4단계	각 고객접점의 서비스에 대하여 표준화 및 매뉴얼을 만든다.
5단계	부서 간 조정 및 통합 작업을 거쳐 완성한다.

상기 표의 2단계에서 고객접점을 세분화하는 것은 고객의 이용목적에 따라 여러 개의 플로우 차트가 존재하기 때문이다. 예를 들면 호텔의 고객은 크게 객실과 식음료 고객으로 나눌 수 있는데 그들 각각에 대한 고객접점의 장소 및 서비스가 다르므로 플로우 차트는 달라질 수밖에 없다.

4단계에서 표준화 및 매뉴얼의 내용은 구체적이고, 간단하고, 측정가능하고

고객의 입장에서 작성되어야 하며, 업무명세와 수행개요를 명문화해야 한다. 이때 주의사항은 고객접점 서비스요원이 함께 참여해야 되며, 정당하게 강요될 수 있는 내용이어야 한다.

5단계에서 고객접점에 있는 해당자 및 부서는 자기의 업무만 중요시하는 이기주의보다는 회사 전체를 이해해야 한다. 고객은 서비스를 평가할 때 개인과 특정 부서에 한정하는 것이 아니라 회사 자체를 평가하는 것이다.

그림 7-2 주요 서비스기업의 고객접점 및 플로우 차트

호텔(숙박고객)	항공사	백화점
교환	예약	주차장
⇩	⇩	⇩
예약실	공항 카운터	안내원/엘리베이터
⇩	⇩	⇩
주차	화물접수	판매원
⇩	⇩	⇩
도어맨	탑승권 제출	계산대
⇩	⇩	⇩
벨맨	보안검색	부대시설 이용
⇩	⇩	⇩
프론트(체크 인)	기내 승무원	안내원/엘리베이터
⇩	⇩	⇩
객실 내 이용	도착 화물수령	주차장
⇩		
부대시설 이용		
⇩		
프론트(체크 아웃)		
⇩		
벨맨		
⇩		
도어맨		
⇩		
주차장		

※ 상기 내용은 일반적인 고객접점이며, 고객의 이용목적, 요구에 따라 여러 가지의 접점이 발생될 수 있음.

그림 7-3 레스토랑의 서비스 사이클

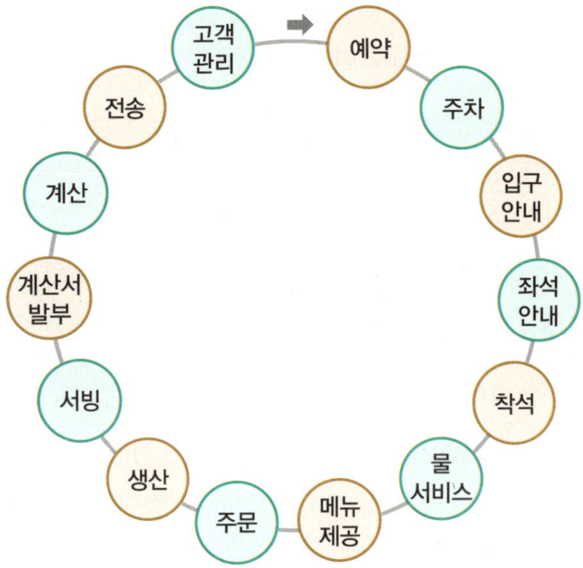

2.3 서비스 청사진의 작성

(1) 서비스 청사진의 의의

청사진(blue printing)은 건축의 설계도면으로서 구조와 규격을 한 눈에 볼 수 있도록 되어 있다. 쇼스택(Shostack)은 서비스 프로세스도 시각적 도표 즉 서비스 청사진으로 표현될 수 있다고 주장하였다. 따라서 서비스 청사진이란 서비스 관리자가 서비스를 최종적으로 실행하기 전에 종이 위에 도표를 작성함으로써 서비스 개념을 검증하도록 하여 서비스 시스템의 정확한 정의를 내릴 수 있도록 한 것을 말한다. 서비스 청사진을 이용하여 프로세스를 설계하면 다음과 같은 이점은 다음과 같다.

- 종업원으로 하여금 자신이 하는 일과 전체 서비스와의 관계를 파악할 수 있어 자기의 직무는 물론 고객지향적인 사고를 고취할 수 있다.

- ■서비스 활동의 흐름에서 취약한 고객접점 서비스 및 병목현상을 파악하여 품질 개선의 자료로 활용할 수 있다.
- ■외부 고객과 종업원 사이의 상호 작용선을 통해 고객이 경험하는 서비스품질을 알게 하여 서비스설계에 공헌할 수 있다.
- ■가시선은 고객이 볼 수 있는 영역과 어떤 종업원이 고객과 접촉하는지를 알려주어 합리적인 서비스를 설계하도록 도와준다.
- ■내부 작용선은 부서 고유의 상호의존성 및 부서 간 경계 영역을 명확히 해주어 점진적인 품질개선 작업을 강화시킬 수 있다.
- ■서비스를 구성하는 요소와 연결고리를 알려줌으로써 해당 부서의 관점뿐만 아니라 전체 서비스를 통합하여 전략적 회의 진행이 가능하다.
- ■서비스의 각 요소에 투자된 원가, 이익, 자본 등을 확인하고 평가하기 위한 기반을 제공한다.
- ■내 · 외부 마케팅을 위한 합리적인 기반을 구성한다.
- ■상향식, 하향식 접근을 용이하게 한다. 즉 일선 종업원의 품질개선 노력을 매니저가 확인하고 지원하도록 도와주고 종업원들은 청사진의 작성에 참가하여 서로의 경험을 공유하며 개선을 위한 제안을 할 수 있다.

(2) 서비스 청사진의 구성

서비스 청사진은 고객의 행동 프로세스, 종업원의 서비스 프로세스, 지원 프로세스로 구성되어 있다.

고객행동 프로세스 서비스를 제공받고자 하는 고객의 요구를 일련의 전개과정에 의하여 도식화한 것을 말한다. 고객행동 프로세스에 따라 그에 대응하는 종업원의 서비스 및 지원 프로세스가 완성된다.

종업원 서비스 프로세스 고객접점에서 고객과의 상호작용을 통하여 가시적으로 보이는 종업원의 서비스를 도식화한 것을 말한다. 종업원의 서비스 프로세스는 일선 현장과 후방으로 구분된다. 특히 후방 종업원의 서비스 프로세스는 고객과 직접 접촉하지는 않지만 일선 종업원과의 상호작용에 의하여 연계된 것을 보여 준다.

지원 프로세스 종업원의 원활한 업무를 도와주기 위한 내부의 지원 프로세스를 말한다.

그림 7-4 서비스 청사진의 실례(호텔숙박)

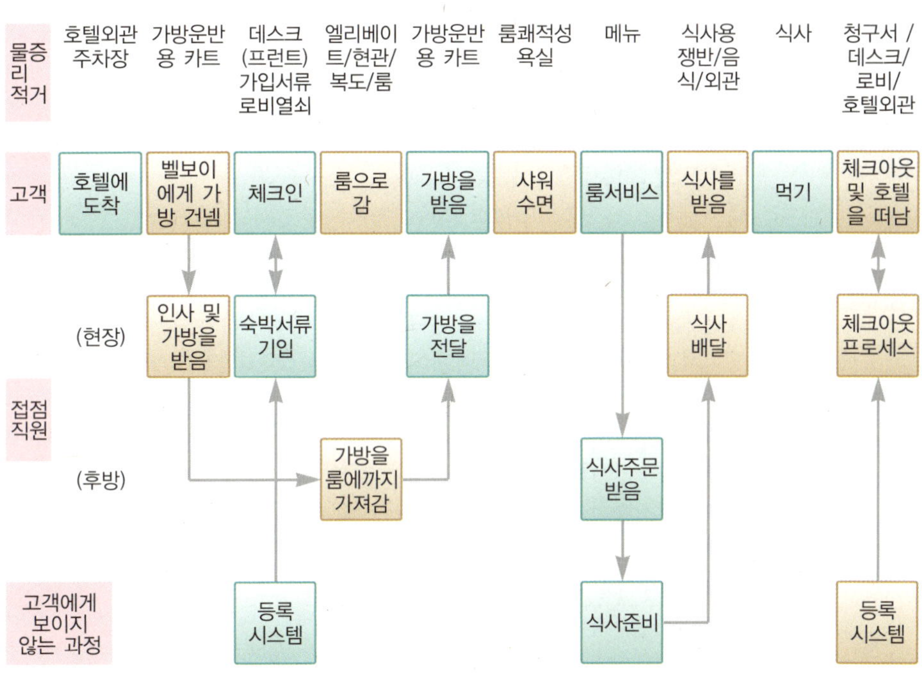

※ 자료 : Zeithaml and Bitner(1996)

2.4 서비스 표준화 및 매뉴얼 작성

고객과의 서비스접점에서 일관된 서비스를 제공하기 위해서는 서비스 접점에서의 행동과 흐름을 매뉴얼로 규정해 놓아야 한다. 고객은 질서가 없고 우왕좌왕하는 서비스를 요구하는 것이 아니라 일관되고 세련된 절차의 서비스를 원하는 것이다. 예를 들어 호텔 레스토랑의 서비스 표준화 및 매뉴얼은 다음과 같다.

표 7-3 호텔 레스토랑의 서비스 매뉴얼(예)

서비스 접점	프로세스 관리 내용
안내	• 입구에서 안내를 할 때는 미소와 함께 친절하게 한다. • 적절한 인사말과 함께 인사를 한다. • 단골고객의 경우 이름이나 직함을 불러 친밀감을 표현한다. • 예약여부를 확인한다. • 예약고객이 아닌 경우 인원수를 확인하여 안내한다. • 고객보다 대각선 방향으로 두 발 정도 앞장서서 안내를 한다.
물 제공	• 고객의 오른쪽에서 서비스한다. • 한 잔의 물의 양은 2/3 정도 따른다. • 워터 피처(water pitcher)가 물 잔에 닿지 않도록 한다. • 물 잔의 양이 2/3 이하로 줄었을 때는 확인 즉시 2/3 정도를 보충(refill)해 준다.
메뉴 제공	• 메뉴판에 볼펜자국 또는 더럽거나 찢어진 것은 제공하지 않는다. • 고객의 왼쪽에서 메뉴를 제시하고 "메뉴 보시겠습니까?"하고 말을 건넨다. • 개인당 한 장씩 모두에게 주어야 한다.
주문받기	• 고객의 왼쪽에서 주문을 받는다(예외도 있음). • 볼펜과 주문지를 준비하여 받아 적도록 한다. • 주문받는 순서는 숙녀우선(lady first) 및 연장자 순으로 한다. • 주문을 받는 자세는 바른 자세에서 고개를 약간 숙여서 받는다. • 주문받은 사항을 복창(repeat)하고 재확인하여 상호 간의 실수가 없도록 한다.
서빙	• 고객의 오른쪽에서 서빙한다. • 빵은 고객의 왼쪽에서 서빙한다(빵 접시는 고객의 왼쪽에 있음). • 음식을 제공할 때는 "실례합니다. 주문하신 ○○○입니다"라고 말을 한다.
계산	• 계산서를 제공하기 전에 테이블 번호를 확인한다. • 제공된 품목과 수량 및 요금을 확인한다. • 캐셔(cashier)에게 계산서를 발부받아 테이블 위에 정중히 제공한다.

3 서비스병목의 프로세스의 개선

서비스병목이란 마치 도로에서 교통이 막혀 흐름에 장애가 있는 것처럼 서비스 과정 중에 고객이 대기를 하여 서비스의 진행이 원활히 되지 않는 현상을 말한다. 서비스의 어떠한 접점에서 병목현상이 발생하면 고객 불평이 발생하고 모든 접점의 흐름이 막힌다는 점에서 서비스 병목의 프로세스를 개선하기 위해서는 크게 대기관리와 서비스 인력의 대체 관리 등의 노력이 요구된다.

3.1 대기관리 전략

(1) 대기시간을 짧게 느껴지도록 하라

일반적으로 서비스 고객들은 기다리는 시간을 실제 시간보다 더 길게 과대평가하는 경우가 많다. 이와 같은 이유는 대기시간에 대한 지루함이 심리적 지각으로 나타나기 때문이다. 따라서 서비스기업에서는 대기시간 동안 지루함을 방지하기 위하여 다음과 같이 각가지 아이디어를 동원하고 있다.

서비스업의 대기시간 관리 사례

- **은행 및 미장원** 잡지제공
- **호텔 및 백화점** 엘리베이터 근처에 대형 거울 설치
- **병원** 예약제도 및 자동 고혈압 측정기 설치
- **테마파크** 직렬라인으로 줄을 서는 것을 짧은 병렬라인으로 대체 또는 예약번호표 인출기 설치
- **패밀리 레스토랑** 지루함을 달래기 위하여 대기시간에 음료수 제공

(2) 대기시간을 고지하라

무작정 기다림은 확실한 기다림보다 더 길게 느껴지고, 사전 설명이 없는 기다림도 길게 느껴진다. 따라서 대기시간을 고지함으로써 기다림의 시간을 심리적으로 단축시켜주어야 한다. 이때 대기시간을 여유 있게 고지하여 예상보다 빠른 시간에 서비스가 시작될 경우 고객은 만족하지만, 예상보다 늦게 서비스가 시작될 경우 고객의 불만은 가중된다.

(3) 공정한 대기시스템을 마련하라

대기의 순서가 불공정하게 진행되면 고객의 저항에 부딪히게 된다. 즉 먼저 들어 온 사람이 먼저 서비스를 받는 원칙을 준수해야 한다. 서비스고객은 누구나 자신이 존중되고 대접받기를 원한다. 따라서 대기 번호표의 활용 등을 통하여 공정한 대기시스템을 마련해야 한다.

(4) 예약을 활용하라

수요가 몰리면 대기의 시간이 길어진다. 수요가 집중되는 시간 및 시기를 피하여 예약을 관리함으로써 대기수요를 분산시킬 수 있다. 예를 들어 병원의 경우 예약접수를 할 때 고객이 원하는 날짜에 수요가 많으면 대기시간을 고지함으로써 다른 날짜로 유도하는 것을 들 수 있으며, 레스토랑의 경우 예약을 하면 대기시간 없이 곧 바로 서비스가 제공된다는 것을 고지하여 수요관리를 할 수 있다.

(5) 고객을 학습시켜라

서비스의 구매시점에서 수요가 몰리는 시간대와 성수기를 피하고 여유 있는 시간대와 비수기를 이용할 경우 대기시간이 없이 충분한 서비스를 받을 수 있다는 것을 고지하여 고객 스스로 대기시간을 피하도록 하는 전략이라고 할 수 있다.

3.2 서비스인력의 대체방안

(1) 기계를 활용하라

서비스는 인적 의존도가 높기 때문에 인건비의 비중이 높을 뿐만 아니라 빠른 업무처리를 하기에는 능력과 시간적 한계가 있다. 이를 극복하기 위한 수단으로 기계의 도입을 들 수 있는데, 예를 들어 은행의 현금자동인출기(ATM)의 출현은 창구의 병목현상을 없애주고 직원을 줄일 수 있었으며, 은행마감 시간 이후에도 서비스를 가능하게 하였다. 또한 보험 설계사들은 노트북을 통하여 즉석에서 정보를 제공할 수 있다. 그 외 자동판매기, 무인경비 시스템, 각종 서류의 자동발급기 등의 출현은 인적 서비스를 대체할 수 있었고, 빠른 서비스를 가능하게 하였다.

이와 같이 인력을 대체할 수 있는 기계만 있다면 업무의 효율화와 대고객 서비스를 빠르게 제공할 수 있으므로 인적 서비스를 혁신적인 기계로 대체할 수 있는 전달 시스템의 연구도 필요하다.

※ 키오스크(kiosk)
공공장소에 설치된 무인 정보 단말기로써 최근 패스트 푸드 매장, 카페와 음식점 등 요식 업계가 키오스크를 적극 도입하고 있다. 덕분에 소비자는 큰 화면으로 상품 사진과 설명을 보면서, 터치 몇 번만으로 비대면 · 온라인 결제할 수 있다.

현금자동인출기의 출현

요즘 은행이나 지하철 등 어디에서나 볼 수 있는 현금자동인출기(ATM). 이는 처음 미국 시티은행(citi bank)에서 시작을 하였다.

시티은행(citi bank) 창구의 한 말단 여자행원이 고객들이 현금을 찾으려고 오랜 시간을 대기하는 것을 보고, 현금 자동인출기 도입을 건의한 것이다. 은행 경영자들은 이 건의에 펄쩍 뛰었다. 예금을 빠르게 하는 기계라면 몰라도, 출금을 빠르게 하는 기계를 도입한다? 결과적으로 돈이 빨리 빠져나가 예금이 줄어들 텐데, 도무지 생각을 하고 말하는 거야, 뭐야? 라며 철없는 말단 행원의 부질없는 생각으로만 보았다.

그러나 현금 자동인출기 도입을 건의한 행원의 생각은 달랐다. 고객은 빠르게 돈을 찾을 수 있는 편리한 은행에 더 많은 돈을 맡길 것이라는 것이 그의 생각이었다. 그 행원의 생각은 옳았다. 현금 자동인출기의 도입은 시티은행의 예금액을 단기간에 3배나 올려주었고, 창구의 인원을 줄일 수 있어 일석이조 이상의 성과를 올렸다. 말단 행원의 비정상적인 듯한 생각에서 나온 아이디어와 결국 행원의 설득으로 아이디어를 받아들인 은행의 경영진, 모두가 성공을 한 것이다.

※ 자료 : www.unionsteel.co.kr

(2) 고객참여를 유도하라

고객참여는 고객에게 재량권을 주어 자신이 받게 될 서비스의 최소한을 고객이 직접 담당하는 것을 말한다. 즉 서비스를 고객과 공동생산(co-production)하는 것인데, 고객이 서비스생산과정에 참여하여 그것을 즐기거나 가치를 얻을 수 있는 서비스분야에 도입할 필요성이 있다. 예를 들면 피자헛에서는 샐러드 바를 설치하여 피자를 기다리는 고객에게 셀프서비스를 통하여 서비스 프로세스에 참여시키고 있다. 이를 경우 고객의 대기 시간을 줄여주고, 인적 서비스의 공급도 조절할 수 있는 장점이 있다. 고객과 공동생산이 가능한 서비스분야의 예는 다음과 같다.

■ 셀프 주유소 및 세차장

■ 고객이 스스로 음료를 리필하는 레스토랑

■ 셀프서비스 복사점

고객의 참여유도 프로세스를 지향할 경우 고객에게 기회이익을 줄 수 있어야 한다. 즉 고객이 직접 서비스를 수행에 따른 가격할인 등을 들 수 있는데 예를 들어 홈쇼핑에서 상담원과 연결하지 않고 자동전화로 주문할 경우 일정금액을 할인해 주는 것을 들 수 있다. 그러나 이러한 서비스 프로세스는 인력 운용 면에서 효율적인 시스템이지만 전체적인 서비스 품질의 저하를 가져올 수 있고, 점잖은 고급손님들은 이용을 꺼릴 수 있는 단점이 있다.

※ 피자헛에서는 샐러드 바를 설치하여 피자를 기다리는 고객에게 셀프서비스를 통하여 서비스 프로세스에 참여시키고 있다.

(3) 온라인 예약을 활용하라

각종 예약을 CRS(Computerized Reservation System) 즉 컴퓨터 예약에 의한 온라인(on-line)으로 접수를 하게 되면 상당인력을 줄일 수 있다. 이미 항공사 및 호텔 등의 대형 서비스업체는 이를 잘 활용하고 있으며, 많은 기업들은 자사의 홈페이지를 통해서 예약 및 주문 그리고 견적에서 정보제공까지 다양한 서비스를 온라인상에서 제공하고 있다. 즉 고객이 직접 온라인으로 예약을 하거나 주문하는 등 서비스에 참여시킴으로써 자사의 인력을 줄이고 전화의 대기라는 병목 현상도 해소할 수 있는 것이다. 온라인 서비스 성공의 관건은 잘 짜여진 웹 디자인과 정보의 업 데이터(up data)라고 할 수 있다.

4 서비스 프로세스의 경쟁적 전략

서비스 프로세스의 경쟁적 전략으로는 원가주도(비용우위)와 차별화 전략 등이 있다. 따라서 서비스기업은 자사의 환경과 시장환경을 고려하여 이 두 가지 전략 중에 하나를 선택하여 서비스 프로세스의 초점을 맞추어야 한다. 또한 현재의 프로세스가 문제가 있다면 가격을 낮추어 원가주도 전략으로 프로세스를 개선할 것인지, 가격을 높여 차별화 프로세스로 개선할 것인지를 결정해야 한다. 예를 들어 레스토랑의 경우 프로세스의 개선은 다음 그림과 같다.

그림 7-5 레스토랑 서비스의 프로세스 개선 방향

원가주도 프로세스		현재 프로세스		차별화 프로세스
예약을 받지 않음	⇦	예약	⇨	구체적인 테이블까지 지정
메뉴를 벽에 부착	⇦	메뉴 제공	⇨	메뉴제공과 함께 자세한 설명
고객이 직접 주문서에 기입	⇦	주문받기	⇨	테이블에서 직접 받음
주문음식 위주로 제공	⇦	음식제공	⇨	주문음식 외 각종 전채요리 제공
병 또는 캔 자체 제공	⇦	음료제공	⇨	테이블에서 잔에 서비스 함
축소	⇦	부가서비스	⇨	다양한 이벤트 및 혜택 제공
셀프 서비스	⇦	식후 커피 또는 티	⇨	직접 주문받고 제공
고객이 직접 카운터에서	⇦	계산	⇨	고객의 테이블에서

4.1 원가주도 프로세스 전략

(1) 원가주도 프로세스의 의의

원가주도(비용우위) 전략이란 기업이 사업규모를 확대함에 따라 실현되는 규모의 경제성과 경험효과에 의해서 경쟁회사보다는 낮은 비용으로 그 지위를 확보하고자 하는 전략을 말한다. 이 전략은 기술혁신뿐만 아니라 효율적인 규모의 시설, 철저한 원가 및 간접비용관리를 필요로 한다. 즉 원가주도 전략의 핵심은 대량 서비스 프로세스를 구축하여 생산성을 높이고, 원가를 절감하여 공격적인 저가전략으로 박리다매를 취하는 것이다. 결국 원가주도 전략은 비차별화 전략으로서 서비스 프로세스의 표준화를 통해서 가능하다. 따라서 원가주도 전략이 성공을 거두기 위해서는 다음과 같은 전술이 요구된다.

- 표적고객을 저가격 구매층으로 한다.
- 고객서비스를 표준화한다.
- 서비스 프로세스에서 개인적 요소를 줄인다.

이와 같은 서비스 프로세스의 대표적인 기업으로는 맥도날드, 월마트 등을 들 수 있다. 그러나 원가주도 전략은 다음과 같은 단점을 가지고 있다.

- 고객화를 요구하는 서비스 프로세스에는 적용될 수 없는 한계가 있다.
- 기술의 변화에 따라 과거의 투자나 노하우가 무용지물이 될 수 있다.
- 경쟁상대자가 모방이나 판매력 우위를 앞세워 규모의 경제성(economies of scale)을 추구하며 따라올 수 있다.
- 환경변화에 의한 전략 수정이 용이하지 않다.

(2) 서비스 생산라인의 표준화

제조업의 생산라인은 기계에 의하여 대량생산 및 품질의 동질성을 추구할 수 있지만 서비스는 특성상 불가능하다. 서비스 생산도 제조업처럼만 된다면 하는 것이 서비스업의 염원일 것이다. 그러나 100% 그렇게 될 수는 없더라도 서비스 프로세스만 잘 구축하면 업종에 따라서 비슷한 효과를 낼 수 있다는 것이다.

예를 들면 맥도날드는 소비자들이 빠른 음식서비스, 저렴한 가격, 맛좋은 음식, 그리고 음식 맛의 일관성을 원한다는 점에 맞추어 서비스 프로세스를 구축하여 성공을 거두고 있다. 이와 같이 맥도날드는 제조현장 방식을 서비스에 적용한 전형적인 예를 제공한다. 햄버거 원자재는 별도의 장소에서 준비됨으로써 종업원에게 햄버거 크기, 품질, 일관성 등에 대한 아무런 재량권도 허용되지 않는다.

맥도날드의 저장설비는 이미 결정된 제품 믹스에 따라 설계되므로 서비스에 불필요한 음식이나 음료를 위한 여유 공간을 허용하지 않는다. 감자 생산은 서비스 전달과정이 상세하게 설계되어야 한다는 것을 강조하고 있다. 감자는 이미 적당한 크기로 잘라지고 한번 구운 상태로 냉동되어 가게에 들어온다. 감자 튀김기는 정확한 양의 감자를 조리할 수 있는 크기로 설계된다. 감자 튀김기의 크기가 너무 크면 한 번에 너무 많은 양이 튀겨지므로 판매되지 않으면 눅눅해지고 반대로 너무 작으면 여러 번 튀겨야 하는 번거로움이 생긴다.

튀겨진 감자는 서비스 카운터 부근에 설치된 넓고 평평한 쟁반으로 옮겨진다. 이렇게 봉지대신 평평한 쟁반을 사용하는 것은 봉지에 담을 경우 발생하는 문제 즉 담다가 바닥에 떨어져 낭비되거나 바닥이 더러워질 염려를 방지할 수 있다. 손잡이가 달린 특수 형태의 깔때기 사용은 감자의 양을 일정하게 측정할 수 있도록 한다. 이처럼 사려 깊은 설계에 의하여 종업원은 그들의 손이나 감자를 더럽히지 않고 바닥도 깨끗하게 유지하면서 감자의 양을 통제할 수 있다. 나아가 푸짐한 형태의 감자가 신속하고, 능률적이고 명랑한 종업원에 의해 고객에게 전달된다.

이처럼 맥도날드의 서비스 시스템은 주문에서부터 나갈 때까지 과학적으로 설계돼 있으며, 고객이 자신의 테이블을 깨끗하게 청소할 수 있도록 눈에 잘 띄는 쓰레기통을 제공하는 것까지 계획된다.

사례

원가주도 프로세스 전략 – 사우스웨스트 항공사

고객들이 비싼 항공요금 때문에 가까운 여행을 포기하는 일이 많다는 것을 알아차린 사우스웨스트 항공사(Southwest Airlines)의 최고 경영자는 대형 항공사가 채택하고 있던 허브 앤 스포크(hub-and spoke), 즉 거점 대도시를 중심으로 여러 소도시를 비행기 운항하는 방식을 버리고, 포인트 투 포인드(point to point) 즉 출발지와 도착지를 한 번에 연결하는 직항로를 개설하여 저렴한 항공요금을 도입하였다. 요금을 낮추는 데는 다음과 같이 원가절감 방식이 사용되었다.

1. **비행기 기종의 통일** 항공기를 모두 보잉 737 기종으로 통일하여 비행기 유지관리 비용과 훈련비용, 부품재고비용 등을 최소화하였다.

2. **여행사 수수료 삭감** 항공사의 대리점인 여행사의 유통을 없애고 대신 10%의 수수료를 줄였다. 즉 공항에서 자동화된 발권시스템에서 직접 발급받을 수 있게 하였다.

3. **서비스 간소화** 기내식을 제공하지 않았다. 기내식이 없으니 기내 승무원 수도 줄일 수 있었다. 또한 비행기에 음식을 싣고 내려야 하는 다른 항공사보다 더 빨리 이착륙할 수 있었다. 그리고 사전 좌석배정 때문에 탑승시간이 길어지는 경향을 간파하고 좌석배정을 하지 않았다.

이러한 전략은 승객들에게 '약간 낮은 품질을 훨씬 싸게' 제공하는 것이었다. 승객들은 기내식보다는 항공요금을 절약하는 쪽을 선호하였다. 원가절감에도 불구하고 열정적인 승무원을 고용하여 훈련시켰고, 그 결과 승무원들은 친절하기로 유명해졌다. 사우스웨스트의 열성 승객들은 사우스웨스트를 '조금 낮은 품질을 훨씬 싸게'가 아니라 '더 높은 품질을 더욱 싸게' 제공하는 항공사로 평가하였다. 따라서 사우스웨스트 원가주도 프로세스 전략으로 성공을 거둔 항공사의 전형적인 모델이라고 할 수 있다.

4.2 차별화 프로세스 전략

차별화 전략이란 고객이 중요시하는 요소를 경쟁사와 비교하여 의미 있는 특징을 갖게 함으로써 경쟁사보다도 높은 부가가치를 제공하여 높은 가격을 실현하고자 하는 전략을 말한다. 차별화는 고객이 그 부가가치를 반드시 인정해야만 하는 것이며, 그 가격도 부가가치에 대해 고객이 만족하고 지불하는 범위가 아니면 전략으로서 성공하지 못한다. 서비스 프로세스의 차별화 전략은 독특한 인식을 가지게 하는 서비스상품을 창조하는 것인데 물리적, 인적, 시스템적 서비스의 차별화로 나눌 수 있다.

(1) 물리적 서비스 차별화

건물, 시설, 인테리어, 음식과 같은 일부 유형재 같은 물리적 요소들은 서비스의 무형성을 유형화시켜주는 수단으로서 대부분의 고객들이 고가를 지불하거나 고가를 지불할 의사가 있을 때는 이 물리적 서비스의 차별화를 기대한다. 예를 들어 숙박을 하고자 할 때 여관보다도 호텔을 택했을 때는 고가를 지불하더라도 물리적 서비스의 차별화를 기대하는 것이다. 물리적 서비스 차별화를 고객에게 인식시켜 주는 수단으로는 서비스의 등급을 강조할 필요가 있다. 예를 들어 특급 호텔의 경우 경쟁관계에 있는 숙박시설보다 물리적 차별화를 강조하기 위하여 '특급 호텔' 을 강조할 것이다.

(2) 인적 서비스 차별화

인적 서비스 차별화 역시 고객이 고가를 지불할 때 기대되는 요소이다. 예를 들어 식사를 하기 위하여 패스트푸드 레스토랑보다 호텔의 고급 레스토랑을 선택했다면 인적 서비스의 차별화를 기대하는 것이다. 인적 서비스 차별화를 위한 서비스 프로세스를 구축하기 위해서는 다음과 같은 전술이 필요하다.

- 서비스 프로세스가 고객화되어야 한다.
- 서비스요원의 품질 향상을 위해 교육과 훈련에 관심을 가진다.
- 고객접점에 있는 최일선 종업원의 권한을 강화한다.

(3) 시스템적 서비스 차별화

커뮤니케이션 수단과 경로 등의 시스템적 서비스 차별화는 고객에게 서비스 등급 수준의 이미지를 형성하는데 중요한 역할을 한다. 즉 기업 이미지 통합 작업(CI : corporate identity), 광고, 인터넷 정보 서비스의 유무와 내용, 디자인 등으로 서비스수준을 측정할 수 있는 것이다. 예를 들어 똑같은 수준의 물리적 서비스와 인적 서비스 프로세스를 가지고 있는 두 서비스기업이 있다고 가정할 때 CI 작업이 잘 되어 있고, 광고활동을 하고 있고, 인터넷 정보서비스 등의 시스템적 서비스를 갖추고 있는 기업과 그렇지 않은 기업과 서비스수준은 차별화되는 것이다. 전 세계적으로 통일된 맥도날드의 상징인 황금색 M자형의 아치는 시스템적 서비스의 정형을 보여주는 것이다. 시스템적 서비스 차별화를 위한 서비스 프로세스를 구축하기 위해서는 다음과 같은 노력이 필요하다.

- CI를 구축한다.
- 체계적인 광고. 홍보 전략으로 브랜드 마케팅을 강화한다.
- 안내자료 등 홍보물의 품질 즉 내용과 디자인이 우수해야 한다.
- 인터넷 정보서비스를 제공한다.

그러나 차별화의 전략은 경쟁회사와의 가격차가 적으면 성공을 거둘 수 있지만 차별화에만 너무 주력하여 비용 면에서 경쟁회사에 비해 크게 뒤지게 되면 비용 경쟁력을 가진 기업에게 추월당할 수도 있다.

■ 대한항공의 CI(심벌마크와 로고)

연습문제 및 토의주제

1 표준화와 고객화 프로세스란 무엇인가?

2 표준화와 고객화의 프로세스를 디자인할 때 고려사항에 대하여 설명하시오.

3 서비스 청사진을 이용한 프로세스 설계 시 이점에 대하여 설명하시오.

4 서비스 병목에서 대기관리 전략에 대하여 설명하시오.

5 서비스업종별 대기시간 관리 사례에 대하여 설명하시오.

6 서비스인력의 대체방안에 대하여 설명하시오.

7 원가주도 프로세스 전략에 대하여 설명하시오.

8 차별화 프로세스 전략에 대하여 설명하시오.

9 레스토랑의 원가주도와 차별화 프로세스 전략을 구체적으로 설명하시오.

제8장

서비스 프로세스의 경영혁신

"혁신은 좋은 변화를 창조하는 것이다"

Service Management

제8장 서비스 프로세스의 경영혁신

1 경영혁신의 개요

1.1 경영혁신의 개념과 중요성

(1) 경영혁신의 개념

일찍이 슘페터(Schumpeter)는 경제발전의 원인을 기업가의 혁신활동으로 보았으며, 혁신(innovation)은 창조적 파괴라고 하였다. 드라커(Drucker, 1989)는 혁신에 필요한 것은 버리는 것이라고 하였다. 즉 과거의 낡은 것들은 과감히 버리고, 고객을 위해 새로운 것을 창조하는 것을 혁신이라고 하였다. 이처럼 경영혁신은 조직 또는 기업의 목표를 달성하기 위해 새로운 생각이나 방법으로서 기존 업무를 다시 계획하고 조직화하여 지휘하고 통제하는 것을 말한다. 즉 새로운 제품이나 서비스, 새로운 생산 공정기술, 새로운 구조나 관리 시스템, 조직 구성원을 변화시키는 새로운 계획이나 프로그램을 의도적으로 실행함으로써 기업의 중요한 부분을 본질적으로 변화시키는 것을 의미한다.

(2) 경영혁신의 중요성

서비스기업 간에 경쟁이 날로 치열해지고, 고객은 지속적으로 신 서비스를 요구하는 등 서비스 시장의 환경이 변화됨에 따라 서비스기업들은 경영혁신에 관심을 가지게 되었으며, 혁신 없이는 도태될 수밖에 없다는 인식을 하게 되었다. 특히 오늘날 국제화, 개방화, 규제완화 등으로 서비스기업 간 경쟁이 격화되고, 정보통신 기술의 급격한 발전으로 인하여 이와 같은 환경변화에 대처하지 못하면 경쟁에서 살아남을 수 없기 때문에 경영혁신이 요구되는 것이다. 따라서 초일류 서비스기업들은 서비스경영 혁신을 통하여 경쟁력을 강화하고 있는 실정이다.

서비스기업에 있어서 경영혁신을 도입해야 할 경우는 ① 서비스기업이 원하는 목표를 달성하지 못하고 있을 때 ② 신 서비스를 도입하고자 할 때 ③ 서비스기업 환경이 급변할 때 등의 요인이라고 할 수 있다.

1.2 경영혁신의 실패와 성공요인

(1) 경영혁신의 실패 이유

혁신은 항상 성공하는 것이 아니라 오히려 실패하는 경우가 많은데 대부분 크든 작든 기존 구성원들의 저항이 있기 때문이다. 그 외 혁신이 실패하는 이유는 다음과 같다.

- 전사적으로 합의점을 도출하지 못했기 때문이다.
- 변화에 필요한 물적 · 인적 자원이 부족하기 때문이다.
- 기회를 잘 포착하지 못했기 때문이다.
- 회사의 입장에서 지나친 비용절감만을 강조했기 때문이다.

(2) 경영혁신의 성공요건

경영혁신이 성공을 거두기 위해서는 다음과 같은 사항이 요구된다.

- 혁신에 대한 청사진이 있어야 한다.
- 혁신에 대한 교육과 커뮤니케이션이 요구된다.
- 전사적인 합의점을 도출하기 위해서는 조직원의 참여를 위한 제도적 장치를 마련해야 한다.
- 혁신의 성공을 위한 기업문화를 창조한다.
- 시장환경의 변화를 잘 파악하여야 한다.

특히 경영혁신의 주체는 경영자와 종업원의 양자 주체라는 관점이 필요하며, 추진과정에서 상호 공감대가 형성되어야 성공할 수 있다. 만약 공감대가 형성되지 않는다면 자칫 경영혁신은 곧 종업원 인원 수의 감축 또는 임금의 삭감으로 받아들여 저항을 초래할 수 있다. 따라서 종업원에게 공감대를 형성 위해서는 ① 경영정보공개 ② 종업원교육 ③ 자율적 공감유도 ④ 동기부여제도 도입 등 단계적 노력이 요구된다.

경영정보공개 조직 및 인건비 현황, 재무현황 등 경영과 관련한 모든 정보를 진솔하게 공개함으로써 종업원들이 회사의 경영상태를 파악할 수 있게 한다.

종업원 교육 공시된 경영정보 등을 통하여 수치를 이해하고 경영에 대한 지식을 갖출 수 있도록 종업원을 교육시킨다.

자율적 공감유도 직접적인 경영통제를 줄이고 공시된 정보를 바탕으로 종업원 스스로 공감을 가지도록 유도한다.

동기부여제도 도입 회사의 경영실적이 개선되면 보상받고 반대로 악화되면 위기를 분담하는 동기부여제도를 도입한다.

2. 서비스 프로세스 경영혁신의 기법

서비스기업에 있어서 요구되는 경영혁신의 기법으로는 ① 아웃소싱(outsourcing) ② 벤치마킹(benchmarking) ③ 리엔지니어링(BPR : Business Process Reengineering) ④ 6시그마(sigma) ⑤ 전략적 제휴(strategic alliances) 등을 들 수 있다.

2.1 서비스 프로세스의 아웃소싱

(1) 아웃소싱의 배경

아웃소싱(outsourcing)은 제조업체가 완제품을 만들기 위하여 부품을 외부로부터 조달받는 형태의 분업에 의하여 시작되었다. 아웃소싱은 처음에 생산부분에서 시작되었으나 차츰 그 범위가 판매부분과 정보 시스템으로 확대되었고, 오늘날에는 경영 전 분야에 확산되고 있다. 이와 같은 아웃소싱은 최근 기업경영에 있어서 ① 국제화 ② 전문화 ③ 환경변화에 대한 빠른 대응 ④ 핵심사업 치중 ⑤ 조직구조의 변화 등의 차원에서 적극 도입되고 있는 실정이다.

(2) 아웃소싱의 개념

업무를 자체적으로 수행하지 않고 외부에 위탁하여 자원을 조달하는 것으로 외부의 전문성, 시스템, 노하우를 유효하게 활용함으로써 업무의 효율화를 지향하는 경영기법을 말한다. 아웃소싱과 유사한 개념으로 분사(分社)라는 것이 있는데 분사란 한 기업의 특정 부서를 별도 회사로 분리하여 독립하는 것을 말하며, 대부분 그 부서의 임직원이 승계하여 운영하게 된다.

분사제도는 본사 측에서는 무리없이 인원감축을 할 수 있고, 독립된 회사는 모 기업으로부터 일정기간 일정물량을 배당받을 수 있기 때문에 안정적인 경영이 가능하다. 결국 분사는 본사 입장에서는 아웃소서(outsourcer)가 되는 것이다.

(3) 아웃소싱의 대상

아웃소싱을 도입하기 위해서는 왜 해야 되는지에 대한 충분한 검토가 있어야 한다. 또한 그 영역이 전략적으로 중요한지, 전략적으로 위험도가 어느 정도인지를 파악하여 전략적으로 중요도가 낮고, 전략적으로 위험도가 낮은 분야를 택해야 하는 것이다. 즉 경쟁우위의 원천이 되는 핵심역량 부분은 피해야 하는 것이다.

그림 8-1 **아웃소싱 영역의 메트릭스**

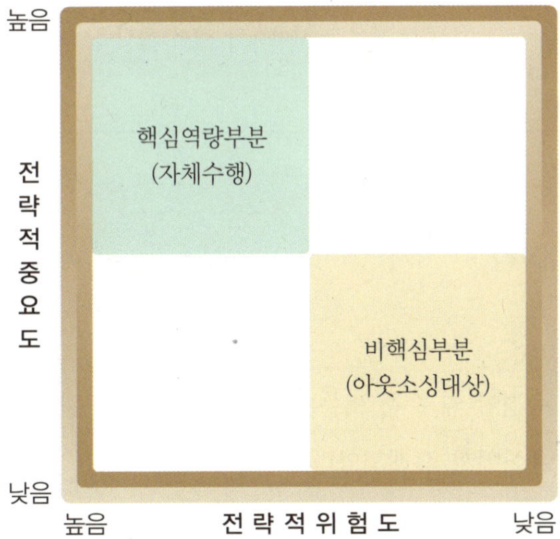

(4) 서비스업의 아웃소싱

서비스기업에 있어서도 서비스 프로세스가 고비용으로 수익을 창출할 수 없을 때 외부로부터 일부 시스템을 도입하게 되는데 주로 고객접점에 있는 중요 부서가 아닌 관리 분야를 대상으로 외부업체에 위탁하여 관리한다. 예를 들면 경비, 청소 분야를 들 수 있으며, 호텔의 경우 세탁물 처리, 객실정비 등을 들 수 있다. 향후 모든 기업들은 핵심사업에 치중하고 부수적인 업무는 아웃소싱 즉, 위탁업체에 맡기게 될 것으로 예상된다. 그렇지 않으면 환경변화에 신속하게 적응할 수 없어 경쟁력을 잃을 수 있다.

표 8-1 아웃소싱의 장점과 단점

장 점	단 점
• 핵심역량으로의 집중화에 의한 경쟁력의 향상을 기할 수 있다. • 외부 자산을 운용함으로써 높은 설비투자 및 관리비를 감축할 수 있다. • 고도의 전문지식과 기술을 획득하여 서비스품질을 향상시킬 수 있다. • 조직의 유연성 및 대응의 신속화를 추구할 수 있다. • 리스크(risk)를 분산할 수 있다. • 고정비를 변동비로 전환할 수 있다.	• 사내기밀과 노하우가 외부로 유출될 수 있다. • 사내의 전문성과 노하우가 상실될 수 있다. • 조직편제상의 지휘와 업무의 한계에 대한 갈등의 소지가 있다. • 위탁업체 직원의 소속감과 책임감의 결여로 서비스의 질적 하락을 초래할 수 있다.

2.2 서비스 프로세스의 벤치마킹

(1) 벤치마킹의 개념

벤치마킹은 강물의 높낮이를 측정할 때 수준 또는 기준점을 의미하는 관측용 표식(benchmark)이라는 공학적 용어에서 유래되었다. 벤치마킹의 개념은 유사이래 인간이 남과 비교하려는 속성과 일맥상통한다고 할 수 있다. 동양권에서 오래 회자된 '적을 알고 나를 알면 백번 싸워도 지지 않는다(知彼知己 百戰不退)' 라는 고사도 알고 보면 벤치마킹의 단면을 보여주는 것이라고 할 수 있다. 기업에서 벤치마킹은 1979년 미국의 제록스사가 경쟁력 제고를 목적으로 일본의 저가 복사기를 탐구한 것이 그 효시이다.

오늘날 벤치마킹(benchmarking)이란 해당 기업의 문제 분야나 핵심 분야에 대하여 그 분야에서 탁월한 회사를 상대로 성과차이를 비교하고 이의 극복을 위해 우수 회사의 업무 프로세스를 배움으로써 부단히 경영혁신을 추구하는 기법을 말한다. 벤치마킹은 남의 것을 모방한다는 점에서 도덕적으로 다소 부정적인 의미로 받아들일 수도 있으나 벤치마킹은 부끄럽지 않게 훔치는 것이며, 복사하는 것은 위험한 일이나 자신이 하고자 하는 일을 남이 어떻게 하는지 이해하는 것은 매우 필요한 것이라고 할 수 있다.

벤치마킹은 상대방의 성과를 비교하는데 그치는 것이 아니라 상대방의 우수한 성과가 어떻게 도출되었는가하는 방법론적인 노하우까지도 비교대상으로 삼는다. 즉 벤치마킹 활동의 결과물로는 상대적인 성과의 비교뿐만이 아니라 우수한 성과를 가져오게 된 원인도 분석하여 제시되어야 한다. 이와 같은 벤치마킹의 운영목표는 과거에 근거하여 설정되는 것이 아니라 현재의 최고에 근거하여 설정되어야 하며, 장기적으로 탁월성을 확보하기 위해 항상 검토되고, 최신화되어야 한다.

(2) 서비스 프로세스의 벤치마킹 효과

- 서비스 목표를 현실적이고 실현 가능한 것으로 만든다.
- 서비스 우수성의 추구와 획기적인 사고방식을 고취할 수 있다.
- 서비스 경쟁자와 타 업종을 연구하도록 한다.
- 서비스 고객의 욕구에 주의를 집중시킨다.

- 서비스 변화의 필요성과 그것을 달성하는 방법을 얻을 수 있다.
- 최소의 비용으로 우수한 서비스 프로세스를 구축할 수 있다.

(3) 서비스 프로세스의 벤치마킹 절차

서비스 프로세스의 벤치마킹 절차를 7단계로 나누어 보면 〈그림 8-2〉와 같다.

그림 8-2 서비스 프로세스의 벤치마킹 절차

단계	내용
1단계	서비스 프로세스의 문제점을 파악한다.
2단계	그 문제를 해결한 기업을 조사하고 선택한다.
3단계	선택된 기업을 방문해서 학습하고 자료를 수집한다.
4단계	서비스 프로세스를 비교하여 성과차이를 규명하고 분석한다.
5단계	자사의 서비스 프로세스에 도입여부를 확정한다.
6단계	새로운 서비스 프로세스를 디자인하고 실행한다.
7단계	결과에 대하여 피드백한다.

(4) 서비스 프로세스의 벤치마킹 방법

벤치마킹의 방법은 자사의 내부나 경쟁위치에 있는 같은 업종을 택하는 것보다 다른 업종에서 기능별로 탁월한 기업을 선택하는 것이 바람직하다. 예를 들면 서비스 생산 시스템은 맥도날드, 고객접점 서비스는 노드스트롬 백화점에서 벤치마킹하는 것이다. 또한 은행의 현금인출기는 서비스기업의 인력의 대체와 시간과 장소의 한계를 극복할 수 있다는 점에서 서비스 프로세스의 주요한 벤치마킹 대상이다. 대학교나 관공서의 서류발급은 이미 이 시스템을 벤치마킹하고 있다. 주요 서비스기업의 벤치마킹 대상을 조사하여 정리하면 〈표 8-2〉와 같다.

표 8-2 주요 서비스기업의 벤치마킹 대상

기업명	벤치마킹 대상
사우스웨스트 항공사	단거리 위주의 비즈니스 고객을 초점으로 운항편수를 늘리고 정확한 이착륙 시간, 친절한 서비스, 가장 저렴한 가격으로 서비스
맥도날드	서비스의 표준화 및 제조 공장과 흡사하게 과학적으로 서비스 전달 시스템 설계
노드스트롬 백화점	고객접점에서의 탁월한 종업원 서비스와 서비스 보증
SAS 항공사	고객접점 관리 및 역피라미드 조직의 구축
디즈니월드	서비스 문화, 종업원 교육, 대기 수요 관리, 시설 및 안전 관리, 청결 유지
페더럴 익스프레스	신속한 소포 배달을 위한 서비스 프로세스 구축 및 부가서비스 개발
오티스 엘리베이터	A/S를 데이터베이스를 이용하여 가장 가까이 있는 서비스 맨이 가서 신속하게 처리
아메리칸 항공	좌석 예약시스템인 SABER를 개발하여 좌석 예약이 신속하면서도 쉽게 이루어지도록 만들어 대리점인 여행사의 편의를 도모
마크 트웨인 뱅크쉐어즈	소수의 초우량 고객을 선택하여 은행 창구를 마치 자기의 집 거실처럼 꾸미고 이들을 위한 고급 부가서비스의 개발
월마트	공급업자들과의 강력한 협상, 부동산 가격이 낮은 지역에 위치, 월마트를 유치하려는 지방자치단체의 경쟁이용, 효율적인 수준의 재고를 보유할 수 있는 대형정보시스템 이용 등 낮은 비용구조를 활용하여 최저가 실현

2.3 리엔지니어링

(1) 리엔지니어링의 개념

리엔지니어링(Business Process Reengineering : BPR)이란 프로세스별로 기존의 업무를 고객만족의 관점에서 근본적으로 재설계하여 경영의 효율을 획기적으로 높이고자 하는 경영기법을 말한다. 유사 용어로 '비즈니스 프로세스 재설계(business process redesign)', '프로세스 혁신(process innovation)' 등이 사용되고 있다.

이 용어를 가장 먼저 전파시킨 햄머(Hammer, 1990)는 BPR을 '비용, 품질, 서비스, 속도 등 기업의 핵심요소를 극적으로 향상시키기 위하여 업무프로세스를 근본적으로 다시 생각하고 과감하게 재설계하는 것' 이라고 정의하였다. 이 정의에서 나타난 극적(dramatic)이란 점진적 변화가 아니라 원가절감이나 고객만족의 증대를 위한 획기적인 변화를 위한 것이고, 프로세스란 하나 이상의 입력으로 고객에게 가치있는 출력을 만드는 행동들의 집합으로서 과업, 직무, 사람의 구조가 리엔지니어링의 대상이 아니라 프로세스가 대상인 것이다.

근본적으로 다시 생각한다는 의미는 기존의 업무관행이 옳은 것인지 뿐만 아니라 필요한 것까지도 검토하는 것을 말하며, 과감하게 재설계한다는 것은 개선의 차원이 아니라 낡은 관행을 과감히 제거하는 것을 말한다. 결국 리엔지니어링은 품질위주의 경쟁방식에서 서비스위주의 경쟁방식으로 바꾸어 고객서비스의 속도 향상에 기여하는 것이라고 할 수 있다.

(2) 서비스 프로세스의 리엔지니어링

서비스 프로세스의 리엔지니어링은 기능별 조직을 프로세스 중심으로 바꾸는 것이다. 기능별 조직은 고객서비스보다는 내부통제 및 기업편의를 추구함으로 복잡한 프로세스가 발생하여 고객에 대한 반응이 늦다. 그에 반해서 프로세스 중심의 조직은 프로세스를 단순화하여 고객만족과 빠른 서비스를 추구할 수 있다.

그림 8-3 기능별 조직과 프로세스 중심의 조직

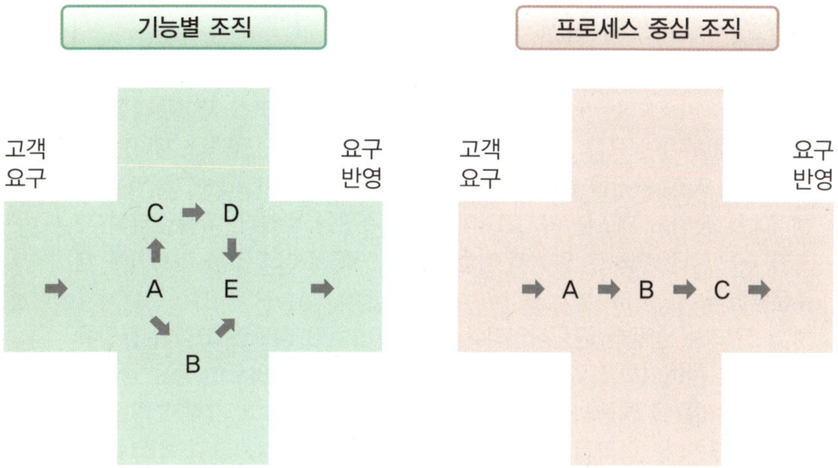

그림 8-4 리엔지니어링 사이클

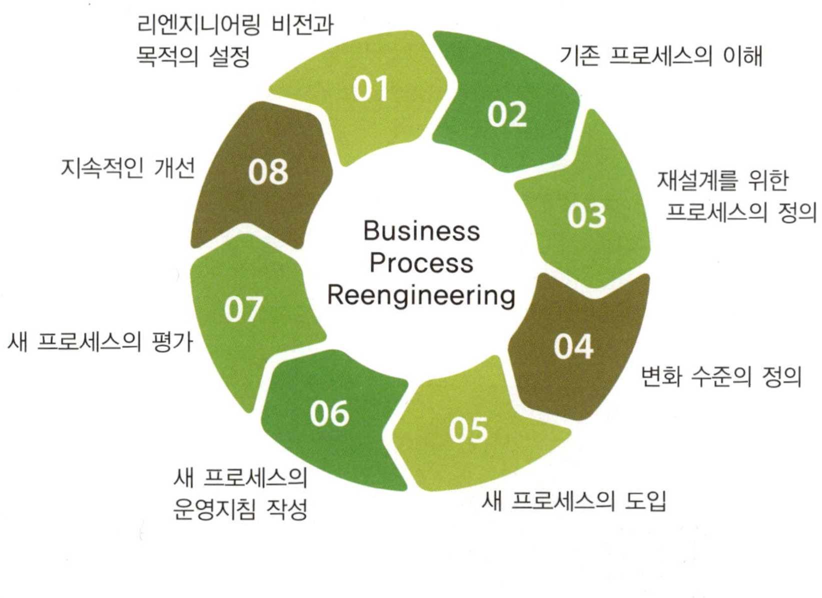

사례 월마트의 리엔지니어링

월마트(Walmart)는 P&G와 함께 일회용 기저귀 팸퍼스 재고관리를 리엔지니어링하여 성공을 거두었다. 일회용 기저귀는 그 금액이 지니는 가치에 비해 저장 공간을 많이 필요로 하는 품목이다. 월마트는 그들의 유통센터에서 팸퍼스 재고를 가지고, 대리점의 주문을 받았다. 유통센터의 재고가 어느 수준 이하로 떨어지면 월마트는 P&G로부터 많은 기저귀를 재주문하였다.

재고관리는 섬세한 균형작업이다. 재고량이 너무 적으면 고객의 불만을 사게 되고 판매기회를 잃게 된다. 반대로 재고가 너무 많으면 높은 금융비용과 재고비용을 발생시킨다. 뿐만 아니라 재고관리는 그 자체가 많은 비용을 초래한다. 따라서 월마트는 재고관리를 개선시키고자 하였는데, P&G가 나라 전체에 걸쳐 사용 패턴과 소매업자들로부터의 재주문에 관한 정보를 갖고 있기 때문에 창고를 통한 기저귀의 이동에 대해서 P&G가 월마트 보다 아마도 더 많이 알고 있다는 관찰하게 되었다. 그래서 월마트는 P&G가 언제 팸퍼스에 대한 재주문을 유통센터에 해야 하며, 얼마나 주문해야 하는가를 월마트에 알려주는 책임을 질 것을 제안했다. 월마트는 매일 얼마나 많은 재고가 유통센터로부터 점포로 이동되고 있는가를 P&G에게 알려주고, P&G는 적정하다고 느낄 때 재주문할 시간과 양을 월마트에게 알려 주었나. 그 제안이 합리적인 것으로 보이면 월마트는 그것을 승인하였고, 그러면 P&G는 물건을 선적하였다.

새로운 제도가 매우 잘 운영되었기 때문에 얼마 후에 월마트는 이제부터 P&G는 주문 권고를 건너 뛰어 단지 월마트가 필요할 것이라고 생각되는 양만큼 기저귀를 선적할 것을 제안했다. 즉, 월마트는 우리가 앞서 논의한 조직적 경계를 넘어서서 작업을 재배치하는 원칙을 설명함으로써 그의 재고 보충 기능에 대한 짐을 벗어서 그의 공급자에게 부과했다. 이 경우에 있어서는 경계는 회사 내가 아니라 회사 간의 경계인데 두 회사 모두 프로세스의 단축을 통한 이득을 얻게 된 것이다. 리엔지니어링의 결과 월마트는 재고를 관리하는데 6개월 소요되는 것을 36시간으로 단축하였고, 연간비용도 10억 달러를 절감하게 되었다.

2.4 6시그마

(1) 6시그마의 개념

시그마는 표준편차라고 불리는 불량의 발생확률을 나타내는 통계학의 용어이다. 6시그마는 기업 구성원들의 사고와 행동방식을 근본적으로 바꾸어 놓을 수 있는 경영혁신의 한 기법으로서 제품설계, 제조, 서비스 품질 불량을 최소화해 규격상한과 하한이 목표로 정한 품질중심으로부터 6시그마 거리에 있도록 하겠다는 것이다. 즉 6시그마는 제품이 품질 목표에 얼마나 근접해 있는지를 나타내는 통계학적 수치로서 '시그마' 앞에 '6'은 고품질에 해당하며, 6보다 낮은 숫자는 더 낮은 품질을 의미한다. 1시그마는 합격품 68%, 3시그마는 합격품 99.7%, 6시그마는 합격품 99.999997%를 말한다. 따라서 6시그마는 100만 개의 제품 중 3.4개의 불량품이 발생한다는 고품질 척도로서 완벽하거나 거의 완벽에 가깝다는 것을 의미한다.

이와 같은 6시그마는 1987년 미국의 모토롤라에서 처음 시작되어 제너럴 일렉트릭(GE), IBM 등 세계적인 기업들로 확산되면서 경영혁신운동의 대명사로 자리 잡았다. 6시그마 활동의 원조격인 마이클 해리(Mikel J. Harry) 박사는 6시그마에 대해 '제품 및 서비스 공정의 적합성을 객관적인 통계수치로 나타나기 때문에 제품이나 업종, 업무 및 생산 프로세스가 다르더라도 비교할 수 있고, 고객만족(CS)의 달성 정도와 방향 등을 정확히 알 수 있게 해주는 척도이다.' 라고 정의하고 있다.

6시그마를 추진하는 과정에서 최종 목표의 불량률인 100만 개 중에 3.4개에 이르지 못하더라도 중요한 것은 목표에 도달하도록 노력하고 철저함을 기하는 것만으로도 혁신은 되었다고 할 수 있다.

표 8-3 서비스 업종의 6시그마 목표

구분	3.8 σ (99%)	6 σ (99.99966%)
우체국	매 시간당 2000통의 우편물이 잘못 전달	매시간당 7통의 우편물이 잘못 전달
상수도	하루 중 15분마다 안전하지 못한 식수공급	6개월에 약 1분의 안전하지 못한 식수공급
병원	일주일에 5000건 정도의 잘못된 수술	일주일에 1.7건 정도의 잘못된 수술
약국	매년 200,000건의 잘못된 약처방	매년 68건의 잘못된 약처방
한전	매달 7시간의 정전사고	34년마다 1시간의 정전사고

※ 자료 : www.sigma.co.kr

(2) 6시그마의 원리

제조공정을 거쳐 완성된 제품의 특성 등과 같이 모든 프로세스의 결과물은 그에 적합성의 판단기준으로서 규격을 가지고 있다. 규격은 규격상한(USL)과 규격하한(LSL)이 있으며, 규격의 상 · 하한을 벗어나면 결함(defect)으로 간주한다. 6시그마 품질수준은 아래 그림과 같이 규격의 상한과 하한의 위치가 분포의 중심으로부터 각각 + 6σ, − 6σ 위치에 놓여 있는 상태를 말한다. 이때 규격을 벗어나는 결함(불량률)은 정규분포 가정 하에서 0.002PPM(Part Per Million) 즉, 백만 개 중에서 0.002개가 벗어난다.

그림 8-5 6시그마의 정규분포

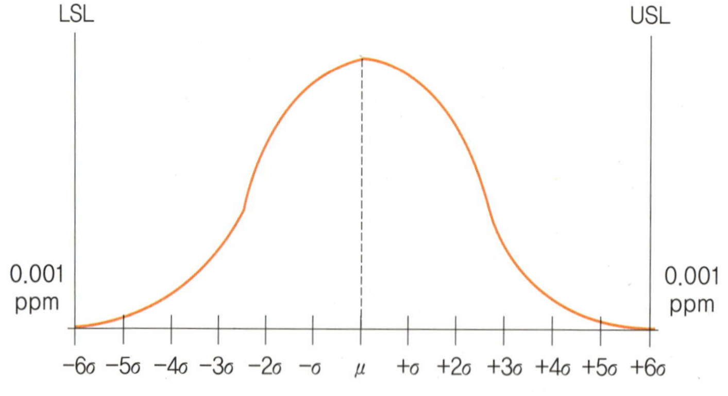

(3) 6시그마 과정

6시그마 기법을 이용하여 서비스경영혁신을 도모하고자 하는 기업은 각사가 처해있는 시장에서의 포지션이나 업종 등에 따라 다르기 때문에 통일적인 기준을 확립하기는 어렵다. 그러나 일반적으로는 '정의 → 측정 → 분석 → 개선 → 관리' 라는 5단계의 프로세스를 거쳐 최종적으로 6시그마 기준에 도달하는 것을 목표로 한다.

그림 8-6 6시그마의 추진과정

정의(define)	문제를 파악하여 정의
⇩	
측정(measure)	개선을 위해 현재의 프로세스를 측정
⇩	
분석(analysis)	가장 많은 문제점을 발생시키는 요인들을 파악하고 통계적으로 분석
⇩	
개선(improve)	분석단계에서 파악한 문제점들을 제거하기 위해 실제로 개선방안을 강구
⇩	
관리(control)	개선된 프로세스가 목표 효과를 달성하는지 검토

사례 에버랜드의 6시그마 운동

2001년 삼성 에버렌드 내 식당에서 파는 돈가스가 맛이 없다는 불만이 접수됐다. 돈가스는 에버랜드에서 가장 잘 팔리는 음식이다. 경영혁신 태스크포스 김헌성 차장은 "예전 같으면 돈가스의 맛이 없다는 게 과연 문제가 되는지, 얼마나 중요한 사안

인지 판단하려는 시도조차 못했을 것"이라고 말했다. 즉시 고객 설문 자료와 주방장들의 시식으로 맛이 진짜로 없는지 판단에 나섰다.

그 결과 4개 식당 가운데 두 곳 식당의 돈가스 맛이 떨어진다는 결론이 나왔다. 똑같은 음식 재료와 소스, 조리도구를 쓰는데 왜 맛이 다를까. 주방장을 중심으로 모인 '돈가스 프로젝트팀'은 문제 해결을 위해 정밀한 '측정'에 들어갔다. 조사 결과 고기를 굽고 나서 보관하는 시간과 소스를 보관하는 온도가 다르다는 점을 발견했다. 손님이 기대했던 것보다 돈가스가 덜 바삭거렸던 것이다. 원인이 나오자 문제는 해결됐다.

경기 안성시 세븐힐스 골프장 내 오수처리장의 오염도를 낮추거나, 놀이공원 내 범퍼카의 안전도를 높이기 위해 의자 위치를 조정한 것 등도 6시그마 관련 프로젝트로 해결된 것들이다. 이런 사례들은 사소해 보이지만 문제에 대한 접근과 해결을 위한 사고방식의 전환을 보여준다. 과학적이고 통계적인 사고가 있어야 풀 수 있는 문제들이다. '측정하지 않으면 개선할 수 없다'는 것은 품질관리의 대표적인 명제다.

웃는 얼굴만으론 해결할 수 없다. 6시그마 운동 전에도 삼성에버랜드에는 경영혁신 활동이 있었다. 바로 고객만족(CS Customer Satisfaction) 운동이다. 그러나 안을 들여다보면 한마디로 친절, 즉 고객에게 늘 웃는 얼굴로 대하자는 것이 전부라고 할 수 있었다. 이에 비해 현재 벌이고 있는 6시그마 운동은 접근 방식이 다르다. 직원과 고객이 만나는 접점보다는 이를 지원하는 후방의 시스템이 타깃이다. 놀이기구를 타기 위해 기다리는 시간을 줄이거나 음식 맛을 좋게 하는 것은 웃는 얼굴로 해결할 수 없다.

※ 자료 : 에버랜드

2.5 전략적 제휴

(1) 전략적 제휴의 개념

전략적 제휴(strategic alliances)란 둘 또는 그 이상의 기업들이 각각의 약점을 서로 보완하고 경쟁우위를 강화하기 위하여 상호보완적으로 협력관계를 구축하는 것을 말한다. 오늘날 국내 · 외적으로 치열한 기업의 경쟁구도 하에서는 원하든 원치 않든 간에 이종 간 또는 경쟁관계인 동종 간의 기업과도 공조하면서 상호 윈-윈(win-win)전략을 추구하게 되었다. 즉 제휴는 각자의 독립성을 유지하면서 상호 ① 자원과 비용의 공유 ② 기술의 공유 ③ 규모의 경제 추구 ④ 위험분산 ⑤ 생산성 향상 ⑥ 공동 마케팅 등을 추구할 수 있는 경영혁신의 방법이라고 할 수 있다.

이와 같은 전략적 제휴는 1990년대 제조업을 중심으로 발전하게 되었는데, 대표적인 사례는 1991년 세계 PC시장에서 오랫동안 경쟁관계였던 IBM사와 APPLE사가 칩 기술과 소프트웨어 기술을 공유하기로 전략적인 동맹관계를 맺은 것과 세계 자동차 시장의 선두기업인 미국의 제너럴 모터(GM)사와 일본의 도요타사가 공동으로 신차 개발을 위하여 미국 캘리포니아에 설립한 'NUMMI (New United Motor Manufacturing Inc.)' 라는 합작사업 등을 들 수 있다. 특히 NUMMI 사업은 GM사의 입장에서는 일본의 뛰어난 생산기술을 배울 수 있었고, 도요타는 미국인 노동자들을 다루는 기법을 습득하였으며, GM사가 단독으로 운영하였을 때보다 생산성이 100% 향상되었을 뿐만 아니라 제품의 품질도 크게 향상되었다.

이와 같이 전략적 제휴는 기업들이 경영의 독자성을 유지하면서 세계시장에서 지속적인 경쟁우위를 확보하기 위하여 서로의 자원이나 기술을 결합하여 상승효과(synergy effect)를 얻을 수 있다.

(2) 전략적 제휴의 유형

고객과의 제휴 고객과 장기적인 파트너 관계의 유지는 자사에 대한 애호도(loyalty)를 증진시킬 뿐만 아니라 자사의 옹호자(advocates)로서 새로운 고객을 개발하는데도 큰 영향을 미친다.

동종 기업 간의 제휴 서비스 동종업체 간에는 경쟁관계이지만 때로는 전략적 제휴를 통하여 상호 이득을 취할 수 있다. 예를 들어 항공사와 항공사 간, 호텔과 호텔 간 상호 제휴를 하여 시설연계 및 공유에 따른 비용 절감 또는 공동 마케팅이 가능하다.

관련 기업과의 제휴 서비스 업종은 다르지만 연관성이 있는 서비스업 간에 전략적 제휴를 맺을 경우 상호 보완적인 서비스상품의 완성도를 높일 수 있다. 예를 들어 항공사와 호텔, 항공사와 렌터카, 여행사와 항공사 등 관광관련 기업 간에 제휴를 하는 것을 들 수 있다.

이종 기업 간의 제휴 예를 들어 호텔과 백화점은 이종기업이지만 두 기업 모두 부유층을 표적고객으로 하고 있다는 점에서 공동 마케팅을 실시할 수 있다. 즉 백화점 주요고객이 파트너로 체결한 호텔시설을 이용할 시 할인을 해주고 그것을 백화점의 홍보물에 소개하는 것을 들 수 있다.

(3) 전략적 제휴의 효과

제조업이 자원과 비용의 공유, 기술의 공유, 생산성 향성을 위하여 전략적 제휴를 맺는 반면에 서비스업들은 주로 자원과 비용 및 공유공동 마케팅을 위하여 파트너십(partnership)을 통한 전략적 제휴를 맺는 경우가 많다. 대부분의 서비스업은 각종 카드와 제휴하여 서비스를 판매하고 있는 것은 좋은 예이다. 항공사를 예를 들어 파트너십에 대한 전략적 제휴의 효과를 살펴보면 다음과 같다.

새로운 시장의 확보 가능 예를 들어 대한항공과 멕시코 항공사의 제휴는 대한항공 측에서는 멕시코라는 새로운 지리적 시장을, 멕시코는 한국이라는 새로운 시장을 확보할 수 있다.

상품 및 서비스 믹스의 확대 예를 들어 항공사는 지점 간의 빠른 이동이 핵심 서비스인데 호텔과 제휴하여 에어텔(항공+호텔) 상품을 구성하게 되면 비즈니스 고객에게 상품 및 서비스를 확대하여 판매할 수 있다.

서비스 능력의 확장 예를 들어 미국 노선의 아시아나 항공사가 미국의 국내선 항공사와 좌석을 공유(code-sharing)하여 아시아나 항공사가 취항하지 않는 미국 내의 다른 지점으로의 이동을 위해서 제휴한 미국내선의 항공기로 연결시켜 준다면 아시아나 항공사의 서비스 능력은 확장된 것이다.

시설 및 서비스 공유 예를 들어 우리나라에 취항하고 있는 외국적 항공사의 경우 탑승 및 화물 수송 시 제휴한 국내 파트너 항공사의 시설 및 서비스를 공유한다면 투자 및 원가절감의 효과를 볼 수 있다.

고객자료의 공유 및 공동 마케팅 파트너 상호 간 고객자료의 교류는 데이터베이스 마케팅을 가능하게 하여 양자의 고객 수 확장 및 매출증진에 큰 도움을 준다. 예를 들어 항공사 및 카드사의 주요 고객은 체인 호텔의 주요 고객으로 확보할 수 있고 반대로 체인 호텔의 주요 고객은 항공사 및 카드사의 추가 고객 확보 차원에서 좋은 원천이 된다.

사례 플라자호텔과 델타항공의 마일리지 제휴

플라자호텔은 독립호텔로는 세계 최초로 델타항공(Delta Air Lines)과 업무 제휴 체결식을 갖고 항공 마일리지 적립 서비스를 시작한다. 이번 제휴를 통해 플라자호텔은 다양한 국가의 고객들과 접근할 수 있는 기회가 열림으로써, 플라자호텔의 브랜드 인지도 상승 및 해외 고객 로열티 프로그램 채널 증가에 따른 신규 고객 창출 등의 효과를 얻을 수 있다. 또 국내외 델타항공 스카이마일스 회원들은 한국에서 플라자호텔에 투숙할 경우 1박당 300마일의 추가적인 마일리지 적립 혜택을 받을 수 있게 된다.

제프 로버트슨 델타항공 부사장은 "최고급 한국 브랜드 호텔인 플라자호텔과 이번 델타항공과의 제휴를 통해 스카이마일스 고객들이 한국을 방문할 때 더욱 많은 혜택을 받을 수 있기 바란다"고 말했다. 양성권 플라자호텔 간부는 "이번 업무 제휴는 독립호텔로서 세계 최초로 진행되었다는 점에서 플라자호텔의 위상을 널리 알릴 수 있는 기회라고 생각한다"며 "최상의 서비스로 최고의 호텔이 될 수 있도록 노력하겠다"고 밝혔다.

자료 : 아시아경제

연습문제 및 토의주제

1 경영혁신의 실패 이유는 무엇인가?

2 아웃소싱이란 무엇이며, 그 대상에 대한 전략에 대하여 설명하시오.

3 아웃소싱의 장 · 단점에 대하여 설명하시오.

4 벤치마킹이란 무엇이며, 그 효과에 대하여 설명하시오.

5 주요 서비스기업의 벤치마킹 대상에 대하여 설명하시오.

6 리엔지니어링이란 무엇인가?

7 6시그마란 무엇인가?

8 전략적 제휴란 무엇인가?

9 전략적 제휴의 사례를 들어 보시오.

제9장

서비스 품질관리

"서비스품질은 경쟁력의 코드이다"

Service Management

제9장 서비스 품질관리

1 서비스 품질관리의 개요

1.1. 품질관리의 정의

전사적 품질관리(TQC : Total Quality Control)의 주창자 파이겐 바움(Feigenbaum)은 품질의 정의를 "제품이나 서비스의 사용에서 소비자의 기대에 부응하는 생산. 기술 및 보존, 마케팅에 관한 여러 특성의 전체적인 구성"이라고 하였고, 국제표준화기구(ISO : International Organization for Standardization)는 "소비자의 욕구를 만족시킬 수 있는 제품 또는 서비스의 전체적 특성"이라고 정의하고 있다. 품질관리는 경영혁신의 한 기법으로서 품질에 대하여 어떤 표준이나 한계를 사전에 정해 놓고 이에 맞도록 어떤 행동을 제어해 나가는 것을 말한다. 그러나 품질은 기술자나 경영자에 의하여 결정되는 것이 아니라 고객에 의하여 결정된다는 점에서 결국 품질관리는 고객중심의 경영에 근거하는 것이다.

품질관리에서 상충되는 문제는 품질과 원가의 관계이다. 즉 품질을 높이면 원가가 상승하고 결국 가격이 높아진다는 것이 일반적인 견해이다. 그러나 이러한 인식은 원가를 절감하여 품질을 개선할 수는 없어도 품질을 개선함으로써 원가를 절감할 수 있다는 인식으로 바뀌어야 한다.

1.2. 품질관리의 변천

품질관리(QC : Quality Control)는 시대의 변천에 따라 통계적 품질관리, 전사적 품질관리, 전사적 품질경영으로 발전하게 된다.

(1) 통계적 품질관리

통계적 품질관리(SPC : Statistical Process Control)는 1900년대 중반까지 주류를 이루었는데 제품의 품질을 통계적 기법에 의하여 관리하는 것으로 공정으로부터의 데이터를 계속적으로 수집, 분석해서 그 결과치가 어떤 정해진 범위 안에 있으면 정품이고, 범위를 벗어나면 불량으로 간주하는 것으로 품질관리 요원이 제품 생산 후 표본추출방식으로 관리하는 것이다.

(2) 전사적 품질관리

전사적 품질관리(TQC)는 통계적 품질관리의 제품생산 사후 관리와는 달리 소비자가 만족할 수 있는 제품 및 서비스를 생산하기 위하여 기업 내의 모든 부서와 조직원들이 수행하는 품질개발, 품질유지, 품질향상에 대한 노력을 통합시키는 효과적인 시스템으로 품질관리 요원이 지원하고 생산현장 작업자가 1차적 책임을 진다.

(3) 전사적 품질경영

전사적 품질경영(TQM : Total Quality Management)은 1980년대 이후 시장경제가 생산자 중심에서 고객중심으로 바뀌면서 TQC를 확대시킨 개념으로서 최고경영자를 포함한 전 부서의 구성원이 소비자 욕구를 충족시킬 수 있도록 품질의 방침, 계획, 관리, 보증, 개선 등을 전략적인 차원에서 추구하는 활동을 말한다. TQM은 결국 품질의 영역을 확대하고, 품질을 전략 무기화한 것이며, 그 기본 철학은 고객주도의 품질기준, 공급의 모든 구성원들이 고객을 위해 존재, 사전에 불량 예방, 현장에 책임 및 권한 부여를 들 수 있다.

1.3 서비스 품질관리의 개념

서비스 품질관리는 서비스에 대한 인식부족과 서비스의 특성으로 인하여 측정 및 관리가 곤란하여 연구가 미진하였으나 서비스 경제가 확산되는 1980년대 이후 본격적으로 연구가 시작되었다. 앞에서 언급한 품질관리의 정의에 비추어 본서에서는 서비스품질 및 서비스 품질관리를 다음과 같이 정의하고자 한다.

> "서비스 품질이란 서비스 고객의 기대에 부응하는 인적, 물적, 시스템적 서비스의 전체적 특성이며, 이를 표준화하여 제어해 나가는 것이 서비스 품질관리이다."

1.4 서비스 품질관리의 특성

품질을 정의하고 측정하려는 연구들은 초기에 주로 제조업의 생산부분에서 시작되었으며, 어느 정도 표준에 가까운가를 나타내는 공학적 측면에서 접근하였다. 그러나 서비스산업이 급속도로 성장하기 시작한 1980년대 중반부터는 서비스 품질을 측정하기 위한 별도의 척도가 필요함을 느끼게 되었다. 왜냐하면 서비스 품질은 서비스 성과뿐만 아니라 고객과의 접촉과정에서 서비스 전달과정도 중요한 요인으로 작용하기 때문이다.

따라서 서비스 품질의 객관적인 측정은 제품의 품질을 측정하는 것보다 어려운 것이 사실이다. 즉 서비스 전달과정에서 고객들의 판단이 제각기 다르고, 또한 고객이 직접 서비스 전달과정에 참여하기 때문에 품질통제 자체가 쉽지 않다는 것이다. 서비스 품질관리는 다음과 같은 여러 가지의 특성 때문에 제품의 품질관리보다 어렵다. 서비스 품질관리의 특성을 살펴보면 다음과 같다.

첫째, 소비자들이 제품을 구입할 때는 유형적인 스타일, 견고성, 색상, 포장 등으로 평가할 수 있으나 서비스품질은 유형적 단서가 없다. 단지 지각된 경험으로 평가해야 하는데 그것이 주관적이어서 측정하기가 곤란하며, 정량적으로 계수화하기 어렵다는 것이다.

둘째, 서비스품질의 평가는 단지 서비스의 산출 결과만으로 이루어지는 것이 아니라 서비스 전달과정에 대한 평가도 연관되어 있다.

셋째, 서비스는 소멸하는 특성이 있으므로 반품과 불량에 대한 기준 및 증거 제시가 어렵다. 예를 들어 이발소에서 머리를 커트했는데 마음에 들지 않더라도 그 기준은 주관적이고 다시 반품을 요구할 수도 없으며, 레스토랑에서 웨이터가 불친절했다면 역시 같은 현상이 발생되고 증거 제시가 어렵다는 것이다.

넷째, 고객이 서비스 생산과정에 직접 참여하고 서비스 제공자의 심리적 요소가 다양하게 나타나므로 사전 품질관리가 어렵다. 즉 서비스의 불량은 사전에 검수될 수 없고 판매 후에 나타난다. 예를 들어 레스토랑의 웨이츄레스는 그날 자기의 기분이 좋지 않아 고객에게 불량한 서비스를 할 수 있으며, 고객은 사전에 그 불량한 서비스품질에 대하여 인지할 수 없다는 것이다.

다섯째, 서비스 전달자에 대한 관리 감독이 어렵다. 서비스 전달자는 하루에도 셀 수 없이 고객과 접촉하기 때문에 모든 사항을 옆에서 관리 감독하는 것은 불가능하므로 많은 부문을 서비스 전달자에게 일임해야 한다.

2 전사적 서비스 품질경영

2.1 전사적 서비스 품질경영(TSQM)의 개념

앞에서 언급한 QC, TQC, TQM 등은 제조업에서 출발한 것이다. 품질개선 프로그램에 대해서도 '일본 품질관리의 아버지'로 불리는 데밍(Deming)의 14항목, 무결점(zero defects) 개념을 도입하고 데밍에 비해 예방적인 차원을 다룬 크로스비(Crosby)의 14가지 원칙, 품질혁신을 주장한 쥬란(Juran)의 10가지 항목 등 여러 학자의 프로그램이 있지만 이들의 주장은 모두 제조업 중심으로 서비스 업종에 적용하기에는 한계가 있다.

서비스 품질경영에 관한 연구는 이에 비해 미비한 편인데, 서비스 품질관리의 세계적 권위자인 칼 알브레히트(Karl Albrecht)는 이들의 품질관리는 표준 수치로 측정하기 때문에 고객의 경험과 가치를 판매하는 서비스업 차원에서 보면 생명력이 없고 고객감동을 실현시킬 수 없다고 주장하였다. 또한 바스키(Barsky)는 'Theory S : Total Customer Service'에서 전사적 고객서비스(TCS : Total Customer Service)의 프로그램을 10단계로 주장한 바 있다. 이들이 주장하는 핵심은 서비스 품질경영은 표준을 근거로 수치게임을 하는 것이 아니라 서비스 문화와 고객가치를 창출하는 접근방법을 요구하는데 있다.

따라서 제조업의 각종 품질개선 프로그램과 몇몇 학자의 서비스 품질경영 프로그램을 종합하여 본서에서는 이를 '전사적 서비스 품질경영(TSQM : Total Service Quality Management)'이라고 명명하고 9항목의 프로그램을 개발하였다.

2.2 전사적 서비스 품질경영(TSQM)의 프로그램

(1) TSQM 목표를 명확히 확립한다

경영진은 서비스문화를 이해하고 고객가치 창출을 위한 목표를 설정하여 어떠한 장애요소나 방해 행동도 과감하게 제거한다. 개선하기로 확정한 고객서비스 방침은 모든 종사원 각자에게 철저히 주지시키고 TSQM 프로그램의 성공을 위해 종사원 각자의 역할에 대한 중요성을 강조하고, 왜 중요한가에 대한 이유를 알기 쉽게 분명히 밝혀준다.

(2) TSQM을 관장하는 전담 부서를 설치한다

TSQM 전담 부서에서는 고객에게 최상의 서비스품질을 제공하기 위하여 고객의 요구 및 반응을 체계적이고 지속적으로 정보수집 및 분석을 하고 시정 · 개선하는 연구 개발을 한다. 이에 대한 결과를 서비스 요원들에게 교육 및 훈련을 통하여 주지시키고 이를 다시 고객들에게 피드백한다.

(3) 각 고객접점 서비스에 대한 표준화를 만든다

서비스 표준화는 고객에게 일관된 서비스를 제공하고 품질을 유지시키기 위한 것이다. 표준화의 기준은 고객 지향적이어야 한다. 이를 위해서 서비스 종사원들의 자세 및 동작연구, 그리고 부서 간의 커뮤니케이션 시스템 등을 체계적으로 분석하고 통합할 수 있어야 한다. 대부분의 서비스상품은 조직의 전 구성원이 참여하는 종합상품이다. 따라서 사내 관행이나 부서 이기주의는 서비스 표준화에 가장 큰 걸림돌이다.

(4) 고객이 TSQM에 참여할 수 있는 다양한 장치를 마련한다

고객의 목소리는 TSQM을 실현하는데 핵심사항이다. 고객의 의견을 직접 청취하여 데이터베이스화함으로서 고객만족 경영을 실현할 수 있는 것이다. 이를 위해서는 고객의 목소리 청취를 위한 다양한 루트가 개발되어야 하고 또한 방법이나 절차가 간편해야 한다. 이미 초일류 기업은 이를 잘 활용한 바 있다. 이러한 고객의 니즈(needs)나 아이디어를 뽑아 새 상품기획에 반영하는 것을 프로슈머(prosumer : producer(생산자) + consumer(소비자)) 전략이라고 한다.

(5) TSQM에 종사원을 참여시키고 인센티브를 부여한다

고객접점에 있는 현장 종사원들은 고객의 요구사항을 가장 잘 알고 있으므로 그들을 업무의 의사결정에 직접 참여시키고 분임 토의, 제안 제도 등의 제도적 장치를 마련해야 한다. 이 제도에 적극적인 참여를 유도하기 위해서는 적절한 인센티브가 필요하다.

(6) 서비스요원 선발에 신중을 기한다

서비스 품질관리의 대상은 대부분 인적자원이다. 한 번 선발된 직원은 해고나 교체가 힘들다. 서비스요원을 선발할 때는 TSQM을 실현할 수 있도록 그들의 고객 지향적인 태도와 서비스 지향적인 정신이 요구된다. 이러한 적성을 평가하기 위하여 면접 시 유니폼 착용, 비디오 테스트 등의 다양한 방법이 동원될 수 있다. 서비스품질의 수준은 서비스요원들의 태도와 마인드에 달려 있는 것이다.

(7) 교육을 강화한다

TSQM을 실현하기 위해서는 교육만큼 좋은 투자가 없다. 신입사원 오리엔테이션에서부터 최고 경영자에 이르기까지 단계별로 체계적인 교육 프로그램을 마련해야 한다. 각 과정의 교육 프로그램은 목적이 분명하고 효과를 기대할 수 있어야 하고 직급별, 부서별로 차별화되어 있어야 한다.

예를 들어 새로 채용된 신입사원에게는 오리엔테이션 과정을 거쳐야 할 것이다. 오리엔테이션 교육은 TSQM 프로그램의 정신에 입각하여 매우 직접적이고 실감이 나며 강한 인상을 심어주는 프로그램이 되도록 한다. 그들을 먼저 반갑게 환영하고 중요한 역할을 담당할 존재임을 부각시켜줌으로써 접객현장에서 그들이 일할 때 고객을 반갑게 맞아들이고 중요한 존재로 예우해 줄 것이다.

(8) 고객접점 서비스요원들에게 권한을 강화한다

아무리 훌륭한 서비스 표준화도 고객이 불만족이면 소용이 없는 것이다. 고객은 서비스요원들의 업무소관이 아닌 분야에도 다양한 욕구와 요구를 표출할 뿐만 아니라 상황에 따라 비표준화된 서비스를 요구하기도 한다. 이를 가능한 수용하여 순발력 있게 대응할 수 있도록 현장의 고객접점 서비스요원들에게 권한을 강화해 주어야 한다. 고객은 기업의 표준화 및 시스템을 이해하려고 하지 않으며, 결재를 위해서 기다려 주지도 않는다.

(9) TSQM 프로그램에 대한 점검 및 평가를 주기적으로 실시한다

고객의 욕구 및 라이프스타일과 서비스기업을 둘러싼 내·외의 경영환경은 끊임없이 변화고 있다. 이를 수용하기 위해서는 주기적으로 TSQM 프로그램을 점검하여 수정할 필요가 있다. 또한 현재의 TSQM 프로그램에 대하여 내부의 시각보다는 외부의 시각에서 측정과 평가를 실시하여 피드백해야 한다. 이미 앞서가고 있는 서비스기업에서는 암행감사반 또는 고객만족 평가단을 구성하여 고객으로 위장하여 서비스품질을 평가하거나 리포트를 하고 있다. 또는 객관적 평가를 위해 외부 전문조사기관을 활용하기도 하고, 직접 고객에게 평가를 의뢰하기도 한다. 이와 같은 측정 및 평가 없이는 고객지향적인 TSQM을 창출할 수 없는 것이다.

사례 **서비스 품질관리**–리츠칼튼(The Ritz-Carlton)의 고객서비스 업무표준(Gold Standard)

✲ 리츠칼튼의 신조(credo)

리츠칼튼호텔이 추구하는 최대의 신조는 고객의 안전을 보살피고 안락한 숙박체제를 보장해 주는 것이다. 우리는 고객들을 위해 최상의 인적 서비스와 물적 서비스를 제공해 줄 것을 서약하며, 그리고 쾌적한 분위기를 즐길 수 있도록 한다. Ritz-Carlton 호텔은 그동안 축적된 경험을 바탕으로 하여 생기 넘치는 유쾌한 분위기 조성, 고객의 복지 및 안녕, 그리고 아직 표현되지 못한 고객의 소망 및 기대욕구까지도 미리 알아차리어 충족시키도록 최선의 노력을 다한다.

✲ 리츠칼튼의 좌우명(motto)

"우리는 신사 숙녀 고객들을 모시는 신사 숙녀이다" 동료 종사원들과 서로 협조하고 팀웍(teamwork)구축을 위해 노력함으로써 활기찬 직장 분위기를 조성한다.

✲ 3단계 서비스(three step of service)

① 고객이 들어오면 성실하고 다정하게 인사와 함께 맞아들이며 가능한 이름을 불러 친밀감을 느끼게 한다.

② 고객의 필요와 요구가 무엇인가를 미리 알아차리고 충족시킨다.

③ 떠날 때도 다정하게 "안녕히 가십시오." 인사를 하고 가능한 이름을 불러 준다.

✲ 근무자세(The Ritz-Carlton "Basics")

- 회사의 신조를 종사원 모두에게 주지시키고 자기의 것이 되도록 하며 정력적으로 활동하게 한다.
- 서비스 업무처리 3단계를 모든 종사원들이 실천하도록 한다.
- 사내 모든 종사원은 회사에서 실시하는 소정의 교육훈련과정을 의무적으로 마치고 수료증을 수령하도록 함으로써 자기가 맡은 직책에서

회사의 업무 표준을 준수하여 직무를 수행하는 방법을 충분히 숙지하도록 한다.

- 종사원 각자는 직장의 업무를 전반적으로 이해하고 회사의 경영전략 방안에 따라 이미 확정된 목표달성을 위해 주력한다.
- 종사원 모두는 대내고객(동료 종사원)과 대외고객(손님)의 필요와 욕구가 무엇인가를 알고 있어야 하며 그들이 기대하는 물적 상품과 인적 서비스를 제공한다. 고객별 기록 카드를 작성하여 특히 선호하는 음료, 식사, 그리고 기타 취향 등을 기록 보존한다.
- 종사원 각자는 호텔전반에 걸쳐 업무상의 결점들을 지속적으로 찾아내어 시정하도록 노력해야 한다.
- 종사원 각자는 고객으로부터 불평을 받을 경우 고객의 입장에서 자신의 문제인 것처럼 잘 보살핀다.
- 고객에게 문제가 생겼을 때는 즉각적으로 대응하여 문제를 해결하고 시정하도록 한다. 문제발생 20분 이내에 고객에게 전화를 해 문제해결의 처리 상황 또는 결과를 보고하고 고객이 진정으로 만족할 때까지 보살핀다. 결코 불만족한 상태로 고객이 호텔을 떠나는 일이 없도록 모든 능력과 수단을 동원하여 해결한다.
- 고객에 대한 문제해결 조치사항은 장부상에 기록으로 보존하여 관련 종사원 모두에게 알려주고, 불만 고객을 발견한 모든 종사원은 즉시 처리할 수 있는 권한이 부여되어 있음을 강조하고 똑같은 사례가 반복적으로 발생하지 않도록 한다.
- 타협을 불허할 정도의 높은 수준의 청결성 유지는 종사원 각자 모두에게 부과된 책임이다.
- "우리는 무대 위에 연기자임을 명심하여 항상 미소를 잃지 말 것" 항상 적극적인 자세와 시선으로 고객을 접대하며, 언어사용에 있어서도 정중한 표현들을 주로 활용한다.
- 호텔의 사내 또는 사외에서 활동할 때는 외교적인 태도로 말하고 행동한다. 소극적인 발언보다는 항상 적극적인 자세를 견지한다. 호텔 내부의 고객을 안내할 때는 직접 안내하며 손으로 방향만을 가리키지 않는다.

- 호텔의 사내 정보들을 숙지하여 고객이 문의하면 무엇이든 답변할 수 있는 준비태세를 갖추어야 한다. 고객이 식사나 음료 또는 기타 물건들을 구입하려 할 때도 호텔 외부에 안내하기 이전에 반드시 호텔 사내의 식음료 판매업소 또는 소매점을 이용하도록 권유한다.
- 전화를 주고받을 때는 기본예의를 갖출 것. 전화벨이 울리면 3번 울리기 이전에 명랑한 목소리로 받는다. 필요할 때는 "잠깐 전화를 대기시켜 놓아도 되겠습니까?" 하고 물어보아야 한다. 전화를 받고 상대방을 심문하는 어조로 물어보지 말고, 가능하면 전화를 돌려주는 통신 시스템을 줄이고 제거하는 방향으로 추진한다.
- 유니폼은 항상 깨끗하게 입고 신발은 안정감이 있고 깨끗할 뿐만 아니라 구두의 경우 광을 내야 하고 명찰을 부착한다. 자부심을 가지고 직무에 임하며 일정 수준에 도달하도록 용모와 복장을 단정히 한다.
- 비상시를 대비하여 자신의 역할을 분명히 알고 숙달하도록 하며, 화재 발생 시 생명의 안전을 지키기 위한 수칙과 절차를 평소에 훈련한다.
- 사용하고 있는 기물, 설비, 장비 등의 손상, 고장 등의 위험사항을 발견하는 즉시 상사에 보고하여 도움을 요청한다.
- 리츠칼튼호텔의 자산을 보호하는 것은 종사원 각자 모두의 책임이다.

3 서비스 품질평가 및 측정

3.1 SERVQUAL 모델

(1) SERVQUAL 모델의 개요

서비스 품질에 대한 평가 및 측정은 PZB(Parasursman, Zeithaml, Berry, 1988)의 서브퀄(SERVQUAL) 모델에서부터 정형화되기 시작하였다. 이 모델은 고객과 서비스 제공자의 접점에서 고객이 사전에 가지고 있던 기대된 서비스(Expected service)와 현장에서 제공받은 지각된 서비스(Perceived service)의 차이(E-P)를 비교하여 품질을 측정하는 것이다. 즉 기대된 서비스의 정도가 지각한 서비스의 정도보다 크면 불만족이고, 경험한 서비스가 기대된 서비스보다 크거나 같으면 만족으로 나타난다.

PZB 연구팀은 서비스품질의 평가를 위하여 연구 초기에는 22개의 측정항목을 사용하였으나 이후 연구에서 ① 유형성(tangibles) ② 신뢰성(reliability) ③ 반응성(responsiveness) ④ 보장성(assurance) ⑤ 공감성(empathy) 등 5가지 차원으로 제시하였는데, 이 구성요소는 적절한 조작적 정의와 측정항목의 개발을 통해 여러 서비스업의 품질을 측정하는데 사용되고 있다.

그림 9-1 PZB의 서비스품질 평가모형

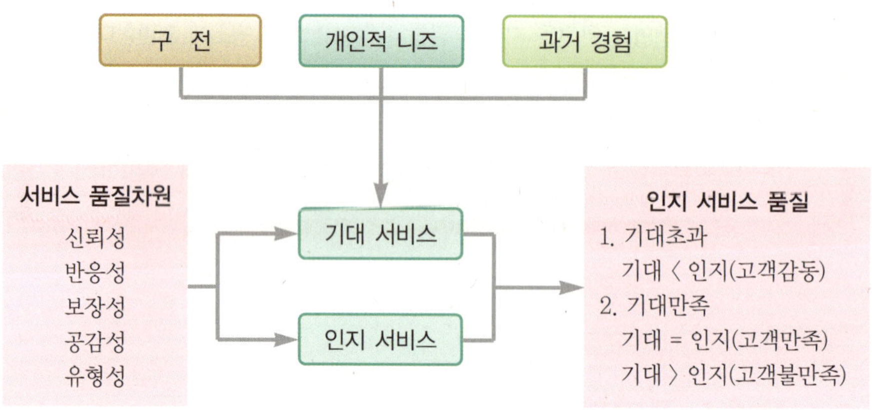

※ 자료 : PZB(1985), A conceptual model of service quality and its implications for future research. p.48.

(2) SERVQUAL 모델의 서비스 품질차원

신뢰성(reliability) 5가지 구성요소 중 서비스품질을 지각하는데 가장 중요한 요소이다. 신뢰성이란 약속한 서비스를 정확히 제공하는 능력으로서 서비스 제공 내용, 가격 등 직·간접적으로 약속한 것을 제대로 이행하는 것을 말한다. 예를 들어 광고 내용에 대한 약속준수, 레스토랑에서 주문에 대한 이행 등을 들 수 있다.

반응성(responsiveness) 고객은 자신의 요구, 질문, 불만, 문제의 제기에 신속히 응대해 주기를 원한다. 즉 반응성은 고객의 요구에 즉각 반응하여 신속히 서비스를 제공하고자 하는 의지의 표현을 말한다.

보장성(assurance) 서비스기업과 종업원들이 가지고 있는 노하우와 능력을 통하여 고객이 안심하고 이용할 수 있도록 확신을 심어주기 위한 노력을 말한다. 특히 은행, 보험, 증권 등의 회사와 법률, 의료, 회계 등의 전문 서비스 직종에서는 보장성이 더욱 요구된다.

공감성(empathy) 서비스기업의 종업원이 고객의 특별한 요구를 이해할 뿐만 아니라 고객 개개인에 관심을 가지고 주의(attention)를 하여 친절과 환대를 보여주는 주는 것을 말한다.

유형성(tangible) 서비스기업이 가지고 있는 ① 물리적 시설(건물, 인테리어, 비품, 가구 등) ② 종업원의 복장 · 외모 · 태도 ③ 커뮤니케이션을 위한 각종 도구(각종 홍보 인쇄물, 홈페이지, 명함 등) 등의 가시적인 표현을 말한다. 유형성은 신규고객에게는 첫인상을 좌우할 뿐만 아니라 서비스의 수준과 능력을 가늠할 수 있다는 점에서 서비스의 무형성을 유형화시켜주는 수단이라고 할 수 있다. 예를 들어 고급 호텔에서 물리적 시설이 낡고 보잘 것 없다든지, 종업원의 복장과 외모가 불량하다든지, 메뉴판이 더럽다면 모든 서비스의 품질이 의심을 받게 되는 것이며, 택배서비스에서 운전기사는 서비스의 중요한 요소는 아니지만 고객은 운전기사의 태도를 보고 소포 취급에 대한 서비스품질을 평가할 수 있다.

※ 유형성은 신규고객에게는 첫인상을 좌우할 뿐만 아니라 서비스의 수준과 능력을 가늠할 수 있다(사진은 대한항공 새로운 유니폼).

서비스 유형성의 중요성 : 깨진 유리창의 법칙

'깨진 유리창의 법칙'이란 범죄학자인 윌슨(Wilson)과 켈링(Kelling)이 1982년 〈월간 애틀랜틱〉에 〈깨진 유리창〉이라는 글을 발표하면서 범죄학뿐만 아니라 경영학 분야에도 큰 호응을 얻은 이론이다. 이 법칙의 요지는 건물에 깨진 유리창이 있으면 그 건물에 절도 등 강력범죄가 발생한다는 것이다. 즉 주인이 건물을 관리하지 않고, 방치한 것으로 간주하여 범죄자가 쉽게 범죄행위를 저지른다는 것이다. 이와 같이 사소한 부주의는 엄청난 결과를 초래한다는 것으로서 '하나를 보면 열을 안다'라는 속담이 적용되는 것이다.

서비스 마케팅 차원에서 깨진 유리창의 법칙을 예를 들면 어떤 식당의 화장실이 더럽다면, 고객은 그 식당의 주방에 들어가 보지 않고도 주방의 위생 상태에 문제가 있으리라고 확대해석하여 더 이상 방문하지 않을 것이고, 주변에도 이런 사실을 알릴 것이다. 따라서 서비스 유형성은 깨지기 쉬운 유리창과 같은 것으로서 철저한 품질관리가 요망된다.

표 9-1 서비스업종별 품질평가차원의 사례

서비스업체	신뢰성	반응성	보장성	공감성	유형성
항공사	정시 출발 및 도착	발매, 수하물, 탑승에 대한 신속한 대응	안전기록, 유능한 승무원	고객의 특별한 요구에 대한 이해	항공기 자체 발매 카운터, 유니폼 및 용모
호텔	예약 및 주문에 대한 이행	요구사항에 대한 신속한 응대	안전한 객실, 맛있는 음식	고객의 특별한 요구에 대한 이해	호텔외관, 실내 인테리어, 유니폼 및 용모, 기물
병원	예약의 이행, 정확한 진찰	무대기, 환자의 질문에 대한 응대	의료기술, 평판, 지식	한 인간으로서 환자의 이해	검사실, 의료장비, 병실청결
자동차 정비	고장에 대한 정확한 진단	질문에 대한 응대	지식 및 기술을 보유한 기능	고장부분 이외 다른 부분도 무상으로 점검해 주는 태도	수리시설 및 장비, 정리정돈, 유니폼 및 용모
은행	정확한 출납 거래	빠른 업무처리, 질문에 대한 응대 및 상담	안전한 거래의 보장 장치 및 신용도	고객의 특별한 요구에 대한 이해	창구, 실내 및 대기 공간의 편의성
백화점	상품의 품질	신속 · 정확한 판매	교환 및 환불	고객의 특별한 요구에 대한 이해	실내외 인테리어, 상품의 진열, 종업원의 용모

(3) SERVQUAL 측정 방법

SERVQUAL의 서비스품질을 측정은 〈표 9-2〉와 같이 다문항 척도를 사용한다. 이 표에서 언급된 항목은 사전에 서비스에 대한 기대수준을 측정하는 내용이다. 실제 지각한 수준을 측정하기 위한 문항은 기대수준을 측정하는 내용과 문항 수가 같으나 단지 문장의 표현이 기대수준을 측정하는 것은 '~것이다' 이고, 지각수준은 '~하였다' 로 바꾸어 측정하는 것이다.

따라서 '~것이다' 의 기대수준 대비 '~하였다' 의 지각된 수준의 차이에서 서비스의 품질이 결정되는 것이다. 표의 '번호 ①' 은 '매우 그렇지 않다.' 의 수준이고, '번호 ④' 는 '보통이다.' 는 수준이며, '번호 ⑦' 은 '매우 그렇다' 의 수준이다.

표 9-2 SERVQUAL의 22개 측정 항목

번호	항목	①	②	③	④	⑤	⑥	⑦
1	최신 설비를 갖추고 있을 것이다.							
2	물적 시설이 시각적으로 마음에 들 것이다.							
3	직원의 복장과 용모가 단정할 것이다.							
4	물적 시설의 외관이 제공된 서비스와 일치할 것이다.							
5	정해진 시간에 하기로 한 일은 약속을 지킬 것이다.							
6	고객이 문제를 제기할 때 관심을 보일 것이다.							
7	기업을 신뢰할 수 있을 것이다.							
8	하기로 약속한 시간에 서비스를 제공할 것이다.							
9	기록을 정확하게 유지할 것이다.							
10	언제 업무처리를 해 줄 것인지 말해줄 것이다.							
11	신속한 서비스를 제공할 것이다.							
12	자발적으로 고객을 도울 것이다.							
13	아무리 바빠도 요구에 즉각 응할 것이다.							
14	직원을 신뢰할 수 있을 것이다.							
15	안심하고 거래하기 위한 안전을 느낄 것이다.							
16	직원들이 예의 바르고 공손할 것이다.							
17	질문에 답변할 충분한 지식을 가지고 있을 것이다.							
18	기업은 고객에게 개별적인 관심을 가질 것이다.							
19	고객의 편리에 영업시간을 맞출 것이다.							
20	직원들이 고객에게 개별적인 관심을 가질 것이다.							
21	기업은 고객의 이익을 진심으로 생각해 줄 것이다.							
22	직원은 고객의 필요를 이해할 것이다.							

※ 자료 : Parasuraman, A., Zeithaml, V.A., Berry, L.(1988), SERVQUAL : Multiple-Item Scale for Measuring Consumer Perception of Service Quality. pp.38-40.

3.2 SERVPERF 모델

크로닌과 테일러(Cronin & Taylor, 1992)는 지각된 성과와 기대 서비스 간의 차이에 의해 서비스 품질을 측정하는 SERVQUAL 모델은 만족과 태도를 혼동하고 있기 때문에 서비스 품질의 측정방법으로 부적합하다고 비판하고, 소비자의 지각된 성과만으로 서비스 품질을 측정하는 것이 훨씬 더 적절한 측정방법이라고 주장하면서 이를 '서브퍼(SERVPERF)' 라고 명명하였다.

이들은 PZB(1988) 팀의 5가지 차원(유형성, 신뢰성, 반응성, 보장성, 공감성) 22개 항목을 그대로 사용하면서 기대를 측정하지 않고 성과만을 측정하여 학문적으로 실무적으로 인정을 받고 있다고 주장하였다. 이후 서비스 품질 측정에 관한 많은 연구에서는 SERVQUAL의 수정된 모형 즉 기대의 측정을 생략하고, 결과품질이 전반적 서비스품질을 결정하는 주요 요소임을 밝히고 있다.

3.3 브래디와 크로닌(Brady & Cronin)의 서비스품질 차원

(1) Brady & Cronin의 서비스품질 차원의 개요

서브퀄(SERVQUAL)의 5가지 구성차원(유형성, 신뢰성, 반응성, 보장성, 공감성)은 서비스 접점에서 종업원과 고객과의 상호작용에서 발생하는 과정 품질 위주로 되어 있거나 하나의 차원에는 애매모호한 속성이 함께 결합되어 있다. 예를 들어 유형성의 경우 고객과의 상호작용에서 종업원의 용모도 해당되나 건물 및 실내 인테리어 등의 물리적 환경 요소도 포함한다고 할 수 있다. 이에 브래디와 크로닌(Brady & Cronin, 2001)은 서비스 품질 차원을 ① 상호작용품질 ② 결과품질 ③ 물리적 환경품질 등 3개의 차원으로 발전시켰다. 이 모형은 SERVQUAL의 5가지 구성차원의 단점을 보완했을 뿐만 아니라 2000년대 이후 국내외 서비스 품질 측정 연구에서 실효성을 인정받고 있다.

(2) Brady & Cronin의 서비스품질 차원

상호작용품질 종업원과 고객과의 상호작용과정에서 발생되는 종업원의 친절, 신뢰, 반응, 신속 등을 말한다.

결과품질 서비스 결과에서 얻어지는 산출요소로서 예를 들어 레스토랑의 경우 음식의 맛과 양을 들 수 있다.

물리적 환경품질 서비스업체 유형적 요소 즉 건물외관, 인테리어 등을 비롯하여 실내의 쾌적성과 청결성 등을 말한다.

3.4 서비스품질의 간접 측정방법

앞에서 언급한 서비스품질 측정방법 이외 간접적으로 ① 물적 시설 ② 인적 서비스의 양 ③ 사회적 · 경제적 지표 등을 통하여 서비스품질을 측정해 볼 수 있다.

(1) 물적 시설

서비스이용자와 서비스시설을 대비하여 서비스품질을 측정하는 것을 말한다. 예를 들어 학교의 서비스품질 수준은 학생 수와 도서관 좌석의 비율 또는 강의실 수 등으로 평가할 수 있다.

(2) 인적 서비스의 양

서비스 이용자와 인적 서비스의 양을 대비하여 서비스품질을 측정하는 것을 말한다. 예를 들어 한 도시의 인구당 의사나 변호사 수 등을 들 수 있는데 그 수가 많을수록 양질의 의료서비스나 법률서비스를 받을 수 있다. 또한 초등학교에서 학급의 학생 수가 적으면 적을수록 교사의 수는 증가하는데 그렇게 된다면 수업의 품질은 올라가는 것이다.

(3) 사회적 · 경제적 지표

서비스가 지역 사회나 경제에 미친 영향 등 각종 사회적 · 경제적 지표에 의하여 서비스품질을 측정하는 것을 말한다. 예를 들어 한 국가의 의료서비스 수준은 평균수명이나 영아 사망률 등의 지표로 측정이 가능하다.

연습문제 및 토의주제

1 서비스 품질관리의 특성에 대하여 설명하시오.

2 전사적 서비스 품질경영(TSQM)의 프로그램에 대하여 설명하시오.

3 SERVQUAL 모델의 서비스 품질차원 5가지에 대하여 설명하시오.

4 깨진 유리창의 법칙이란 무엇인가?

5 서비스업종 3개를 선택하여 품질평가차원의 사례를 들어 보시오.

6 브래디와 크로닌의 서비스품질 차원에 대하여 설명하시오.

7 서비스품질의 간접 측정방법에 대하여 설명하시오.

제10장

서비스 품질분석기법과 브랜드관리

"서비스 브랜드는 제품의 디자인과 포장과 같은 것이다"

Service Management

제10장 서비스 품질분석기법과 브랜드관리

1 서비스 품질분석 기법

1.1 피시본 차트(fishbone chart) 분석

서비스 품질분석 기법에 자주 이용되는 기법으로서 미드웨이 항공사가 원인과 결과를 피시본(fishbone : 생선 뼈) 차트로 분석한데서 유래된 기법이다. 이 기법은 서비스품질에 대하여 문제가 발생하였을 경우 문제의 요인을 주원인과 파생원인으로 세분화하여 근본적인 원인이 나타날 때까지 분석을 계속해야 하는 것이며, 이때 고객접점에서 서비스과정에 참여한 직원들이 브레인스토밍(brainstorming)하면 좋은 결과를 얻을 수 있다는 것이다.

미드웨이 항공사는 항공기 출발 지연에 대한 분석을 하는 과정에서 〈그림 10-1〉과 같이 피시본 분석을 도입하게 되었는데 머리 쪽에서 꼬리 쪽으로 가면서 인력, 절차, 장비, 자재 등의 주요 원인을 추적해 나가고 각 주요 원인에서 다시 파생원인을 도출해 내었다.

그림 10-1 미드웨이 항공사의 출발지연에 대한 피시본 분석

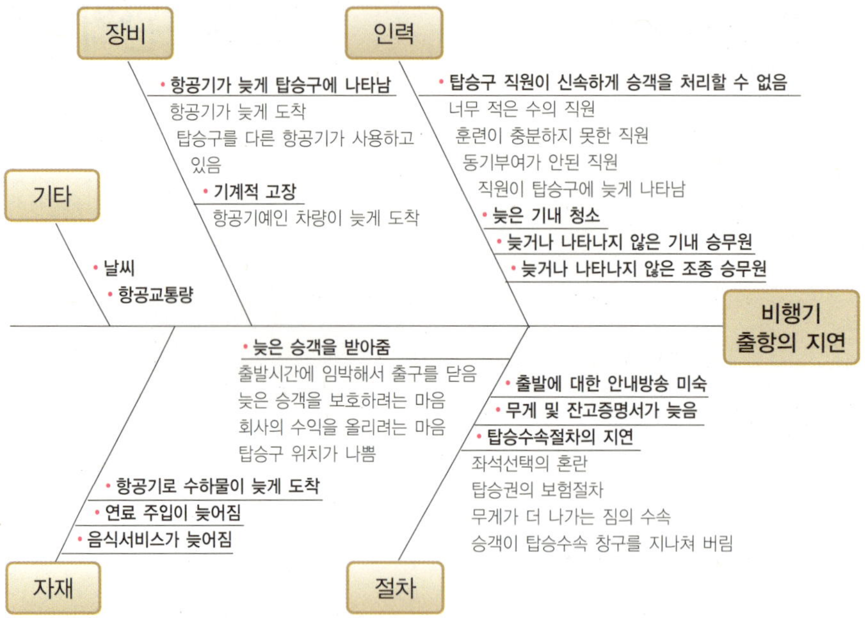

※ 자료 : Wyckoff(1984)

1.2 파레토(Pareto) 분석

19세기 이탈리아 경제학자인 파레토가 국가 부의 80%가 20%의 국민에게 있음을 발견하여 오늘 날 '80/20의 법칙' 으로 명명되어 사용되고 있다. 예를 들면 소매점 매출의 80%는 20%의 고객에 의해 이루어진다는 것이다.

미드웨이 항공사는 파레토 분석이란 기법도 사용했는데, 이 법칙을 미드웨이 항공사에 적용하면 80%의 출발지연이 20%의 원인에 있다는 것이다. 즉 약 90%의 출발지연 사유는 크게 승객도착 지연, 화물적재대기, 급유대기, 서류지체에 있었으며, 그 중에서 승객도착 지연이 가장 중요한 원인임이 밝혀졌다. 승객 도착지연은 탑승구 직원들이 승객들의 운임을 잃지 않도록 배려하는 차원에서 도

착지연 고객을 받아주었기 때문이며, 이는 정시에 출발하려는 승객들에게 불만을 초래하는 것이었다.

따라서 미드웨이 항공사는 정시출발 원칙을 확립하고 주요 원인에 대한 대책을 마련함으로써 성공적으로 서비스품질을 개선하게 된 것이다.

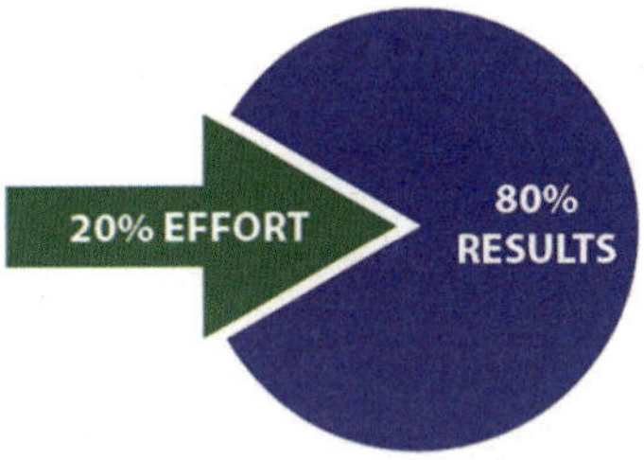

■ 파레토 법칙

2 서비스품질 상

세계 각국은 서비스품질을 평가하여 우수한 서비스기업에 상을 수여하여 서비스품질을 향상시키기 위하여 노력하고 있다. 국내외 주요 서비스품질 상을 소개하면 다음과 같다.

2.1 국내 서비스품질 상

(1) 한국서비스품질우수기업인증

서비스경제화 시대에 고품질 서비스 요구가 증가되고, 세계화에 따른 선진 서비스 접촉기회의 증대 등 급격한 환경변화에 따라 서비스품질의 중요성이 날로 강조되고 있다. 이에 정부는 서비스산업의 품질경쟁력을 한 차원 높이기 위하여 2001년부터 서비스품질 우수기업 인증제도를 시행하여 기업 및 국가경쟁력 제고와 더불어 소비자의 삶의 질 향상과 권익보호를 도모하고 있다.

한국서비스품질 우수기업 인증제도란 서비스업을 대상으로 서비스품질 우수기업 인증을 신청한 기업(사업장) 또는 기관에 대하여 지식경제부 기술표준원이 주관하고 한국서비스진흥협회가 평가 및 집행하는 제도를 말한다. 2001년 서비스 표준화와 함께 도입·시행한 서비스 분야 유일의 정부인증 제도로서 학계 관계자와 서비스 전문가로 구성된 평가위원이 현장을 평가하고, 무작위 전화 모니터링을 통해 고객이 서비스 만족도를 직접 평가하도록 하고 있다. 그 성과가 탁월한 기업 또는 기관에 대해서는 정부가 인증서를 수여하고 우수업체로 널리 공표한다.

(2) 한국능률협회의 KSQI

한국능률협회의 KSQI(Korean Service Quality Index)는 한국산업의 서비스품질에 대한 고객들의 체감 정도를 나타내는 지수를 말한다. 즉 기업의 상품 및 서비스 가치를 전달하는 접점(대면채널, 비대면채널)에서 고객이 지각하는 서비스 품질 수준을 평가하여 서비스 이행률 관점에서 지수화한 것이다.

사례 KFC의 KSQI

올해 처음으로 신설된 패스트푸드 브랜드 부문에서 1위를 차지한 KFC는 청결, 환대, 주문처리의 정확성, 시설 관리, 제품 품질, 서비스 속도 등 고객이 기대하는 가장 중요한 6가지 요소로 이뤄진 서비스 관리체계를 바탕으로 고객만족에 힘쓰고 있다. KFC는 고객 응대 서비스 점검을 위해 정기적

으로 '미스터리 쇼퍼' 제도를 운영해 어느 매장에서나 동일한 수준의 서비스를 받을 수 있도록 노력하고 있으며, 이러한 철저한 관리와 직원의 친절한 서비스가 이번 1위 수상에 큰 역할을 했다.

자료 : KFC(2012. 7. 24)

KSQI 고객접점 조사의 경우 사전 서비스품질(Before Service Quality) – 서비스제공과정(On Service Quality) – 사후 서비스품질(After Service Quality) 등 총 3단계 11개 요소를 통해 제공 서비스의 이행 여부를 평가한다. 사전 서비스품질단계에서는 ① 시설환경 ② 환영인사 ③ 복장/용모를, 서비스과정에서는 ④ 말투 · 어감 · 호칭 ⑤ 경청태도 ⑥ 친절성 ⑦ 적극성 ⑧ 업무지식 ⑨ 설명능력 ⑩ 고객배려 등을, 사후 서비스품질에서는 ⑪ 배웅인사 등이 평가 요소이다.

2.2 말콤 볼드리지 품질 대상

(1) 말콤 볼드리지 품질 대상의 개요

미국, 일본, 한국, 유럽 등 세계 각국은 제품과 서비스의 품질 향상을 위하여 자국의 기준에 따라 품질대상을 실시하고 있다. 세계적으로 권위 있는 품질 대상으로는 말콤 볼드리지 품질 대상(Malcolm Baldrige National Quality Award)을 들 수 있다. 이 상은 지난 81년부터 87년까지 미국 상무부 장관으로 재직하면서 정부의 능률 및 효율 향상에 기여한 고 말콤 볼드리지의 이름을 따서 지난 87년 8월 탄생했다. 이를 위해 말콤 볼드리지 국가품질개선법안(Public Law 100-107)이 제정되었고, 88년에는 말콤 볼드리지상 재단이 설립됐다. 이 상의 목적은 미국기업의 전사적인 품질경영(TQM)을 촉진하자는 것인데, ① 품질이 경쟁력에서 차지하는 중요성을 알리고 ② 뛰어난 품질을 달성하기 위한 필요조건을 이해시키며 ③ 성공적인 품질전략에 대한 정보공유를 촉진하는 것을 목적으로 하고 있다. 수상의 대상은 제조업, 서비스업, 중소기업 등 세부분으로 되어 있다.

결국 이 상은 경영방식이나 제품 및 서비스에서 탁월한 성과를 나타낸 기업만이 받을 수 있는 서비스 업계의 노벨상이라고 할 수 있다. 대표적인 수상업체는 모토로라, 제록스, GM, 캐딜락사업부, 페더럴 익스프레스, IBM, 리츠칼튼호텔, 3M 치과용품 사업부 등이 있다. 특히 제록스의 경우 부서별 영업과 서비스실적을 조사하고, 만족도 측정의 결과에 근거한 인센티브 보상 시스템을 도입하였고, 정기적으로 고객만족도와 충성도를 점검해 왔으며, 비록 이 회사가 총체적인 고객만족의 수준까지 도달하지 못했지만 측정 노력을 높게 평가받아 이 상을 수상하게 되었다. 서비스기업으로서 이 상을 수상한 업체와 경영특징을 살펴보면 다음 표와 같다.

표 10-1 서비스기업의 말콤 볼드리지 수상업체

연도	업체명	경영특징
1990	페더럴 익스프레스	서비스품질지표의 개발 및 활용 사람-서비스-이익의 철학
1992	리츠칼튼 호텔	일일 품질생산성 보고서
1994	AT&T 서비스사업	고객중심 평가시스템, 인적 부가가치 평가
1997	제록스 비즈니스 서비스	전략적 추진계획, 고객우선주의 조직
1999	리츠칼튼 호텔	인적자원 개발 및 고객만족

(2) 말콤 볼드리지 품질 대상의 평가방법

말콤 볼드리지 품질 대상의 평가항목은 〈표 10-2〉와 같이 ① 리더십 ② 정보와 분석 ③ 전략적 품질계획 ④ 인적 자원의 개발과 관리 ⑤ 과정품질의 관리 ⑥ 품질 성과 ⑦ 고객지향과 만족 등 7개 항목으로 구분하고, 세부평가항목은 총 24개로 되어 있으며, 배점은 총 1000점 만점으로 되어 있다.

표 10-2 말콤 볼드리지 품질대상 평가표

구분	세부항목	배점
리더십 (90)	• 최고 경영자의 리더십 • 리더십 시스템과 조직 • 사회적 책임과 기업 정신	45 25 20
정보와 분석 (75)	• 정보와 자료의 관리 • 경쟁우위 요소와 벤치마킹 • 기업수준 자료의 분석과 활용	20 15 40
전략적 품질계획 (55)	• 전략발전 • 전략전개	35 20
인적 자원의 개발과 관리 (140)	• 인적 자원의 계획과 평가 • 작업 시스템의 높은 성과 • 종업원 교육 · 훈련 및 개발 • 종업원 복지와 만족도	20 45 50 25
과정품질의 관리 (140)	• 제품과 서비스의 설계와 출시 • 공정관리 : 제품과 서비스의 생산과 납기 • 공정관리 : 지원 서비스 • 공급업체의 성과 관리	40 40 30 30
품질 성과 (250)	• 제품과 서비스의 품질결과 • 회사의 운영 및 재무적 결과 • 인적 자원의 결과 • 공급업체의 성과 결과	75 110 35 30

구분	세부항목	배점
고객지향과 만족 (250)	• 고객과 시장의 지식 • 고객관계 관리 • 고객만족의 결정요소 • 고객만족도 결과	30 30 30 160
1000점	계	1000점

3 서비스 브랜드관리

3.1 브랜드의 개념 및 기능

(1) 브랜드(brand)의 개념

자사의 제품이나 서비스를 소비자에게 식별시키고 다른 회사의 것과 차별화하기 위해서 사용되는 이름, 기호, 디자인, 심볼 및 이들을 결합한 상징물들의 조합이다. 브랜드는 단순한 이름 이상의 기업과 제품의 무형적인 가치를 포함하는데, 이를 브랜드자산(brand equity)이라고 한다. 이와 같은 브랜드자산은 고객이 브랜드에 대해 친숙하고 긍정적이고 강력하고 독특한 브랜드 이미지를 갖게 되었을 때 형성된다. 이렇게 만들어진 브랜드 이미지는 소비자의 기억 속에 호의적으로 남게 되고 제품이나 서비스구매에 큰 영향을 미치게 되어 브랜드에 대해서 차별적으로 반응하게 된다.

따라서 브랜드는 마케팅의 중요한 전략인 포지셔닝의 한 수단으로써 사용이 가능하다. 대부분의 고객은 상품의 품질과 브랜드는 동일한 것으로 인식하므로 기업의 입장에서는 브랜드 이미지를 높이기 위하여 지속적이고 일관된 투자가 요구된다.

(2) 브랜드의 기능

브랜드의 기능은 소비자와 기업의 측면에서 살펴볼 수 있다. 먼저 소비자 측면에서의 기능은 ① 품질과 신뢰성에 대한 판단 기준이 되고 ② 브랜드의 정보를 알고 있으므로 구매결정을 신속하게 할 수 있다. 기업 측면에서의 기능은 ① 이미지를 제고할 수 있고 ② 경쟁사와 차별화하는 수단이 되며 ③ 상표권 등으로 법적 보호를 받을 수 있고 ④ 브랜드 애호도(brand loyalty)를 확보하여 안정적인 매출을 확보할 수 있으며 ⑤ 브랜드 확장을 통하여 사업기회를 확대할 수 있다.

특히 기업은 하나의 브랜드가 명성을 얻으면 그 브랜드를 이용하여 다른 상품으로 확장하기를 원한다. 왜냐하면 별도의 브랜드를 만들면 소비자에게 새롭게 인지시키기 위해서 엄청난 광고비용이 발생하기 때문이다. 그러나 브랜드의 확장은 주 브랜드였던 패밀리 브랜드(family brand)가 약화되면 모두 몰락할 수도 있다.

3.2 서비스 브랜드의 특징

일반적으로 제조업의 경우 기업명이 있고, 그 기업에서 생산한 제품에는 각각의 이름이라고 할 수 있는 브랜드가 있다. 그러나 대부분의 서비스기업에는 유형의 제품이 존재하지 않으므로 서비스 기업명 자체가 곧 브랜드라고 할 수 있다. 특히 서비스는 무형의 속성을 가지고 있으므로 직접 경험해보기 이전에는 평가하기 어려워 고객의 구매결정은 브랜드에 좌우된다고 할 수 있다. 서비스기업에 있어서 브랜딩(branding)은 고객의 머리속에 시각적으로 유형화시켜주는 수단이므로 매우 중요하다. 즉 서비스업체의 브랜드는 이름만 들어도 서비스수준이 상상되거나 명성이 연상되므로 서비스 브랜드는 곧 서비스품질과 직결된다고 할 수 있다.

따라서 적절한 브랜드관리가 필요한데, 예를 들어 각종 서비스품질 조사 평가에서 상을 수상하였거나 측정 지수가 경쟁사보다 높은 경우 또는 각종 기능 경진 대회에서 상을 받은 경력자의 보유, 병원이나 법률서비스와 같은 전문 직종에 권위자나 유명한 인사의 초빙 등은 브랜드의 이미지를 향상시키는 좋은 수단이 된다. 또 다른 예로서 '맥도날드' 라는 브랜드는 세계 어느 곳이든 햄버거의 맛, 빠른 서비스, 청결, 저렴한 가격에 대한 품질과 보장을 받을 수 있다는 이미지를 커뮤니케이션 수단을 통하여 고객에게 강하게 인식시키고 있다.

이처럼 서비스기업의 브랜드는 서비스를 사전 테스트해 보지 않은 고객에게는 의사결정을 하는데 중요한 수단이 되고, 서비스에 대한 품질과 보장을 받을 수 있다는 확신은 브랜드에 의해서 좌우되므로 서비스기업은 자사의 브랜드 파워(brand power)를 향상시키는 노력이 필요하다.

3.3 서비스 브랜드명 선택기준

서비스 고객들은 서비스 자체가 무형적이어서 상품상호 간 비교분석을 할 수 없으므로 서비스기업명에 의하여 선택이 좌우되는 경우가 많다. 따라서 서비스 브랜드를 선정하기 위해서는 다음과 같은 선택기준이 필요하다.

(1) 독특성

서비스 브랜드명은 경쟁사의 것과 차별화되어야 하고 명백히 구분되어야 한다. 즉 독창적인 브랜드명을 통하여 브랜드 이미지와 파워를 형성해야 한다.

(2) 연관성

고객에게 제공하고자 하는 서비스의 경험과 편익을 살려 브랜드명을 정하고, 그 서비스 내용과 수준이 브랜드명과 연관성을 갖도록 한다.

(3) 기억용이성

서비스 브랜드명은 고객들이 쉽게 이해하고 회상이 되어야 한다. 대부분의 서비스 고객들은 서비스 상품을 구매하고자 할 때 가장 먼저 회상이 되는 서비스기업체에 예약이나 문의를 하게 된다.

3.4 서비스 브랜드 관리전략

(1) 브랜드의 유형화

서비스 브랜드 품질관리는 서비스의 보증을 높이는 유효한 수단이다. 즉 서비스는 무형적이므로 수요창출을 위해서는 소비자에게 브랜드로 보증을 유형화시켜 줄 필요가 있다. 서비스업체의 이름만 들어도 좋은 서비스가 상상이 되거나 명성이 있다는 것을 소비자의 머릿속에 연상이 되도록 이미지를 심어주어야 하는 것이다. 예를 들어 각종 서비스품질 조사 평가에서 상을 수상하였거나 각종 기능 경진대회에서 상을 받은 경력자의 보유, 그리고 해당 서비스에 권위자나 유명한 인사의 초빙 등은 서비스보증에 대한 브랜드 전략이라고 할 수 있다.

따라서 서비스 브랜드는 제품의 디자인과 포장과 같은 것으로서 서비스도 제품처럼 브랜드 파워(brand power)를 향상시키기 위해서는 브랜드의 유형화를 위하여 지속적인 투자와 노력이 요구된다.

(2) 브랜드 스토리텔링

브랜드 스토리텔링(brand storytelling)이란 브랜드에 얽힌 이야기를 가공, 포장하여 광고, 판촉 등에 활용하는 효과적인 브랜드 커뮤니케이션 활동을 말한다. 브랜드에 대한 스토리텔링은 기업의 브랜드에 대한 철학이나 이념을 알리고, 고객에게 감성을 자극하여 흥미와 관심을 유발시키며, 서비스 이용자에게 신뢰감과 자긍심을 심어준다는 점에서 전략적인 개발이 요구된다.

소비자에게 브랜드를 상징할 수 있는 이야기를 만들어 소비자의 입과 입을 통해 전달되는 브랜드 스토리는 브랜드의 인지도를 높이는데 커다란 역할을 한다. 서비스기업이 창의적인 이야기를 만들어 소비자에게 지속적으로 제공하면 소비자는 그 서비스를 구매하거나 제공받을 때마다 그 브랜드 이미지를 떠올리게 된다. 결과적으로 고객 충성도를 높여 매출증대는 물론이고 기업의 브랜드 가치를 높여주는 역할을 하게 된다.

사례 **커피전문점 '엔제리너스(Angel in us)'의 브랜드 스토리텔링**

'천사와 커피가 만났다.', '천사다방'으로도 불리는 엔제리너스커피의 브랜드스토리다. 'Angel in us'는 우리 안의 천사란 뜻이다. '천사를 만나 신의 선물인 커피를 즐긴다'는 콘셉트로 탄생한 엔제리너스커피는 커피전문 프랜차이즈가 넘쳐나는 상황에서 여성스럽고 따뜻한 이미지를 내세운 스토리로 눈길을 끈다. '스토리 없는 커피는 없다'고 느껴질 정도로 대부분의 커피 브랜드가 스토리텔링을 마케팅에 활용하고 있는 가운데 엔제리너스커피는 단순 커피숍이 아닌 '천사가 전하는 신의 선물을 마시는 쉼터'란 이미지를 스토리에 담아 2030세대 여성들의 감성을 자극한다. 천사들의 이야기가 재미있다. 악동천사 가브리엘이 인간세계로 추방당하며 인간에게 행복을 전하고 오라는 명령을 받고 평소 좋아하던 커피를 마시다 세상에서 가장 맛있고 향 좋은 커피라면 인간을 행복하게 해줄 수 있을 거라 생각해 친구 라파엘, 안젤라와 '엔제리너스커피'를 만들었다는 내용이다. 천사의 선물이 바로 엔제리너스커피라는 것(The PR, 2011. 4. 14). 엔제리너스는 이러한 브랜드 스토리에 의한 감성마케팅을 통하여 '2012 올해의 브랜드 대상' 커피전문점 부문에서 1위로 선정되기도 하였다.

(3) 브랜드 스토리텔링 마케팅의 성공 포인트

차별화된 스토리문화를 구축하라 뻔한 스토리보다는 자사브랜드에 적합하고 차별화된 스토리문화를 발굴 또는 창출하고, 브랜드 스토리가 품고 있는 철학을 강조하여 소비 이상의 문화를 마케팅에 활용해야 하는 것이다. 예를 들어 할리데이비슨 오토바이는 반항적이면서도 낭만을 중요시하는 고유의 이야기 문화를 가지고 있는 것으로 유명하다. 사람들이 할리데이비슨을 생각할 때 떠올리는 가죽 재킷과 붉은 두건, HOG(Harley Owners Group)라는 커뮤니티 등은 바로 이야기 문화의 산물이라고 할 수 있다. 또한 예전의 커피숍은 커피와 함께 대화를 나누는 공간에 초점을 두었다면, 스타벅스는 커피를 단순히 파는 것이 아니라 그곳에서 혼자 책을 읽거나, 노트북 등으로 업무 등을 볼 수 있는 문화를 만들어 낸 것이다. 즉 스타벅스는 커피 매장을 집, 직장에 이어 이야기가 있는 제3의 공간으로 만들고 하나의 라이프스타일로 승화시켜 성공을 거두었다. 결국 차별화된 스토리문화를 통하여 소비자들에게 매력타점(sweet spot)을 노려야 할 것이다.

이성보다는 감성을 자극하라 브랜드의 기능이나 우수성을 이성적으로 표현하기보다는 감성적인 스토리를 통하여 고객의 마음을 흔들어야 한다. 특히 미래학자 롤프 엔센(Rolf Jensen)은 정보화 시대가 지나면 소비자에게 꿈과 감성을 제공하는 것이 차별화의 핵심이 되는 드림 소사이어티(Dream Society) 시대가 올 것이라고 예측하였다.

사례 **노드스트롬 백화점의 감성광고**

노드스트롬 백화점의 의류매장에서 한 고객이 옷을 입어보다가 비행기표를 깜박 놓고 간다. 그것을 발견한 직원은 택시를 타고 공항까지 찾아가서 고객에게 비행기표를 미소로 건네준다. 갑자기 쏟아진 소나기에 미쳐 우산을 준비하지 못한 젊은 여자. 한 남자가 우산을 받쳐준다. 그 남자는 바로 노드스트롬 직원이다. 이러한 노드스트롬의 광고는 감성을 필드에서 감동의 가치로 돌려주었다. 실제 노드스트롬 직원들은 고객에게 원활한 서비스를 제공하기 위해 매달 200달러의 지원금을 받는다고 한다.

다양한 미디어를 활용하라 미디어(media)란 어떤 사실이나 정보를 담아서 수용자들에게 보내는 역할을 하는 매개체로서 신문, 잡지, 서적, 라디오, 텔레비전, 인터넷 등이 있다. 예를 들어 스타벅스는 성공신화를 소개하는 수 종의 책을 통해 브랜드의 스토리를 지속적으로 알리고 있다. 대표적인 서적으로는 스타벅스 CEO인 하워드 슐츠(Howard Schultz)의 《스타벅스 – 커피 한잔에 담긴 성공신화》와 마이클 게이츠 길(Michael Gates Gill)의 《땡큐! 스타벅스 : 그곳에서 내 인생은 다시 시작되었다》 등을 들 수 있다. 이와 같은 미디어는 기존고객뿐만 아니라 잠재고객에게도 신뢰도를 높여준다는 점에서 브랜드 스토리 확산의 주요 도구라고 할 수 있다.

또한 마릴린 먼로가 영화 〈7년만의 외출에서〉 지하철 통풍구 위에 선채 휘날리는 스커트 자락을 두 손으로 누르고 있는 장면에서는 각선미를 최대한 살리기 위해 이탈리아에서 공수한 페레가모 구두를 신었다. 이탈리아의 페레가모 구두 업체는 이 영화의 한 장면을 보여주면서 "마릴린 먼로가 신고 있는 저 구두가 '페레가모' 입니다"라고 하여 유명한 브랜드 스토리를 구축하였다.

※ 이탈리아의 페레가모 구두 업체는 "마릴린 먼로가 신고 있는 저 구두가 '페레가모' 입니다"라는 브랜드 스토리를 창출하였다.

전사적으로 일관성을 유지하라 브랜드 스토리를 마케팅 차원에서만 활용하는 것이 아니라 조직, 인테리어 및 디자인, 소품, 건축 등 전사적인 입장에서 일관성을 유지해야 탄탄한 스토리를 구축할 수 있다. 예를 들어 디즈니의 브랜드 스토리가 "꿈과 환타지아의 제공"이라면 그에 따른 놀이기구는 물론 조직문화, 인테리어 및 디자인, 소품, 건축은 물론 종업원의 유니폼까지 꿈과 환타지아를 제공할 수 있도록, 스토리에 부합하도록 일관성을 유지해야 하는 것이다. 그리고 브랜드 스토리는 네버엔딩 스토리를 만들어야 한다. 단편적인 일회성 스토리로 머무는 것이 아니라 지속적으로 연계되는 스토리를 창출해야 일관된 이미지를 형성할 수 있다.

3.5 서비스 브랜딩의 모델

서비스 브랜딩의 모델은 다음 그림과 같이 제시할 수 있다.

그림 10-2 **서비스 브랜딩의 모델**

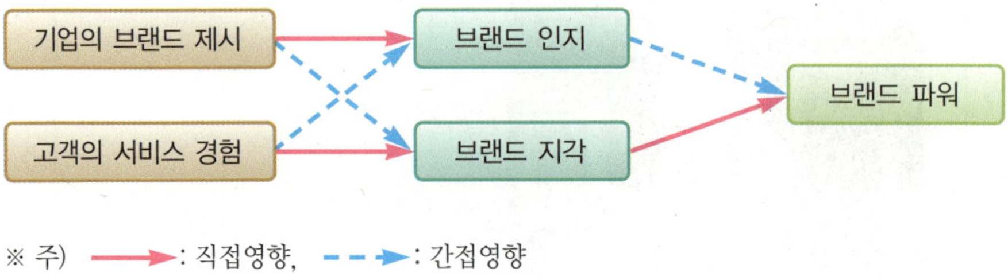

※ 자료 : Berry, L.L(1999), Discovering the Soul of Service에서 저자 재구성

여기서 기업의 브랜드 제시는 광고 등의 커뮤니케이션을 통하여 구축되며, 카피라이터, 기업의 이름과 로고, 브랜드 메시지 등이 브랜드 인지(brand awareness)에 직접적인 영향을 미친다. 브랜드 지각(brand perception)은 고객이 그 브랜드에 갖는 지배적인 인식을 뜻하며, 고객의 서비스 경험에 의하여 직접적인 영향을 받는다. 결국 브랜드 인지와 브랜드 지각의 차이점은 브랜드 인지는 광고주인 기업이 고객에게 일방적으로 전달하여 소비자가 얻게 된 브랜드 이미지라고 하면, 브랜드 지각은 고객이 직접 경험하여 형성된 이미지라고 할 수 있다. 따라서 브랜드 인지와 지각은 반드시 일치하지는 않는다.

기업의 브랜드 제시는 그 서비스에 대한 경험이 없거나 부족해서 어떠한 서비스기업에 대한 인상도 아직 만들지 못한 고객에게는 영향을 미칠 수 있지만 고객이 그 서비스를 경험하게 되면 그 영향력은 줄어들게 된다. 즉 고객의 경험에서 얻어진 믿음은 기업의 브랜드 제시보다 더 강력하다고 할 수 있다. 만약 광고를 통하여 제시된 기업의 브랜드가 고객의 경험과 다르다면 고객들은 광고대신 자신의 경험을 믿게 될 것이다.

따라서 브랜드 파워를 구축하기 위해서는 기업의 브랜드 제시는 물론 고객의 직접적인 서비스 경험에 의하여 형성되는 브랜드 지각을 향상시키는 것이 보다 강력하다는 점에서 고객만족 서비스가 더욱 요구된다.

연습문제 및 토의주제

1 피시본 차트(fishbone chart) 분석이란 무엇인가?

2 80/20의 법칙을 특정 서비스업체에 적용하여 설명하시오.

3 말콤 볼드리지 품질 대상이란 무엇인가?

4 브랜드의 기능에 대하여 설명하시오.

5 서비스 브랜드의 특징에 대하여 설명하시오.

6 서비스 브랜드명 선택기준에 대하여 설명하시오.

7 브랜드 스토리텔링이란 무엇인가?

8 브랜드 스토리텔링 마케팅의 성공 포인트에 대하여 설명하시오.

제11장

서비스 보증과 회복관리

"서비스 보증과 회복을 적극적으로 하라"

Service Management

제11장 서비스 보증과 회복관리

1 서비스 보증

1.1 서비스 보증의 의의

전통적으로 보증은 제품의 품질에 대한 보장을 의미하였다. 즉 불량 제품을 교환해준다든지 사용하다가 고장이 나면 일정 기간 무상으로 수리를 해 주는 것을 약증하는 것이다. 그러나 서비스는 무형이라는 점에서 보증이 쉽지 않고, 고객의 입장에서도 서비스가 보증이 되지 않으므로 이용 시 위험부담을 가질 수밖에 없다. 그럼에도 불구하고 서비스기업 간 경쟁체제에서 그리고 소비자의 권리가 강화된 환경에서 서비스기업이 적극적인 품질보증제도를 시도하지 않으면 생존하기 힘들게 되었다.

서비스 보증(service guarantee)이란 고장 난 부품을 수리 혹은 교환하는 제품 보증과는 달리 서비스 불만족 고객에게 환불, 할인, 혹은 대체 서비스 등을 제공하는 것을 말한다. 즉 서비스 보증은 예상되는 불평에 대하여 제도적으로 보상해 주는 약속이라고 할 수 있다. 서비스기업에 있어서 보증은 품질의 우수성을 강조하는 마케팅 도구로서 시장에서 차별화 수단으로 활용될 뿐만 아니라 서비스 품질관리와 고객만족 서비스 차원에서 이 제도를 적극 수용할 필요성이 있다.

많은 서비스기업에서 보증을 꺼리는 것은 서비스의 무형성, 소멸성 등으로 인하여 객관적인 증거제시와 불량에 대한 기준 설정이 어렵고, 일부 비도덕적인 고객이 악용을 할 우려가 있기 때문이다. 이 부문에 대해서는 사고의 전환이 필요한데 서비스기업은 1%의 부정직한 고객만을 대상으로 사업을 수행하는 것이 아니다. 물론 품질보증을 위해서는 비용이 발생된다. 그러나 품질보증에 대한 명성은 경쟁자와 차별화할 수 있는 마케팅수단이 되어 더 많은 매출을 올릴 수 있다는 점에서 단시안적 사고보다는 장기적인 안목에서 보다 적극성이 요구된다.

1.2 서비스 보증의 종류

서비스 보증은 ① 주요 속성 한가지에만 보증하는 단일 보증 ② 주요 속성 몇 가지를 복합하여 보증하는 복합 보증, ③ 예외 없이 보증하는 무조건적 보증 ④ 상호작용에 의한 보증 등으로 구분할 수 있는데 구체적인 내용은 〈표 11-1〉과 같다.

표 11-1 서비스 보증의 종류

구분	보증의 범위	사례
단일 보증	주요 속성 한가지에만 보증하는 것.	지정된 세 가지 인기 피자를 주문하면 10분 이내에 제공하는 것을 보장합니다. 만약 늦을 경우 다음 주문은 무료로 제공합니다.
복합 보증	주요 속성 몇 가지를 복합하여 보증하는 것.	미니애폴리스 메리어트(Minneapolis Marriott)* 호텔의 서비스 보증 : 당신에게 우리의 품질을 약속하고 제공하는 것 : • 친절하고 효율적인 체크인 • 깨끗하고 편안한 객실 • 친절하고 효율적인 체크아웃 우리가 이 약속을 이행하지 않을 경우 당신에게 현금 $20를 드릴 것입니다.

구분	보증의 범위	사례
무조건적 보증	예외 없이 보증하는 것.	랜즈 엔드(Lands' End)** 회사의 보증 : 우리 회사에서 구매한 모든 물건에 대하여 만족하지 않을 경우 전액 환불해 드립니다.
상호작용에 의한 보증	서비스 공급자와 수요자가 상호작용에 의하여 보증하는 것.	세스코(CESCO) : 서비스에 만족하지 않을 경우 고객센터로 연락을 하면 서비스 컨설턴트가 방문하여 추가 비용 없이 서비스를 실시하고, 그래도 해충문제가 해결되지 않으면 마지막 달에 납부한 관리비를 환불해 드립니다.

* 미국 미네소타주에 있는 호텔

**랜즈 엔드(Lands' End): 미국 위스콘신 에 본사를 둔 의류 소매 업체로서 사업의 대부분은 우편 주문 및 인터넷 판매이지만 미국 본토 및 영국, 독일, 일본, 프랑스, 오스트리아 등지에 오프라인 매장도 운영하고 있다.

1.3 서비스 품질보증의 원칙

(1) 무조건적이어야 한다

고객과 약속한 보증이 무조건적이어야 한다는 것은 고객과의 불필요한 논쟁과 시간 절약을 위한 것으로 '고객은 항상 옳다' 라는 경영철학이 수반되어야 한다.

(2) 고객의 이해와 의사소통이 용이해야 한다

보증의 내용은 고객이 잘 이해할 수 있어야 하고 서비스기업과 고객이 서로 의사소통이 잘 될 수 있도록 시스템을 갖추어야 한다.

(3) 정보의 취득이 용이해야 한다

보증에 대한 정보를 고객이 갖지를 못하거나 보상에 대한 두려움 때문에 소극적으로 대처한다면 오히려 역효과만 초래한다. 고객이 쉽게 정보에 대하여 접근할 수 있도록 다양한 채널을 마련하여 알려주는 것이 공격적 마케팅이다.

(4) 구체적이고 의미의 가치가 있어야 한다

보증의 내용이 막연해서는 안 되며, 그 의미 또한 고객이 납득할 수 있는 가치를 지니고 있어야 한다. 예를 들어 대형 할인점에서 "우리는 최저가로 상품을 판매하므로 다른 할인점보다 최저가 아니면 그 차액만큼 환불해 줍니다."라고 하였을 경우 최저가에 대한 기준이 막연하며, 차액만큼의 환불은 의미가 없는 것이다. 그 차액만큼 환불을 받고자 하면 다른 할인점의 비교품을 제시하여 동일제품, 수량, 규격인지 따져보아야 하는 등 많은 시간과 비용이 따르므로 투자에 비하여 보상의 의미는 없는 것이다. 따라서 구체적인 기준과 몇 배의 보상의 크기를 확대해야 한다.

(5) 호소방법의 절차가 간단해야 한다

아무리 좋은 보증제도도 그 절차가 까다로우면 중도에서 포기하는 경우가 발생하고 불만고객으로 계속 남게 된다. 예를 들어 입구에 들어와서 보증에 의하여 교환이나 보상을 요구하는데 "우리 소관이 아닙니다. 몇 층에 있는 사무실 어떤 부시로 찾아가십시오."하고, 그곳에서는 "지정된 양식에 의거 작성하셔야 합니다."하게 되면 보증에 대한 만족도는 떨어지는 것이다.

(6) 신속하게 보상해 주어야 한다

일단 보증에 의하여 집행을 할 때는 신속하게 해주어야 한다. "본사나 상사의 결재를 기다리셔야 합니다.", "다음에 오십시오."하는 등으로 지연이 되면 보증에 대한 효력이 떨어지는 것이다.

1.4 서비스 보증의 효과

서비스 보증은 소비자의 구매의사 결정에 영향을 미친다. 예를 들어 각종 벌레를 퇴치하는 방역회사 중에서 방역 후 벌레가 발생할 시 전액 환불이라고 보증을 하는 회사와 그렇지 않은 회사가 있다면 소비자는 당연히 전자를 택할 것이다. 또한 가전제품시장에서 소비자가 애프터서비스(after service)가 보장되는 제품을 선호하는 것도 서비스보증이라고 할 수 있다. 서비스보증은 구체적으로 다음과 같은 효과를 가져다준다.

- 구매의도에 영향을 미친다.
- 고객의 욕구사항과 정보가 피드백되어 마케팅 자료로 활용할 수 있다.
- 서비스 표준, 품질관리, 프로세스를 개선할 수 있다.
- 직원에게 경각심을 줄 수 있다.
- 법적 비용 및 시간을 절약할 수 있다.
- 장기적으로 충성도가 높은 고객으로 창출할 수 있다.
- 고객의 의사결정을 유도하여 시장 점유율을 높일 수 있다.
- 신뢰성 높은 기업의 이미지를 유형화시켜 줄 수 있다.

서비스업체의 보증사례

할인점 특정 품목에 대하여 타 할인점보다 가격이 비쌀 경우 두 배로 보상
방역회사 방역 후 벌레가 발생할 시 전액 환불조치
음식점 남은 음식 재사용하지 않는다는 서약서 비치
주유소 정품 · 정량 제공

2 서비스 회복

2.1 서비스 회복의 의의

서비스 과정에서 고객의 불평과 불만은 항상 존재한다. 중요한 것은 이와 같은 고객의 불평과 불만을 어떻게 처리하고, 회복여부에 따라 재 고객이 되고 아니면 거래를 중단하게 될 것이다. 이와 같이 서비스 회복(service recovery)이란 고객과 접촉하는 현장에서 고객의 불평에 대하여 현장직원이 재량권을 가지고 불만족 서비스를 감동적 서비스로 전환하는 것을 말한다. 예를 들어 고객이 레스토랑에서 음식을 주문하였는데 제공시간이 지연되어 고객이 불평할 때 현장직원이 즉각 그 고객에게 와인이나 음료수 등을 무료로 제공하여 마음을 돌리게 하는 경우를 들 수 있다. 만약 이 상황에서 적절한 보상책을 마련해 주지 않는다든지, 와인이나 음료수의 비용을 생각한다든지, 여러 단계의 상사 결재를 기다린다든지 하면 이미 고객은 돌아서 있다.

제조업에서 생산관리는 불량품이 고객에게 전달되기 전에 품질관리를 통하여 가려낼 수 있으나 서비스는 사전에 철저한 조사를 통하여 품질을 관리하기에는 한계가 있다. 서비스불량은 고객접촉 과정에서 상황에 따라, 또는 고객의 주관에 의해서 발생되는데 이를 잘 회복해주느냐, 못해주느냐에 따라 고객창조와 상실로 이어진다.

따라서 서비스 실패는 고객의 만족 · 신뢰 · 관여 및 부정적 구전에 지대한 영향을 미치므로 적절한 서비스 회복을 해주지 않으면 기존고객뿐만 아니라 잠재고객까지도 잃을 수 있다. 서비스 실패(service failure)란 고객이 제기한 불평불만에 대하여 서비스업체가 적극적으로 회복노력을 하지 않아 결국 고객이 이탈한 결과를 말하며, 고객이 타 서비스업체로 옮기는 것을 서비스 스위칭(service switching) 즉 전환행동이라고 한다. 서비스 소비자가 전환행동을 하게 되는 이유는 여러 요인이 있는데 키베니(Keaveney, 1995)는 다음 표와 같이 8가지로 정리하였다.

표 11-2 서비스업에 있어서 고객 전환행동의 요인

요 인	내 용
가격문제	높은 가격, 가격인상, 불공평한 가격책정, 기만적인 가격책정
이용불편	위치 및 영업시간, 서비스 대기시간, 약속시간의 연장
핵심서비스의 실패	서비스 실수, 계산서 오류, 서비스 실패(큰 실수)
서비스 접점의 실패	무관심, 무례함, 무반응, 전문 서비스기술의 부족
서비스 실패에 대한 종업원 반응	귀찮은 반응, 무반응, 고객에게 전가
경쟁업체의 유인	더 좋은 서비스의 선택
윤리적 문제	부정직한 행위, 강압적인 행위, 불안전하거나 건전하지 못한 관행, 업계 이익관계
우연적인 전환	소비자의 이사, 서비스업체의 양도

자료 : Keaveney(1995)의 연구결과를 저자가 표로 정리

2.2 서비스 회복의 효과

서비스 회복의 효과에 대한 연구는 국가별, 학자별 조사기관별 수치상 조금씩 다르게 나타나지만 결론은 비슷하게 도출되고 있다. 불만족 고객에게 불평을 잘 해소해 주면 만족한 고객보다 더욱 충성스러운 고객으로 바뀌며, 반대로 불만족 고객으로 남게 되면 그들은 만족한 고객보다 더 많은 잠재고객에게 부정적인 면을 구전으로 전파한다.

이와 같이 불만을 호소하였다가 만족할 수 있는 회복을 받은 고객은 처음부터 문제가 없었던 고객보다도 오히려 브랜드에 대한 신뢰도가 높게 나타나는 것이

다. 따라서 서비스기업에서 고객의 불평 · 불만을 잘 회복시켜주는 노력은 고객을 지속적으로 유지하고, 불평 · 불만 고객으로부터 잠재고객에게 전파될 부정적인 평판을 사전에 방어하고자 하는 것이다.

특히 서비스 실패를 경험한 고객이 서비스 회복을 하게 되면 서비스 실패를 경험하지 않은 고객보다 오히려 고객 충성도가 더 높아지는데 이를 서비스 회복의 역설(service recovery paradox)이라고 한다.

그림 11-1 **서비스 회복의 역설(service recovery paradox)**

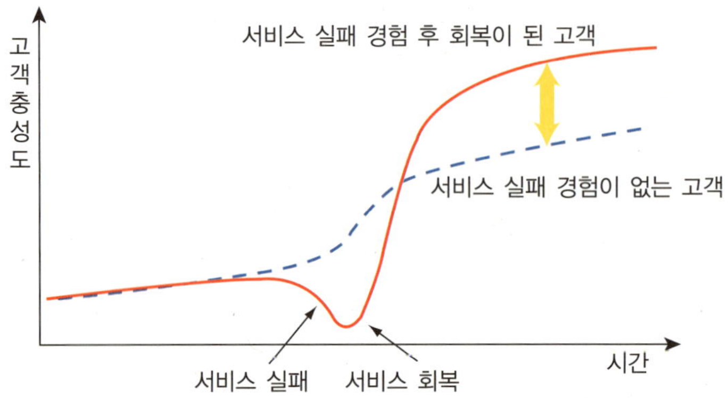

고객불평 · 불만의 피드백과 구전효과

- 제품이나 서비스에 대한 불만은 단지 4%의 고객만이 불평을 한다. 나머지 96%는 불평으로 인한 귀찮은 경험을 하고 싶어하지 않으며, 그 중에서 25%는 심각한 문제를 가지고 있다.
- 4%의 불평 고객은 96%의 불평하지 않는 고객보다 충성스러운 경향이 있다.
- 불평하는 사람의 60%는 만일 문제가 해결되면 계속 고객으로 남고 싶어하고, 95%는 문제가 신속히 해결된다면 계속 고객으로 남을 것이다.

- 불만족 고객은 보통 10명에서 20명에게 그들의 불만족 경험을 이야기한다.
- 문제가 해결된 고객들은 약 5명의 사람들에게 그들의 경험을 이야기한다.

※ 자료 : Fitzsimmons, J.A. & Fitzsimmons, M. J.(1998)

그런데 불만자는 마치 빙산처럼 형성되어 있어 불평을 하는 4%의 불만자만이 수면 위로 떠올라 표시가 나지만, 나머지 96%는 바다 속에 있어 보이질 않는다는 점에 유의할 필요가 있다.

그림 11-2 **불만자의 빙산**

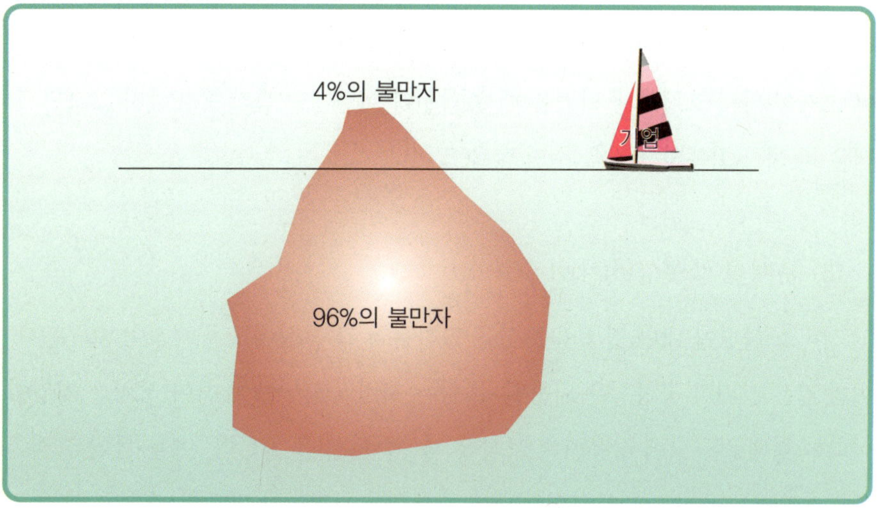

2.3 서비스 회복의 공정성

(1) 절차적 공정성(procedural justice)

상호갈등을 해결하는 과정에서의 절차의 적정성을 말한다. 즉 서비스 회복에 있어서 절차적 공정성은 서비스 문제를 해결하거나 불평을 관리하는데 있어 적절한 절차를 말하며, 고객이 지각한 절차적 공정성은 고객만족에 영향을 미친다(Bitner, 1990). 서비스 회복에 대한 절차가 까다롭고 공정하지 못하다면 고객은 회복을 포기하는 대신에 다시는 그 서비스 업체를 찾지 않을 것이다.

(2) 상호관계적 공정성(interactional justice)

갈등과 관련된 당사자 간에 인간상호관계의 차원에서 회복하는 것으로서 서비스 회복을 하고자 하는 종업원의 즉각적인 반응성이 중요시된다. 이때 고객이 공정성을 지각하지 못한다면 서비스 회복은 불가능하다. 예를 들어 호텔 레스토랑에서 고객이 커피를 리필(refill)해 달라고 했는데 즉각 서비스가 이루어지지 않아 고객이 다시 요청하게 되었을 때 종업원이 이번에도 즉각 응대하지 않으면 고객은 더 이상 회복의 시간을 주지 않을 것이다.

(3) 분배적 공정성(distributive justice)

서비스 불평에 대한 일종의 보상을 말하는데 그 보상에도 공정성이 요구된다. 이와 같은 분배적 공정성은 되돌릴 수 없는 서비스 불만에 대하여 서비스 기업이 어떠한 형태로든 그에 상응하는 보상을 제공하는 것을 말한다. 예를 들어 고객이 레스토랑에서 음식을 주문하였는데 제공시간이 지연되어 고객이 불평할 때 현장 직원이 즉각 그 고객에게 와인 등을 무료로 제공하여 마음을 돌리게 하는 경우이다. 만약 이 상황에서 적절한 보상책을 마련해 주지 않는다든지, 와인의 비용을 생각한다든지, 여러 단계의 상사 결재를 기다린다든지 하면 이미 고객은 돌아서 있다.

2.4 고객불평처리의 중요성과 원칙

(1) 고객불평처리의 중요성

유형재 상품의 불량은 물리적으로 교환, 리콜(recall), A/S 등이 가능하지만, 서비스는 무형적이고 시간과 함께 소멸되는 특성을 지니고 있어 서비스의 불량을 물리적으로 회복할 수 없다. 따라서 서비스의 불량에 대한 회복은 불평처리(complaint handling)를 어떻게 잘 하느냐에 달려 있다고 할 수 있다. 서비스 구매 후 불평에 대한 고객의 행동은 다양하게 표출되는데 이에 대하여 적절하게 대처를 하지 못하면 현재의 고객은 물론 잠재고객까지도 상실하게 된다.

불평을 표현한 고객은 불평을 표현하지 않은 고객보다 더욱 애호도가 높다는 점에서 고객의 불평을 못 마땅하게 받아들일 것이 아니라 고객애호도(customer loyalty) 향상의 기회라고 간주하여 적극적으로 응대할 필요가 있다. 즉 고객이 불평을 제기하면 최초에 적절하게 대응하고 효과적인 처리를 하게 되면 고객만족으로 연결될 수 있다는 것이다. 자넬 발로와 클라우스 묄러는 “고객의 불평은 선물이다(A complaint is a gift)”라고도 하였다. 〈그림 11-3〉는 단계별로 고객불평에 대한 행동을 보여주고 있다.

그림 11-3 고객불평 행동의 분류체계

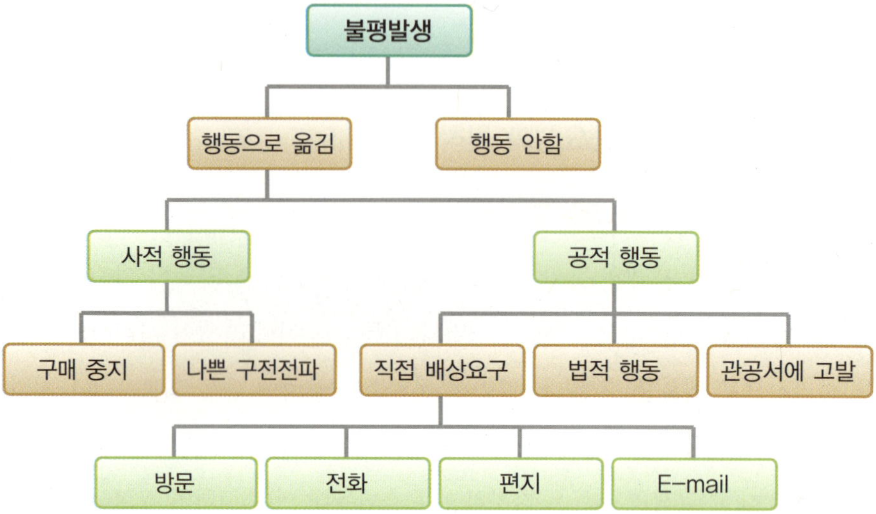

※ 자료 : Mattila A. S. & Wirtz, J.(2004)

(2) 고객불평처리의 원칙

고객불평처리는 서비스의 보증과 회복을 통해서 알아보았듯이 서비스품질관리 측면에서 중요한 의미를 지니고 있다. 고객이 쉽게 불평을 호소하기 위해서는 다음과 같은 3대 원칙이 요구된다.

접근이 용이해야 한다. 고객이 불평처리를 쉽게 하도록 하기 위해서는 고객불평처리 데스크가 입구 로비의 눈에 잘 띄는 곳에 위치해야 하고, 문서와 전화 등의 커뮤니케이션 수단을 갖추어야 하며, 고객불평처리를 위해서 노력하고 있다는 것을 적극 홍보해야 한다.

이용하기가 쉬워야 한다. 고객불평의 접수 및 절차는 한 장소에서 이루어지는 것이 바람직하다. 해당 부서별로 이리 저리 찾아가라고 하면(고객

동선이 아닌 내부 직원 통로를 이용하여 사무실을 찾는 것은 쉬운 일이 아님) 고객의 짜증만 증가시킬 뿐이다. 만약 부득이 해당 부서 사무실로 보낼 경우 담당자가 자리에 있는지 사전에 확인해야 한다. 또한 호소를 위한 양식의 내용은 누구나 이해할 수 있는 문구이어야 하고, 전화나 우편 호소시 수신자 부담 등을 통하여 이용을 쉽게 하도록 해야 한다.

처리가 신속하고 공정해야 한다. 고객이 제기한 불평에 대해서 적극적으로 대처하지 않거나 동일 사안에 대해서 차별적 처리를 하게 되면 고객의 불만은 가중된다. 따라서 고객불평처리는 신속하고 공정하게 이루어져야 한다.

(3) 고객불평처리 절차

고객불평처리 절차는 경청 – 공감표시 및 사과 – 문제해결방안 제시 – 만족여부 확인 – 사후관리 등 5단계로 진행된다.

1단계 : 경청 고객의 불평을 진지하고 겸허하게 받아들이며, 고객의 입장을 동조하면서 긍정적으로 경청한다. 특히 고객이 불평을 토로하는 중간에 끼어들어 말을 하지 않는다. 일단 1단계의 경청과정이 원만히 진행되어야 다음 단계로 넘어갈 수 있다는 점에 유의해야 한다.

2단계 : 공감표시 및 사과 경청이 끝나면 고객의 불평에 대하여 공감을 표시하고 정중하게 사과한다. 특히 논쟁이나 변명은 삼가야 한다. 만약 받아들이기 힘들거나 무리한 불평일지라도 일단 수긍하는 자세를 취한 다음 고객을 납득시킨다.

3단계 : 문제해결방안 제시 곧 시정될 수 있는 사항이라면 그 자리에서 즉시 조치하고, 이미 시정할 수 없는 사항이라면 그에 상응하는 보상책을 해결방안으로 제시한다.

4단계 : 만족여부 확인 문제해결방안의 제시에 대하여 고객이 수용하거나 만족여부를 확인한다. 충족이 되었다면 감사의 표시를 하고, 만약 고객이 해결방안을 수용하지 않거나, 만족하지 못했다면 다시 3단계로 돌아가 진지하게 대화를 나눈다. 이때는 흔히 "어떻게 해결해 주었으면 좋겠습니까?"라고 반문을 할 수 있다.

5단계 : 사후관리 고객불평처리가 완료되면 그 고객은 재고객이 될 수 있다. 따라서 불평사항을 기록하고 관련 직원에게 환기를 시키는 등 차후 그러한 문제가 발생하지 않도록 사후관리가 철저할 필요가 있다.

(4) 고객불평처리 시스템

효율적인 고객불평처리를 위해서는 시스템의 설계가 필요한데, 다음과 같은 체크리스트를 통하여 구축해 볼 수 있다.

표 11-3 고객불평처리 시스템 체크리스트

항　　목	Yes	No
문서로 된 고객 불평처리 시스템을 가지고 있는가?		
전화로 하는 고객 불평처리 시스템을 가지고 있는가?		
고객불평처리 전담 부서 및 요원이 있는가?		
고객불평처리 부서의 연락처가 전화번호부에 나와 있는가? 그 번호는 사람들이 쉽게 알아볼 수 있을 만큼 큰 글씨로 인쇄되어 있는가?		
수신자부담 전화를 가지고 있는가?		
수취인이 요금을 부담하는 우편엽서제도를 시행하고 있는가?		
고객불평처리 절차와 양식이 노인이나 교육수준이 낮은 고객들에게도 잘 이해될 수 있을 만큼 간단하고 쉬운가?		
고객불평처리를 고객이 쉽게 할 수 있도록 커뮤니케이션 체계를 갖추고 있는가?		
고객불평처리에 대한 보고절차가 간편하고 신속하게 이루어지는가?		
고객불평을 사례별로 모아 분석 연구하고 주기적으로 고객불평 사례발표를 하는가?		
고객불평처리에 대한 결과를 고객에게 피드백 하는가?		
고객불평사항을 업무개선에 반영하는가?		
고객불평처리에 기술에 대한 교육과 훈련을 실시하고 있는가?		
고객불평을 긍정적으로 받아들이는 조직문화가 형성되어 있는가?		

3 사후 서비스(after service)

3.1 사후 서비스의 의의

전통적 서비스경영자들은 서비스에 대해서 막연하게 '고객에게 잘하라' 라는 수준의 정도로 인식되어 왔으며, 그것도 판매시점에서의 강조이다. 즉, 고객이 서비스상품을 구매하러 오면 그때 고객을 정성껏 모시고 서비스를 잘하라는 것이다. 그러나 모든 구매가 만족으로 이어지는 것은 아니다. 그나마 도입한 것이 고객불평처리 전담 부서인데, 전통적 서비스기업에서는 고객불평에 대하여 대부분 경청하는 수준으로서 그 순간만 잘 모면하면 된다는 사고를 가지고 있었으며, 또는 대금 반환과 물품교환 해주는 것으로 최선을 다했다고 간주하였다. 그나마 판매할 때의 마음과 대금반환이나 교환, 수리를 해 줄 때의 마음과 태도는 완전히 다르고, 접수 및 절차도 까다로웠다. 이와 같은 한탕주의나 판매하고 나면 그만이라는 경영사고는 위험천만이며, 한번 돌아선 고객을 되돌리기 위해서는 판매노력보다 몇 배나 많은 비용이 지출된다는 점을 유의해야 한다. 판매는 순간이지만 고객은 영원한 것이다.

혁신적 서비스경영에서는 사전에 품질관리를 잘하여 불량을 없애는 사전 서비스(before service) 뿐만 아니라 구매 사후까지도 책임을 지는 서비스보상 및 보증제도를 적극 도입하여 고객의 구매 안전도를 높여야 한다. 즉 한번 고객은 영원한 고객으로 만들 수 있도록 사후 서비스(after service)도 강화해야 한다.

사례 사후 서비스의 실패 – 돌아오지 않는 고객

현재 사용 중인 제품의 세탁판이 스테인리스가 아니었던 터라 삶는 기능 등 사용 시 찜찜함을 느껴왔던 장씨는 선뜻 구입을 결심, 56만 9천 원을 결제했다. 하지만 며칠 후 배송된 제품을 확인한 장씨는 기가 막혔다. 세탁판이 스테인리스라는 광고와는 달리 플라스틱판이었던 것. 화가 난 장씨가 홈쇼핑 측으로 "방송과는 다른 제품이 배송됐다"고 항의하자 "물건에는 이상이 없고 설치 후라 취소는 안 된다"고 오히려 큰소리였다고.

장씨가 방송과는 다른 제품 배송에 대해 항의를 계속하자 그제야 확인

후 연락을 주겠다며 태도를 바꿨다. 하지만 결국 4일이나 시간을 끈 후에야 잘못을 인정, 해피콜을 통해 제품을 취소하겠다고 응대해 장 씨를 실망시켰다. 장씨는 "실제 제품과는 다른 정보로 고객의 구매를 유도하고는 이후 결제취소하면 끝이라는 태도에 정말 화가 난다"며 목소리를 높였다.

이에 대해 A사 관계자는 "확인결과 MD(merchandiser : 상품화 계획, 구입, 가공, 상품 진열, 판매 등에 대한 결정권자)와 PD 간의 작업 중 실수로 일어난 일로 잘못된 화면이 방송돼 이 같은 일이 발생했다"며 "최초 문제 발생 시 제대로 응대하지 못한 것에 대해 죄송하게 생각하며 앞으로 같은 일이 일어나지 않도록 주의하겠다"고 말했다.

자료 : 소비자가 만드는 신문

3.2 해피콜 서비스

(1) 해피콜 서비스의 의의

해피콜(happy call) 서비스란 사후 서비스의 일환으로 서비스 구매 후의 고객에게 전화 등을 통하여 만족에 대한 모니터링하는 것을 말한다. 즉 고객의 욕구에 부응하고자 서비스 경험에 대한 만족도 및 친절도를 파악하고, 불만사항에 대해서는 사전에 입수하여 관련부서에 피드백(feed back)함으로써 보다 신속하고 정확한 서비스를 추구하는데 그 목적이 있다.

(2) 해피콜 서비스의 효과

사후 서비스를 통하여 서비스업이 얻을 수 있는 효과는 첫째, 고객만족에 대한 실천 의지를 보여줌으로써 지속적인 고객유지가 가능하고, 둘째, 고객과의 커뮤니케이션을 하는 과정에서 니즈(needs)를 더욱 파악할 수 있으며, 셋째, 사후 서비스를 받은 고객이 구전을 통하여 잠재고객에게 영향을 줄 수 있으므로 매출 증대로 이어질 수 있다.

연습문제 및 토의주제

1 서비스보증의 원칙에 대하여 설명하시오.

2 서비스보증의 효과에 대하여 설명하시오.

3 서비스업체의 보증사례에 대하여 설명하시오.

4 서비스 스위칭(service switching)이란 무엇인가?

5 서비스 회복의 역설이란?

6 서비스회복의 효과에 대하여 설명하시오.

7 불만자의 빙산에 대하여 설명하시오.

8 서비스회복의 공정성에 대하여 설명하시오.

9 고객불평처리의 원칙에 대하여 설명하시오.

10 고객불평처리 절차에 대하여 설명하시오.

11 해피콜(happy call) 서비스란 무엇인가?

제12장

서비스 수요와 공급관리

"서비스공급은 비탄력적인데 비하여 서비스수요는 탄력적이다"

Service Management

제12장 서비스 수요와 공급관리

1 서비스 수요와 공급의 의의

1.1 수요와 공급의 개념

수요는 경제주체들이 어떤 재화를 일정한 시간 간격 안에 얼마나 많이 구매할 의향이 있는가를 나타낸 관계를 말한다. 일반적으로 가격이 오를수록 수요량이 감소하는 형태를 가지는데, 이를 '수요의 법칙'이라 한다. 공급은 생산자들이 어떤 재화를 일정 시간 안에 얼마나 많이 생산할 의향이 있는가를 나타낸 관계를 말한다. 일반적으로 가격이 오르면 공급량이 늘어나고, 가격이 내리면 공급량은 감소하는데 이를 '공급의 법칙'이라고 한다. 결국 시장에서 형성되는 가격은 수요와 공급의 관계에 따라 결정된다고 할 수 있다.

1.2 서비스 수요와 공급의 특징

제조업은 주문생산 및 수요예측 생산이 가능하고, 돌발적인 공급이 발생해도 재고와 야간작업 등으로 수요를 맞출 수 있지만, 서비스는 공급의 한계 및 동시성, 소멸성의 특성에 따라 저장판매 및 재고를 가지지 못하므로 수요와 공급의 조화를 이루는 것은 어려운 일이다. 즉 서비스의 공급은 한정적이고 고정적으로 발생하여 비탄력적인데 비하여 수요는 탄력적이므로 공급을 신축적으로 운용하기가 어렵다는 것이다. 대부분의 서비스기업은 이 문제를 해결하기 위해 다각도로 노력하고 있는데, 최적의 공급과 수요의 창출은 가장 이상적인 영업형태로서 서비스기업의 지상 과제이자 목표이기도 하다.

수요와 공급이 적절히 균형을 이루게 되면 서비스 공급자는 양질의 서비스를 제공할 수 있을 뿐만 아니라 손님의 입장에서 최적의 서비스를 받을 수 있을 것이다. 따라서 서비스 경영자는 수요와 공급의 균형에 의하여 최적가용능력을 유지하기 위한 노력이 요구된다. 최적가용능력이란 고객에게 최적의 서비스를 제공할 수 있는 수용 능력으로서 인적, 물리적, 기술적 서비스가 충분히 고객에게 전달될 수 있는 수준을 말한다.

1.3 서비스의 과잉수요

초과수요는 수요가 공급의 최대 가능 한계점을 초과한 경우에 발생하게 된다. 즉 과잉수요는 고객(수요)이 서비스(공급)를 받기 위하여 대기해야 하는데, 고객이 대기할 수 없으면 사업의 기회를 상실하게 된다. 예를 들어 항공기의 좌석이 200석인데 300명의 수요가 있다면 100명의 사업기회는 상실하게 되는 것이다. 또는 호텔에서 많은 고객이 체크아웃 서비스를 받기 위하여 장시간 대기하고 있다면 호텔 서비스품질 자체가 위협을 받게 된다. 이와 같이 서비스의 수요가 일시적으로 폭주할 때는 호텔과 항공사와 같은 서비스기업은 시설과 인적 자원의 한계에 의하여 능동적으로 대처하지 못하는 특성을 가지고 있다.

1.4 서비스의 과잉공급

공급이 수요를 초과하면 공급시설의 유휴화에 따른 유지 관리비와 인건비 등을 감당하지 못하여 경영악화를 초래할 수 있다. 설령 경영이 유지되더라도 고객의 입장에서는 부담없이 이용할 수 있고 신속한 서비스를 받을 수 있지만 서비스 수준에 대한 이미지는 큰 타격을 입을 수 있다. 예를 들면 앞선 항공사의 경우 수요를 300석으로 예측하여 그에 맞는 항공기를 도입하여 운항했는데 수요가 50명으로 줄었다면 투자비용과 운항에 따른 고정비를 감당할 수 없을 것이며, 텅 빈 좌석을 바라보는 고객은 여유보다는 안전과 서비스가 불량하여 손님이 없다고 판단할 것이다.

이처럼 서비스의 수요와 공급은 특성상 조절하기가 쉬운 일이 아니며 서로 불균형을 이루면 서비스 수요자나 공급자 모두에게 여러 가지 문제를 일으킨다. 그러나 효율적인 수요와 공급관리를 하게 되면 어느 정도의 조절은 가능한 일이다.

그림 12-1 **서비스 수요와 공급의 균형 전략**

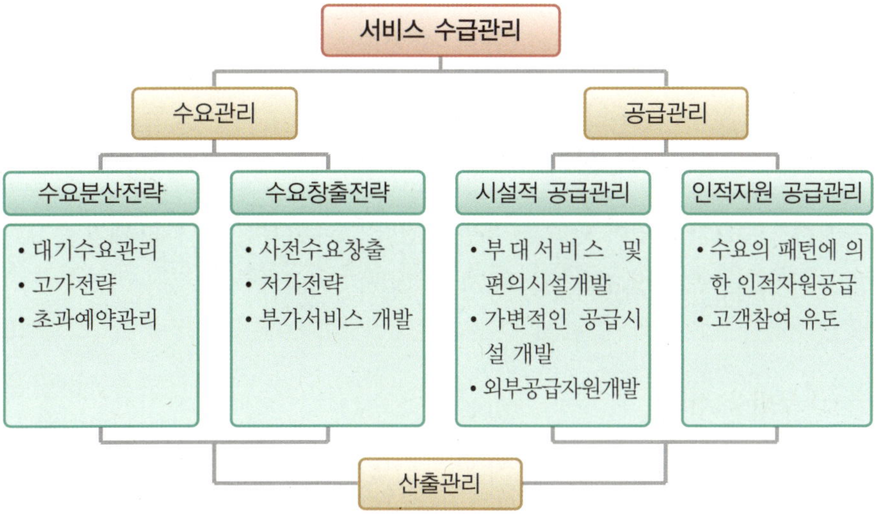

2 서비스 수요관리

2.1 서비스 수요관리의 기본전략

서비스 수요를 인위적으로 조절하기는 어렵지만 시간대별, 요일별, 월별, 계절별 등 주기적인 수요의 유형을 분석하는 등 수요의 분산에 대한 위한 노력이 필요하다. 즉 수요가 너무 많으면 서비스 병목현상을 고지하고, 평상시에 이용하도록 권유하면서 그에 따른 편익을 알려준다. 또한 최성수기 또는 피크 타임에는 할인이 없는 정상요금을 받도록 하고 애호고객을 우선적으로 배려한다. 반대로 수요가 적을 경우 가격할인이나 이벤트 및 프로모션, 광고 등을 통하여 고객을 창출하거나 운영시간을 조정한다.

그림 12-2 수요관리의 기본전략도

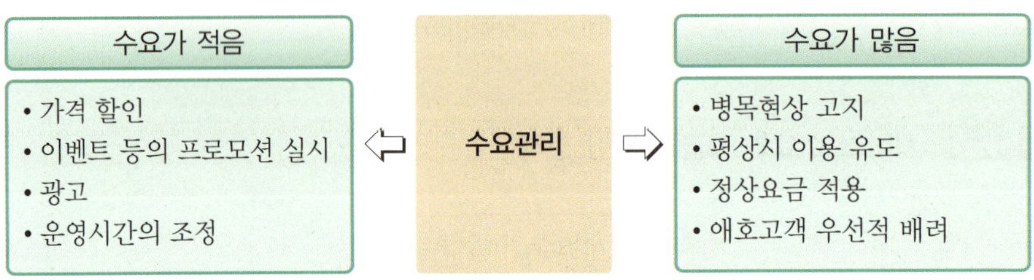

2.2 서비스 과잉수요 관리

서비스 수요가 과잉이 되면 ① 무반응 전략 ② 수요분산 전략 ③ 대기 수요관리 ④ 고가전략 ⑤ 초과예약 관리 등이 요구된다.

(1) 무반응 전략

수요의 변화에 전혀 반응을 하지 않고 수요가 자연적으로 조절되기를 기다리는 전략이다. 즉 고객의 경험과 타인의 구전에 의해서 언제 공급이 여유가 있는지를 파악하여 그들 스스로가 공급에 맞추도록 하는 것이다. 이런 경우는 공급이 수요를 따라가지 못할 때 나타나는 현상이며 수요의 대처에 소극적이다는 점에서 장기적으로 좋은 전략은 아니다.

(2) 수요분산 전략

수요가 공급을 초과하여 공급이 한계에 있거나 수요가 특정시기에 집중하게 되면 이를 분산하여 최적 수요를 창출하는 전략이 필요하다. 서비스 수요를 분산하기 위해서는 계절별, 요일별, 시간대별로 수요분석이 필요하며, 이 패턴을 통계적으로 잘 관찰하여야 대응책을 마련할 수 있다. 예를 들어 병원에서 외래환자들이 예약을 하지 않고 월요일에 집중된다면 이러한 수요를 통제할 수 없지만 진료예약은 통제할 수 있다. 즉 환자수요를 고르게 하기 위해 예약 환자의 진료일을 월요일 이후로 바꾸는 것이다. 이에 대한 연구 자료는 〈그림 12-3〉과 같은데 수요를 조절하기 전과 조절한 후의 수요를 요일별로 나타낸 것이다.

그림 12-3 내과방문 환자의 수요 분산

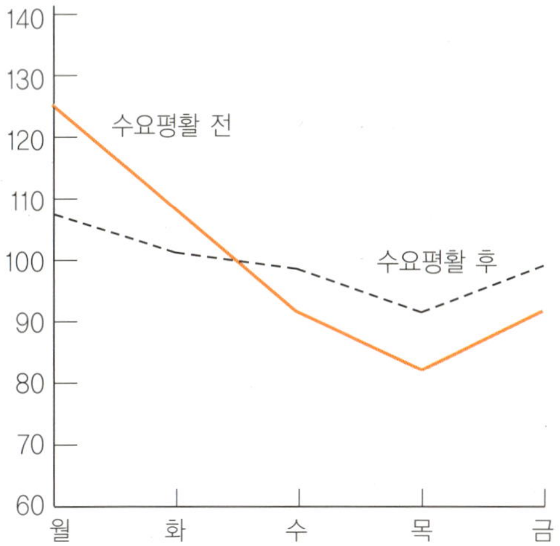

※ 자료 : Fitzsimmons, J. A. & Fitzsimmons, M. J.(1998)

(3) 대기 수요관리

서비스의 속도는 고객의 서비스평가에 영향을 미치는 중요한 속성인데, 서비스수요가 공급을 초과하면 수요자는 대기를 하든지 아니면 포기를 해야 한다. 따라서 서비스기업에 있어서 대기 수요를 어떻게 잘 관리하느냐 하는 것은 주요한 과제인데, 서비스의 지연은 많은 불평을 초래하기 때문이다. 서비스지연을 방지하기 위해서는 다음과 같은 대기 시간을 감축시키는 노력이 필요하다.

서비스 프로세스를 단순화한다 서비스 프로세스 중에 대기하는 시간이 길어지면 서비스구매를 완료하는 시점이 늦어지고 다른 고객에게도 연쇄적으로 늦어 질 수도 있다. 따라서 가능한 프로세스를 단순화하도록 노력해야 한다. 예를 들면 레스토랑의 경우 요리명은 대부분 길게 설명되어 있는데 여러 명의 고객에게 긴 요리명을 주문받아 적으면 많은 시간이 소요되어 다른 고객에게 서비스 할 시간이 늦어지므로 약어로 표기하는 시스템을 들 수 있다.

정보처리 기기를 이용한다 대기시간을 줄이고 신속한 서비스를 하기 위해서는 정보처리 기기를 이용할 필요가 있다. 예를 들면 레스토랑에서 주문서를 작성하게 되면 음식을 만들기 위해서 주방에, 계산을 위해서는 캐셔(cashier)에게 각각 전달해 주어야 하는데 이때 무선 주문 POS(point of sale)시스템을 도입하여 내용을 즉석에서 입력하게 되면 주방과 캐셔에게 자동 연결되므로 시간을 단축시킬 수 있다는 것이다. 또한 은행에서의 현금인출기 도입도 마찬가지이다.

인적 자원을 활용한다 대기의 병목이 심한 접점에서는 헬퍼(helper)를 투입하고, 전문적이고 노련한 인력을 배치하여 대기시간을 감축시킨다.

대기에 대한 보상을 실시한다 예를 들어 패밀리 레스토랑 경우 주말에 수요가 몰려 많은 인원이 대기를 하게 되는데, 그때 고객에게 음료수 등의 보상을 하게 되면 대기에 대한 불평과 지루함을 달랠 수 있다.

대기시간을 짧게 느껴지도록 만든다 일반적으로 서비스 고객들은 실제 기다리는 시간을 과대평가하는 경우가 많다. 이와 같은 측면에서 대부분의 서비스기업에서는 대기의 지루함을 방지하기 위하여 시간을 보낼 수 있는 활동거리를 제공하거나 심리적 요소를 감안하는 대기시간에 대한 고객의 지각을 줄이려고 하고 있다. 예를 들면 은행에서 대기동안 잡지제공, 호텔이나 백화점에서 엘리베이터 근처에 대형 거울을 설치하여 기다리는 동안 고객이 거울을 보게 하는 경우이다. 대기시간이 길게 느껴지는 좋은 예는 휴일 테마파크의 놀이동산일 것이다. 2분 타기 위해서 20분 이상을 기다리는 것은 예사이다. 이 분야의 벤치마킹 대상 기업은 디즈니랜드이다. 디즈니의 고객은 놀이기구에서 1시간 이상을 기다리더라도 대기시간이 길게 느껴지지 않는다고 한다.

사례 **디즈니랜드의 대기시간 관리**

- 각 놀이터마다 대기시간을 게시하기 때문에 얼마나 기다려야 되는지 파악할 수 있어 다른 놀이터 선택을 할 수 있는 수요의 분산을 유도할 수 있다.
- 긴 직렬라인은 대기시간을 지루하게 만들므로 대기라인을 S자형 또는 파티션을 이용하여 짧은 병렬라인을 만들어 주었다.
- 대기라인에서 다른 놀이기구를 볼 수 있게 만들어 자신이 즐길 놀이기구를 미리 보도록 하여 대기시간을 길게 느껴지지 않게 한다.

※ 디즈니랜드의 대기관리(예약시간 표시)

대기시간에 대한 심리학적 고찰

- 고객은 시설이용에 소비하는 시간보다 시설이용을 위해 기다리는 시간을 더 길게 느낀다.
- 서비스의 시작을 기다리는 것이 서비스과정 중에서 기다리는 것보다 더 길게 느껴진다.
- 초조함은 더욱 길게 느끼게 한다.
- 무작정 기다림은 확실한 기다림보다 더 길게 느껴진다.
- 사전 설명이 없는 기다림은 더 길게 느껴진다.
- 정당하지 않은 기다림은 공정한 기다림보다 더 길게 느껴진다.
- 가치있는 서비스가 제공되면 고객은 더 기다릴 용의가 있다.
- 혼자 기다리는 것이 집단적으로 기다리는 것보다 더 길게 느껴진다.

※ 자료 : Maister(1985)

(4) 고가전략

수요가 몰리는 시기에 고가전략을 사용하게 되면 수요자 이 시기를 피하려는 경향이 있으므로 자동적으로 수요를 분산할 수 있으며 매출을 극대화시킬 수도 있다. 예를 들면 호텔과 항공사의 경우 수요가 집중적으로 몰리는 시기에는 전혀 할인을 제공하지 않고 있다.

(5) 초과예약 관리

시설적 편익 서비스업체들은 상품의 재고저장이 불가능하기 때문에 시간과 함께 소멸된다. 예를 들어 A라는 호텔의 객실이 500실일 경우 그날 다 팔지 못하면 남은 객실은 자동 소멸되어 버린다. 그런데 예약을 통해 500실을 다 팔아도 당일 고객의 사정으로 인하여 나타나지 않을 경우 그 고객의 객실을 시간적 여유가 없어 팔지 못하면 기회손실이 되어 버린다. 이러한 현상 때문에 호텔과 항공사 등에서는 초과예약을 관리하게 되는 것이다.

초과예약 관리에는 사실상 정도가 없다. 초과예약을 많이 받아 놓았을 경우 만약 당일 수용하지 못하면 고객의 불만을 초래하고 작게 받아 놓았을 경우 만약 당일 수용하고도 남으면 남은 만큼의 기회매출을 잃게 된다. 호텔의 경우 수용하지 못한 초과예약 고객은 동급 수준의 다른 호텔로 턴 어웨이 서비스(turn away service)하지만 고객불만은 가중되는 것이다.

따라서 초과예약관리를 효율적으로 관리하기 위해서는 미시적으로는 과거의 계절별, 요일별의 통계를 참고하고 거시적으로는 국가정책, 경제 및 소비자동향, 수요의 변화를 가져올 수 있는 이벤트 등을 참고하여 예측해야 하며, 초과예약 관리자는 그 분야에서 오랫동안 근무하고 정통한 직원이어야 한다.

2.3 서비스 수요창출 전략

수요가 부족하면 공급시설과 인적 자원이 유휴화되므로 수요를 적극적으로 찾아야 한다. 이를 위한 전략으로는 ① 사전 수요창출 전략 ② 저가 전략 ③ 부가 서비스 개발 등을 들 수 있다.

(1) 사전 수요창출 전략

다양한 예약채널(인터넷 예약 등)을 통하여 사전 예약을 유도하는 제도적 장치를 마련해서 이를 이용하는 고객에게는 일정한 혜택을 주어 사전에 수요를 창출해 놓아야 한다. 당일 판매는 한계가 있으므로 사전에 예약을 통하여 수요를 어느 정도 창출해 놓지 않으면 연중 공급시설을 채울 수 없는 것이다. 예를 들어 항공사의 경우 인터넷과 컴퓨터 예약시스템(CRS : Computerized Reservation System)을 통하여 좌석을 사전에 할인된 가격으로 판매하여 연중 좌석 점유율을 높이고 있다.

(2) 저가전략

시설적 편의 서비스기업의 수요특징은 주중과 주말, 계절적으로 비수기와 성수기가 극명하게 나타난다. 따라서 비수기에 마케팅을 집중하여 저렴하면서 다양한 혜택을 줄 수 있는 패키지 상품, 각종 프로모션(promotion) 및 이벤트(event) 등을 개발하여 고객을 유도해야 한다. 또한 수요가 적은 시간대를 극복하기 위해서는 가격차별화 즉 해피 아워(happy hour)와 같은 타임 마케팅(time marketing)을 전개하여 이 시간대에 오는 고객에게는 가격할인 및 다양한 혜택을 주어 수요를 유인해야 한다. 예를 들면 백화점에서 마감 시간대에 식료품을 저렴하게 판매하는 경우, 영화관에서 조조할인, 통신회사에서 주말과 야간의 전화요금 할인 등을 들 수 있다.

(3) 부가서비스 개발

전통적 서비스경영에서는 핵심서비스에 역량을 치중했지만 혁신적 서비스경영에서는 부가서비스를 개발하여 경쟁사와 차별화를 시도하고 있다. 핵심서비스(core service)란 서비스상품에서 주가 되는 서비스를 말하며, 부가서비스(supplementary service)란 주된 서비스를 팔기 위한 부수적 또는 보조적 서비스를 말한다. 특히 서비스기업에서는 핵심서비스의 경쟁력을 향상시킬 수 있도록 핵심서비스에 부가서비스를 함께 묶는 패키지상품을 개발하기도 한다.

서비스공급이 부족한 과거에는 고객이 핵심서비스에만 초점을 맞추었지만, 과잉공급에 의하여 경쟁이 심화되고 대체 서비스가 대두되고 있는 오늘날에는 핵심서비스만으로는 고객에게 접근할 수 없으며, 또한 서비스가 성숙된 업계에서는 핵심서비스의 품질과 가격이 비슷하므로 핵심서비스만으로는 차별화를 이룰 수 없는 것이다. 또한 핵심서비스는 개발을 위해서 많은 시간과 투자가 필요하고, 한번 고착화되어 버리면 쉽게 변형할 수 없으며, 경쟁업체가 모방하기 쉽지만, 부가서비스는 적은 시간과 투자로서 개발이 용이하고, 모방이 되더라도 변형하기 쉬우므로 혁신적 서비스경영에서는 부가서비스 개발에 부단히 노력하고 있다.

즉, 부가서비스는 차별화의 원동력으로, 때로는 경쟁무기로 그 중요성이 높아지고 있다. 물론 핵심서비스 자체를 등한시하거나 제대로 수행하지 못하면 기업의 생존 자체는 어려운 것이다. 예를 들어 호텔 고객 중 숙박을 원하는 고객의 경우 객실은 핵심서비스이고, 레스토랑 및 사우나 등의 부대시설과 각종 편의 및 혜택을 위한 서비스 제공은 부가서비스인 것이다.

또한 백화점이나 대형 할인점이 문화센터를 열고, 화랑을 운영하는 이유는 이러한 부가서비스를 통하여 고객을 유인하고 붙잡아둬 결국 물건을 팔 수 있는 기회를 높이기 위해서이다.

표 12-1 주요 서비스업의 핵심서비스와 부가서비스

서비스업	핵심서비스	부가서비스
호텔 (상용고객)	쾌적한 객실	• 다양한 레스토랑 • 사우나 등의 레포츠시설 이용 시 할인 • 예약의 편리성 • 비즈니스센터 시설 • 객실 내 인터넷 가능 및 개인 금고 • 호텔-공항 셔틀버스 운행 • 체크인, 체크아웃의 신속한 서비스 • 이용실적에 따른 마일리지 서비스
항공사	안전하고 신속한 운항	• 고품질 기내식 서비스 • 스튜디어스의 친절성 • 신문, 잡지, 영화 서비스 • 기내 인터넷 서비스 • 이용실적에 따른 마일리지 서비스
백화점	신용 및 쾌적한 쇼핑	• 주차서비스 • 문화센터 및 부대시설 • 셔틀버스운행 • 사은품 증정 • 무이자 할부제도 • 반품의 환불 및 교환제도 • 이린이 놀이 공간 • 이용실적에 따른 마일리지 서비스

※ 상기 표의 부가서비스는 보편적인 것으로 각 업체마다 독특하고 차별화된 부가서비스가 존재함.

3 서비스 공급관리

3.1 서비스 공급관리의 기본전략

서비스 공급은 대부분 비탄력적인데 비하여 서비스 수요는 탄력적이다. 따라서 서비스 공급을 수요에 맞추는 전략이 요구된다. 즉 수요가 너무 많으면 시간

과 인력의 확장이 필요한데, 파트타임 직원의 활용, 시간 외 근무 등을 통하여 수요에 맞추거나 필요한 경우 하청이나 아웃소싱을 도입하고, 시설 및 장비 등의 임차 및 공유도 요구된다. 반대로 수요가 적으면 여유시간의 활용이 필요한데, 즉 시설의 개보수, 직원 교육 및 훈련, 휴가 실시 등을 통하여 공급자원을 관리하고, 수요의 저하가 장기화될 때는 비용절감은 물론 인원감축 등의 구조조정도 요구된다.

그림 12-4 공급관리의 기본전략도

3.2 시설적 공급관리

(1) 부대서비스 및 편의 시설의 개발

핵심서비스 시설의 공급 확충은 어렵지만 부대서비스 시설은 변형과 개발이 용이하고 부대서비스 시설 그 자체는 공급의 대상이 될 뿐만 아니라 핵심서비스 공급의 한계를 극복해 주는 수단이 된다. 예를 들어 호텔의 경우 핵심서비스는 객실이다. 그러나 호텔 내에 객실만 가지고는 수요창출이 되는 것이 아니다. 핵심서비스를 보완하기 위하여 레스토랑, 비즈니스센터, 사우나, 수영장, 테니스장 등의 각종 부대서비스 시설이 필요한 것이다. 부대서비스를 위한 시설의 공급은 비록 수익성은 떨어지더라도 그 자체가 공급의 대상이 되어 호텔 전체 매출에서 볼 때 객실공급의 한계 매출을 극복하여 주는 수단이 되는 것이다.

또한 핵심수요층을 보호하기 위해서도 편의 시설을 개발할 필요가 있다. 예를 들어 레스토랑의 고객층은 어른과 어린이로 나누어져 있다. 가족 단위로 외식을 할 경우 햄버거나 피자 등으로 어린이에 초점을 맞추면 어른들이 소외되고 반대로 어른 위주로 음식점을 가게 되면 어린이들이 소외된다. 만약 어른들 위주의 음식점에 갔을 때 어린이들은 음식을 금방 싫증내고 뛰어 다니거나 집에 가자고 조른다. 이렇게 되면 어른들도 음식을 맛있게 먹지 못하고 서두르게 되는데 결국 다음에 올 때는 재고의 대상이 된다. 즉 어린이 때문에 핵심수요인 어른들이 기피하거나 매출의 극대화를 가져오지 못하는 문제가 발생한다. 이러한 문제를 해결하기 위해서는 어린이 놀이방, 비디오 상영실 등의 부대시설을 만들어 핵심수요를 보호함으로써 지속적인 수요창출과 매출의 극대화를 추구해야 한다. 일부 백화점이나 리조트 호텔에서는 이와 같은 부대 서비스시설을 통하여 핵심수요를 보호하고 있다.

사례

블랙스미스의 영재놀이방 운영

이탈리안 패밀리 레스토랑 블랙스미스 청담점은 청담동 명품거리가 끝나는 청담사거리에 위치해 있으며 총 2층으로 구성된 200평 규모에 180석을 갖추고 있는데 여타 매장에서 시도하지 않은 시설은 2층에 있다. 주거지역이 밀집된 점을 고려해 2층에 영재놀이방을 만들어 운영하는 것. 유아교육을 전공한 선생님이 상주하며 아이들을 돌본다. 블럭쌓기, 그림 등 창의력을 높일 수 있는 교육프로그램이 상시 진행되며 블랙스미스 주

※ 블랙스미스 청담직영점

방에서 사용하는 밀가루 반죽으로 아이들이 작품을 만들면 2층의 화덕에서 과자를 직접 구워볼 수 있도록 체험프로그램을 운영할 예정이다.

(2) 가변적인 공급 시설의 개발

일시적인 수요의 증가를 수용하기 위하여 핵심시설 외에 가변적으로 운용할 수 있는 공급 시설을 개발할 필요가 있다. 예를 들면 여름 성수기인 호텔의 가든에 호프광장 등을 설치하여 한시적으로 운영하고 비수기에는 철수하는 것을 들 수 있다.

(3) 외부 공급 자원의 개발

서비스는 유통과정이 없으므로 생산과 소비가 동시에 발생하는데 고객이 생산현장에 직접 오거나 서비스 제공자가 고객에게 찾아가야 하는 문제점과 고객이 생산과정에도 참여하는 공동생산자라는 점에서 경영상의 문제점이 발생한다. 또한 유통과정이 없다는 것은 곧 서비스기업의 입지 의존성을 의미한다. 한정적인 입지의존성과 수용의 한계를 타개하기 위해서는 지점 또는 영업소 형식으로 외부로 진출하거나 출장, 배달 등으로 보다 더 고객과 가까이 할 필요성이 있다.

이러한 전략은 범위의 경제성(economic of scope)을 추구하자는 것인데 즉, 자사가 이미 가지고 있는 판매채널, 브랜드명, 고유기술, 생산설비 등의 경영자원이나 노하우를 복수사업에서 공유하거나 외부로 나가 수요를 창출한다면 그 만큼 경제적이라고 할 수 있다. 예를 들면 서울의 한 호텔이 시내 주요지역에 건물을 임대 또는 구입하여 외식사업에 진출하거나, 호텔의 제과점이 백화점이나 대형할인 매장에 진출하는 것이다. 고객의 입장에서는 호텔에 가지 않아도 똑같은 브랜드의 서비스와 맛을 구매할 수 있는 것이다.

표 12-2 주요 서비스기업의 외부공급 자원

서비스기업	외부공급자원
레스토랑	프랜차이징, 배달, 테이크아웃(take out) 서비스
호텔	출장파티, 외식사업
병원	이동병원(건강검진 차량)
은행	이동식 은행, CD(현금인출기)기 설치

※ 이동식 건강검진차량은 서비스공급을 소비자에게 찾아가 외부에서 하는 것이다.

3.3 인적 자원 공급관리

(1) 수요의 패턴에 의한 인적 자원 공급

앞에서 언급한 바와 같이 서비스수요는 업종에 따라 계절별, 요일별, 시간대별의 특징이 있으므로 이 패턴을 통계적으로 잘 활용하면 비록 시설적 공급은 한계가 있더라도 인력 서비스공급 면에서는 조절이 가능하다. 서비스 수요는 변동적인데 비하여 인적 공급은 고정적으로 운용되는데 만약 수요가 많으면 인적 공급이 부족하게 되고 반대로 수요가 적으면 인적 공급이 유휴화되어 비용이 상승하게 되는 것이다. 문제는 서비스업의 고정비 중에서 인건비의 비중이 높다는 것이다. 즉 인적 자원의 효율적인 관리는 최소의 비용으로 수요를 충족하자는 것이다.

따라서 수요의 패턴에 따라 고정적인 인원은 근무 스케줄, 휴가, 비번을 조절하고 부족 시는 파트타이머 투입 등을 통해서 공급을 늘려야 하는 것이다. 또한 고정적 인원의 휴가와 비번에 대비하고 수요의 증가에 신축적으로 대응하기 위해서는 서로의 업무를 숙지하여 대체 능력을 개발해야 하는데 이러한 훈련을 크로스 트레이닝(cross training)이라고 한다. 그리고 한 업장에서 바쁘면 다른 업장의 종업원이 도와줄 수 있는 헬퍼(helper) 시스템도 갖추어야 한다. 예를 들어 호텔의 연회장에서 대형 행사로 인해 인원이 부족하면 타 업장에서 인적 자원을 공급받는 것이다. 항상 대형 행사가 발생하지 않기 때문에 많은 수의 고정 인원을 둘 수 없다.

인적 자원 공급계획은 일시적인 수요의 증가에 대해서는 헬퍼 시스템을 가동해야 되겠지만 예측된 수요의 증가에 대해서는 주간, 월간, 연간 계획에 의하여 파트타이머 등의 수급체계를 갖추어야 한다. 예를 들면 리조트 호텔의 경우 계절적으로는 여름, 요일별로는 주말에 수요가 집중되고, 백화점의 경우 명절 전후와 연중 기념일(발렌타인 데이, 어린이 날, 어버이 날, 크리스마스 등), 요일별로는 주말, 시간대별로는 오후에 수요가 집중되므로 이에 대한 적절한 인력 운용계획이 나와야 하는 것이다.

(2) 고객 참여 유도

서비스의 특성 중에서 고객이 생산과정에 직접 참여한다는 점을 적극 활용하는 것이다. 즉 고객이 셀프서비스를 하게 하는 것이다. 이럴 경우 인적 공급을 줄일 수 있으며, 시설적 공급이나 서비스제공의 시간적 한계 때문에 야기되는 수요자의 대기 시간을 다소 해소시킬 수 있다. 예를 들면 피자헛에서는 샐러드 바를 설치하여 피자를 기다리는 고객에게 셀프서비스를 하게 하여 대기 시간을 줄이고, 인적 서비스의 공급도 조절하고 있다.

여기서 유의할 점은 셀프서비스를 하게 되면 고객의 입장에서는 대기하지 않는다는 이점이 있지만 제공자의 입장에서도 공급의 한계를 극복할 수 있다는 점에서 고객에게 어느 정도의 기회이익을 주어야 하는 것이다. 즉 피자헛에서의 경우처럼 샐러드 바의 셀프 서비스에 대한 대가는 한 번의 가격으로 무제한 먹게 하는 것이다.

3.4 시간적 공급관리

시간적 공급이란 서비스기업의 영업 전 또는 마감시간 이후의 수요를 충족시키기 위해 영업시간을 연장하거나 인터넷을 이용하여 시간의 벽을 극복하는 공급체계를 말한다. 예를 들어 은행은 통상 오전 9시 이후 문을 열고 오후 5시경에 문을 닫는다. 따라서 직장을 다니는 많은 고객들은 은행의 영업시간이 자신의 업무시간과 겹치기 때문에 은행을 이용하지 못하는 경우가 발생하는데 이를 간파한 일부 은행은 일찍 문을 열거나 연장영업을 통하여 고객욕구를 충족시켜 주고 있다.

또한 대부분의 쇼핑업체들은 오후 8시에 문을 닫는데 일부 쇼핑업체는 시간파괴 개념을 도입하여 '쇼핑은 반드시 일과 중에 한다.' 는 고정관념을 깨고 소비자가 편한 시간대에 언제든지 쇼핑을 할 수 있도록 24시간 영업을 개시하여 하여 성공을 거둔 바 있다. 이러한 수요의 고객계층은 퇴근 후 만나서 같이 쇼핑을 하는 맞벌이 부부, 주변의 야간 유흥업소, 야간에 라이프 사이클을 가진 자들일 것이다. 실제 K클럽은 심야시간대의 매출이 30% 차지한다고 밝힌 바 있다.

사례

은행의 시간적 공급관리

시중은행들이 영업시간을 오후 시간대로 옮기는 등 탄력적으로 운영하기 시작했다. 직장인 고객들의 수요를 붙들기 위해 퇴근 시간대에 맞춰 영업시간을 연장한 것이다. 타깃을 명확히 설정함으로써 획일적인 영업을 하던 때보다 집중적으로 수익을 창출하겠다는 전략이다. 금융권에 따르면 최근 KB국민은행은 서울 강남구 테헤란로에 30~40대 직장인을 중심으로 한 특화점포를 열었다. 직장인들의 접근성을 높이기 위해 지하철 인근으로 위치를 정했으며, 영업시간은 낮 12시부터 오후 7시까지다. 현재까지 영업시간 연장은 공항점포나 대형마트, 외국인 노동자 밀집지역 등 특수한 점포에 한해 적용돼왔다. 그러나 직장인들이 업무 중 은행 방문이 어려워 점심시간을 주로 이용한다는 점을 감안해, 영업시간 연장 점포를 확대한 것이다.

스탠다드차타드(SC) 은행은 10개 영업점을 대상으로 영업시간 연장 서비스를 시행하기 시작했다. 유동인구가 많은 명동지점, 무역센터지점, 역삼역지점, 둔산지점과 대단위 주택이 밀집한 올림픽선수촌아파트지점 및 훼밀리타운지점 등이 최대 오후 7시 30분까지 문을 연다. 또한 건물 내에 입점한 가산디지털지점, 타임스퀘어지점, 아주대병원지점, 엘지전자지점 등도 오전 11시~오후 7시 혹은 오전 7시 30분~오후 7시 30분 등 영업시간을 각각 다르게 운영한다. 오전 7시 30분부터 오후 7시 30분까지 운영되는 지점의 경우는 오전반과 오후반을 나눠 근무하는 시차제를 적용하고 있다.

은행들의 이 같은 영업시간 연장은 저녁에 업무를 볼 수 있다는 장점 때문에 거래가 가능한 은행으로 옮기는 고객이 생길 수 있다는 점에서 고객 유치와 수익성 확보에 유리하다.

자료 : 아주경제(2012. 9. 13)

연습문제 및 토의주제

1 서비스 수요와 공급의 특징에 대하여 설명하시오.

2 최적가용능력이란 무엇인가?

3 서비스의 과잉수요는 어떤 현상을 초래하는가?

4 서비스의 과잉공급은 어떤 현상을 초래하는가?

5 서비스 수요관리의 기본전략에 대하여 설명하시오.

6 서비스 과잉수요 관리에 대하여 설명하시오.

7 대기시간에 대한 심리학적 고찰에 대하여 설명하시오.

8 서비스 수요창출 전략에 대하여 설명하시오.

9 서비스 공급관리의 기본전략에 대하여 설명하시오.

10 서비스기업의 외부공급 자원을 사례를 들어 보시오

11 시설적 공급관리에 대하여 설명하시오.

12 인적 자원 공급관리에 대하여 설명하시오.

제13장

일드 매니지먼트

"수익을 높이기 위해서는 일드율을 높여라"

Service Management

제13장 일드 매니지먼트

1 일드 매니지먼트의 의의

1.1 일드 매니지먼트의 배경

일드 매니지먼트(yield management)란 산출관리를 의미하며, 수익극대화 전략이라고 할 수 있다. 1970년대 후반 항공사 간 경쟁이 심화되자 항공사는 어떻게 하면 높은 요금에 좌석을 모두 채울 것인가에 고민하게 되었다. 이에 1988년 벨 라보래토리스(Bell Laboratories)가 일드 매니지먼트를 고안하여 항공사에 처음으로 적용하였다.

항공사에서 일드 매니지먼트가 요구되는 것은 첫째, 보유하고 있는 비행기의 좌석을 매번 정상가격으로 다 채워서 운항할 수 없기 때문에 할인을 통해서 점유율의 일정부분을 사전에 확보해야 하고, 둘째, 항공기의 좌석은 시간이 지나면 소멸하기 때문에 할인을 하더라도 판매를 해야 하기 때문이다. 그러나 무작정 할인을 하여 사전에 좌석을 모두 판매하였을 경우에는 매출증대에 문제가 발생된다. 이처럼 좌석을 할인하여 모두 팔면 매출액이 문제이고, 매출액 때문에 정상가격으로 판매하자니 좌석이 채워지지 않을 수 있다는 상쇄의 현상이 발생된다.

따라서 항공사는 초할인 요금(super saver), 절약형 요금(maxi-saver), 정상요금(full-fare) 등과 같이 몇 개의 요금체계로 구분하여 출발일로부터 오래 전에 예약을 하면 초할인 요금(super saver), 그 다음 예약은 절약형 요금(maxi-saver)을 적용하고, 출발일이 다가오면 정상요금을 받고자 한다. 결국 좌석도 채우고, 매출도 가능한 극대화하고자 하는 것인데 이것이 곧 일드 매니지먼트인 것이다. 이와 같은 일드 매니지먼트는 효용성이 입증되어 호텔, 리조트, 크루즈, 렌터카 회사와 같은 관광서비스 공급업자에게 확대 운용되고 있는 실정이다.

그림 13-1 항공사의 일드 매니지먼트 적용 예

초할인 요금 (super saver)	⇨	절약형 요금 (maxi-saver)	⇨	정상요금 (full-fare)
6개월 전 예약		1~2개월 전 예약		1개월 이내 예약

사례 일드 매니지먼트의 사과껍질 이론

레스토랑에서 주방장을 뽑는데 3명이 지원하였다. 그들에게 똑같은 크기의 사과를 주고 동일 시간 내에 각각 껍질을 깎아 보아라고 하였다. 여러분이 레스토랑 사장이라면 다음 중 누구를 선택할 것인가?

■A지원자 : 껍질을 두껍게 깎아 사과의 속살이 80% 밖에 산출하지 못했다.

■B지원자 : 껍질의 두께를 적당한 두께로 깎아 사과의 속살을 90% 산출하였다.

■C지원자 : 껍질의 두께를 아주 얇게 깎아 사과의 속살을 95% 산출하였다.

"여러분은 C지원자를 선택할 것이다. 이것이 바로 일드 매니지먼트이다"

1.2 일드 매니지먼트의 개념

일드 매니지먼트(yield management)란 매출극대화, 고객서비스 강화, 영업의 효율성 그리고 수익을 증대하기 위하여 적정한 가격으로 수용력을 배분하는 등 일드(yield)율을 높이기 위한 관리기법을 말한다. 즉 과거의 영업통계와 미래의 변수를 예측하여 현재 상황에서 가장 적절한 가격을 설정함으로써 수익의 극대화를 도모하는 경영기법이라고 할 수 있다.

일드 매니지먼트는 최적의 수요와 공급을 창출하여 영업수익을 극대화하기 위한 실증된 경영기법으로서 수요가 감소하면 가격을 하향 조정하고, 수요가 많으면 가격을 올리는 신축적인 가격정책이라고 할 수 있는데, 단순하고 상식적인 것처럼 보이지만 적용하기 위해서는 고도의 전략적인 판단이 요구된다. 특히 공급이 한정적이고, 고정비가 높은 서비스기업에서는 수익요금(yield rate)으로서 영업을 잘했느냐, 못했느냐를 가늠하기도 한다. 예를 들면 호텔 객실의 경우 일드 래이트(전체 객실료 수입에서 전체 객실수를 나눈 수입금)가 높으면 객실 판매율과 평균 객실료를 잘 조화시켜 수익을 많이 올린 호텔이고, 반면 일드 래이트(yield rate)가 낮으면 아무리 객실 판매율이나 평균 객실료가 높아도 수익률 면에서는 실패했다는 것이다.

일드(yield)의 사전적 의미는 「생기게 하다」, 「산출하다」, 「(이익 따위를) 가져오다」로 되어 있는데, 일드 매니지먼트에 대한 여러 학자의 정의를 정리하면 다음 표와 같다.

표 13-1 **일드 매니지먼트의 정의**

학자	정 의
올킨(Orkin, 1988)	과거판매 히스토리에 근거하여 객실점유율과 당일 평균요금의 가장 바람직한 조화를 예측하는 것이다.
리베르만 (Lieberman, 1993)	서비스를 개선하고 가격과 재고를 통제하여 호텔과 같은 자산의 판매를 증가시킴으로써 이윤극대화를 추구하는 것이다.
안젤로 · 블래디미르 (Angelo & Vladimir, 1994)	예측되어진 객실공급과 수요에 근거하여 적절한 가격이 서로 다른 마켓에 제공되어지도록 하는 것이다.
레빈(Levin, 1994)	주어진 시간 동안 객실수요에 따라 다양한 객실가격을 적용하는 것이다.
브렌트 리치 · 고엘드너 (Brent Ritchi & Goeldner, 1994)	호텔과 모텔의 객실가격을 정하는데 경제적인 원리를 유기적으로 적용하기 위한 것이다.
피츠시몬스 (Fitzsimmons, 1998)	예약시스템, 초과예약, 수요분할 등을 활용하여 공급능력이 제한되어 있는 서비스의 수익을 극대화하기 위한 종합적 시스템이다.
초이 · 초(Choi & Cho, 2000)	호텔 객실을 판매하는데 있어서 매출과 이익을 극대화하기 위한 경영 의사결정에 초점을 맞춘 기술이다.

1.3 일드 매니지먼트의 효용성

일드 매니지먼트의 효용성에 대하여 리베르만(Lieberman)은 “가격정책 조화와 예약절차를 지원하는 통계적 모델로서 그리고 예약공유를 수행하기 위한 호텔의 능력을 향상시키기 위하여 과거자료와 현재의 정보로 사용하는 것을 호텔 일드 매니지먼트를 정의하고 매출과 고객서비스능력 둘 다 증가시킨다”고 하였으며, 다음과 같은 효율성을 지적하였다.

- 가장 효과적인 가격구조를 정립할 수 있다.
- 적정예약을 예상하여 숙박일수 또는 객실타입에 대한 수용을 결정할 수 있는 근거를 마련할 수 있다.
- 할인관리 지침을 마련할 수 있다.

- 단체할인에 대한 네고시에이션(negociation)을 할 수 있다.
- 적절한 객실(좌석) 타입, 적절한 가격을 고객에게 제공할 수 있다.
- 현재와 잠재영업에 있어서 더 많은 매출을 올릴 수 있다.
- 단순히 예약받는 것보다 효과적인 판매가 되도록 예약 에이전트에게 재량권을 줄 수 있다.

1.4 일드 매니지먼트의 변수

일드 매니지먼트를 운용하는데 가장 기초가 되는 자료는 과거통계이다. 즉 과거의 통계자료를 근거로 수요를 예측하고 가격을 결정할 수 있기 때문이다. 그러나 과거의 통계는 각종 변수에 의해서 변할 수 있으므로 각종 변수에 통찰력을 가지고 있어야 한다. 각종 변수란 다음과 같은 것들이 있다.

- 기상조건
- 정치 · 사회 · 경제적 이슈
- 스포츠 행사, 박람회, 전시회, 국제회의, 축제 등과 같은 특별 이벤트
- 수요자의 동향

따라서 일드 매니지먼트의 과학적 운용을 위해서는 과거자료와 각종 변수만 입력하면 가장 적절한 가격을 제시할 수 있는 컴퓨터 시스템의 개발이 요구된다.

2 일드율 산출방법

2.1 산출 공식

호텔의 경우 일드는 판매가능객실을 할인 없이 모두 판매하였을 때 얻어지는

잠재매출총액에서 실질 매출액을 어느 정도 산출했는가를 말한다. 즉 일드율(%)은 잠재매출액(판매가능 객실매출)대비 실질매출을 백분율로 나타낸 것이다. 산출 공식은 다음과 같다.

$$일드율(yield) = \frac{실질매출총액(Actual\ Rooms\ Revenue)}{잠재매출총액(Potential\ Rooms\ Revenue)} \times 100$$

실질매출총액과 잠재매출총액은 다음과 같이 구한다.

※ 실질매출총액 = 객실판매 수 × 판매된 객실의 실당 평균요금
※ 잠재매출총액 = 보유객실 수 × 보유객실의 실당 평균요금

매출총액이란 영업활동 결과 실제로 얻어진 판매총액을 말하고, 잠재 매출액은 할인 없이 제값을 받고 100% 판매했을 때 얻어지는 매출액을 말한다.

2.2 일드율 산출의 실제

다음에 제시된 〈예제 1〉을 통해서 일드율 및 일드 래이트(yield rate)를 산출해 보기로 한다.

예제 1 A라는 호텔의 객실은 300실이고 보유하고 있는 객실의 1실당 평균요금은 20만 원이다. 2000년도 영업 결과 91,250실을 판매하여 객실 점유율은 83.3% 였고, 객실당 평균요금은 15만 원을 기록하였다.

$$※\ 일드율 = \frac{91{,}250 \times 15만\ 원}{300실 \times 365일 \times 20만\ 원} \times 100 = 62.5$$

$$※\ 일드\ 래이트 = \frac{91{,}250 \times 15만\ 원}{300실 \times 365일} = 125{,}000원$$

이번에는 〈예제 2〉를 통하여 동종 수준의 호텔 간을 비교해서 어느 호텔이 사실상 영업을 잘했는지를 알아보기로 한다(월간 30일 기준).

예제 2

(금액단위 : 천 원)

호텔	객실 수	1실당 평균요금	객실점유율	평균객실요금	객실 판매 수	매출액
A	400실	200	85%	120	10,200실	1,224,000
B	400실	200	70%	130	8,400실	1,092,000
C	500실	200	80%	130	12,000실	1,560,000
D	500실	200	75%	140	11,250실	1,575,000

$$A호텔\ 일드율 = \frac{1{,}224{,}000{,}000원}{400실 \times 200{,}000원 \times 30일} \times 100 = 51\%$$

$$B호텔\ 일드율 = \frac{1{,}092{,}000{,}000원}{400실 \times 200{,}000원 \times 30일} \times 100 = 45.5\%$$

$$\text{C호텔 일드율} = \frac{1{,}560{,}000{,}000\text{원}}{500\text{실} \times 200{,}000\text{원} \times 30\text{일}} \times 100 = 52\%$$

$$\text{D호텔 일드율} = \frac{1{,}575{,}000{,}000\text{원}}{500\text{실} \times 200{,}000\text{원} \times 30\text{일}} \times 100 = 52.5\%$$

이상의 결과를 볼 때 가장 영업을 잘 한 호텔은 D호텔이라고 할 수 있다.

2.3 우리나라 호텔의 일드율

우리나라의 특1급 호텔을 대상(서울 4개, 부산 3개, 경주 4개, 제주 3개 호텔)으로 실제 일드율을 산출해본 결과 다음과 같이 나타났다.

(1) 지역별 호텔의 일드율

2002년도 기준으로 서울, 부산, 경주, 제주지역의 호텔별 일드율은 각각 다음 표와 같이 나타났다.

표 13-2 서울지역 호텔의 일드율

(금액단위 : 천 원)

호텔명	객실수	잠재매출 총액(1일)	연간잠재 매출총액	객실 점유율	연간객실 평균요금	연간객실 판매수	연간실질 매출총액	일드율
HI	683	218,100	79,626,500	83%	191	206,056	39,386,643	50%
A	200	60,555	22,120,575	90%	140	65,659	9,190,263	42%
SG	445	139,870	51,052,550	80%	139	144,480	20,038,758	39%
SW	595	211,830	77,317,950	84%	162	176,338	28,602,263	37 %

표 13-3 부산지역 호텔의 일드율

(금액단위 : 천 원)

호텔명	객실 수	잠재매출 총액(1일)	연간잠재 매출총액	객실 점유율	연간객실 평균요금	연간객실 판매수	연간실질 매출총액	일드율
HG	319	67,090	24,487,850	59%	90	69,477	6,280,618	26%
M	363	74,030	27,020,950	58%	106	77,398	8,213,731	30%
C	292	61,000	22,265,000	65%	103	69,167	7,089,643	32%

표 13-4 경주지역 호텔의 일드율

(금액단위 : 천 원)

호텔명	객실 수	잠재매출 총액(1일)	연간잠재 매출총액	객실 점유율	연간객실 평균요금	연간객실 판매수	연간실질 매출총액	일드율
HI	324	74,930	27,349,450	60%	99	71,036	7,051,738	26%
CO	307	42,610	15,552,650	36%	53	40,248	2,119,266	14%
CS	300	43,760	15,972,400	44%	62	47,990	2,978,398	19%
HD	449	85,084	31,055,660	66%	78	107,445	8,371,399	27%

표 13-5 제주지역 호텔의 일드율

(금액단위 : 천 원)

호텔명	객실 수	잠재매출 총액(1일)	연간잠재 매출총액	객실 점유율	연간객실 평균요금	연간객실 판매수	연간실질 매출총액	일드율
S	429	135,485	49,452,025	80%	166	125,669	20,829,915	42%
G	510	93,210	34,021,650	69%	114	127,872	14,615,076	43%
C	224	60,840	22,206,600	78%	67	62,644	4,187,927	19%

(2) 지역 간 일드율 비교

조사호텔을 기준으로 서울, 부산, 경주, 제주 지역 간 객실영업에 대한 일드율을 비교해 보면 〈표 13-6〉과 같다.

표 13-6 지역 간 일드율 비교

(금액단위 : 천 원)

지역	연간잠재매출총액	연간실질매출총액	일드율(%)
서울	230,117,575	97,217,927	42.2
부산	73,773,800	21,583,992	29.2
경주	89,930,160	20,520,801	22.8
제주	105,680,275	39,632,918	37.5

(3) 객실 영업성과지표와 일드율과의 상관관계 분석

일드율과 가장 상관관계가 높은 객실영업성과지표는 피어슨(Pearson)의 상관계수를 기준으로 평균객실요금(0.922), 연간실질매출액(0.805), 객실점유율(0.768), 객실 수(0.620)의 순으로 나타났다. 상관계수가 1이면 완전한 상관관계가 있다는 의미이고, 0이면 전혀 상관관계가 없는 것을 의미한다. 이 수치가 0에서 0.30 사이면 두 변수의 관계는 약한 관계이고 0.03에서 0.07 사이에 있으면 보통의 관계이며, 이 수치가 0.70 이상이면 강한 관계를 의미한다.

그림 13-2 객실 영업성과지표와 일드율과의 상관관계 결과

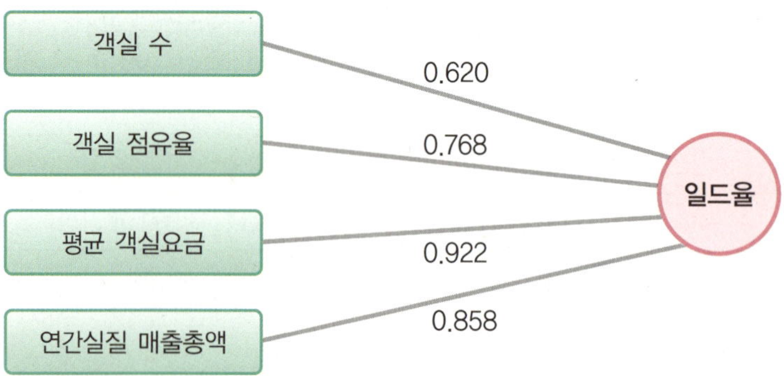

따라서 일드율과의 상관관계가 높은 객실영업성과지표는 평균객실요금(0.922), 연간실질매출총액(0.858), 객실점유율(0.768), 객실 수(0.620) 순으로 나타났으므로 결국 일드율을 높이기 위해서는 평균객실요금, 연간실질매출총액, 객실점유율 순을 고려하여 객실영업의 방향이 설정되어야 할 것이다.

연습문제 및 토의주제

1 항공사의 일드 매니지먼트 적용 사례에 대하여 설명하시오.

2 일드 매니지먼트의 개념에 대하여 설명하시오.

3 일드 매니지먼트의 효용성에 대하여 설명하시오.

4 일드율 산출방법에 대하여 설명하시오.

5 호텔 객실 영업성과지표와 일드율과의 상관관계를 설명하시오.

참·고·문·헌

김계수(2000), 서비스기업에서의 임파워먼트가 서비스 품질성과에 미치는 영향에 관한 연구, 품질혁신, 1(1), 98-105.

레오나르도 인길레리 · 마이카 솔로몬(2012), 왜 그들의 서비스에 사람들이 몰릴까(임준영 역), 청림출판

서문식 · 김상희(2002), 판매원의 감정부조화와 감정적 고갈이 고객지향성 및 고객의 서비스품질 평가에 미치는 영향, 마케팅연구, 17(4), 47-75.

서창석 · 신호준(2000), 서비스기업의 유형에 따른 종업원 임파워먼트가 직무만족 및 서비스품질에 미치는 영향, 서비스경영학회지, 1(1), 83-95.

신유근(2008), 경영학원론, 다산출판사

안영진(2004), 경영 패러다임의 변화, 박영사

양창삼(2005), 조직혁신과 경영혁신, 경문사

원석희(1998), 서비스운영관리, 형설출판사

유영학(2000), 6시그마 품질의 실행, 서니 경영과학 센터

이유재(2005), 서비스마케팅, 학현사

이유재 · 라선아(2003), 서비스품질의 각 차원이 CS에 미치는 상대적 영향에 관한 연구, 마케팅연구, 18(4), 67-97.

이정학(2002), 호텔 객실영업성과지표와 일드율과의 상관관계 분석, 관광레저연구, 14(2), 65-76.

이정학(2008), 관광마케팅, 기문사

이정학(2009), 서비스 전환행동 및 비용에 관한 연구, 관광학연구, 33(5). 343-361

차일근(1999), 아웃소싱 전략, 학문사

황명수, 서문석(2000), MBA 경영전략 125가지, 시사영어사

Albrecht, K.(1988), *At America's Service*, Dow Jones-Irwin(오의균 역, 21세기북스)

Albrecht, K.(1992), *The Only Thing That Matters*, Harper Collins

Angelo, Rocco M. & Andrew N. Vladimir(1994), *An Introduction to Hospitality Today*, Educational Institute American Hotel & Motel Association

Berry, L.L(1999), Discovering the Soul of Service(은종학 역, 김앤김 북스)

Bitner, M. J.(1990), Evaluating Service Encounters: The Effects of Physical Surroundings and Employee Responses. *Journal of Marketing*, 54(April), 69-82.

Brady, M. K. and J. J. Cronin(2001), Some New Thoughts on Conceptuali-zing Perceived Service Quality: A Hierarchical Approach. *Journal of Marketing*, 65(July), 34-49.

Carlzon, J.(1999), *Moments of Truth*(김영한 역, 성림)

Chase, R.B., & Hayes, R.H.(1991), Operations' Role in Service Firm Competitiveness, *Sloan Management Review*, 33(1), 17.

Choi, T. Y. & V. Cho(2000), Towards a Knowledge Discovery Framework for Yield Management in the Hong Kong Hotel, *International Journal of Hospitality Management*, 19, 18.

Cialdini, Robert B(2002), *Influence: Science and Practice*(설득의 심리학, 이현우 역, 21세기북스)

Clark, C.(1957), *The Conditions of Economic Progress*, 3rd ed., The Macmillan Co., London

Cronin, J. J. Jr. & S. A. Taylor(1992), Measuring service quality: a reexamination and extension, *Journal of Marketing*, 58(January), 125-31.

Drucker, Peter F.(1989), 새로운 현실(The New Realities), 시사영어사

Fitzsimmons, J.A. & Fitzsimmons, M.J.(1998), *Service Management*, McGraw-Hill

Gwinner, Gremler, & Bitner(1998). Relational Benefits in Service Industries: The Customer's Perspective. Journal of the Academy of Marketing Science, 26(2), 101-114.

Hammer, M.(2002), The Agenda(기업혁신을 위한 21세기 행동 강령, 김이숙 역, 한국경제신문)

Heskett, J.L., Jones, T.O., Loveman, G.W., Sasser, W.E., Jr., and Schlesinger,

L.A.(1994), Putting the Service Chain to Work, *Harvard Business Review*, Mar.-Apr., 164-174.

Hostage, G.M.(1975), Quality Control in a Service Business, *Harvard Business Review*, 53(4), 98-106.

Jones, M. A., Mothersbaugh, D. L., & Beatty, S. E.(2002). Why Customer Stay: Measuring the Underling Dimensions of Service Switching Costs and Managing Their Differential Strategic Outcomes. Journal of Business Research, 55(6), 441-450.

Keaveney, S. M.(1995). Customer Switching Behavior in Service Industries: An Exploratory Study. *Journal of Marketing*, 59(April), 71-82.

Kotler, P.(1988), *Marketing Management: Analysis, Planning, Implementation and Control*, 6th ed.

Kotler, P.(2000), *Kotler on Marketing*, Simon & Schuster Inc.(김정구 역, 세종연구원)

Leland, K., & Bailey, K.(1996), *Customer Service For Dummies*, IDG Books Worldwide, Inc.(윤태영 역, 펀앤런북스)

Levin, M.(2005), *Broken Windows Broken Business*(깨진 유리창의 법칙, 김민주 · 이영숙 역, 흐름출판)

Lieberman, W. H.(1993), Debunking the Myths of Yield Management, *The Cornell Quarterly*, 34(February), 36.

Lovelock, C. H.(1994), *Who Defines Quality : You or the Customers?, Product plus*, McGraw-Hill

Lovelock, C. H.(1996), Service Marketing, 3rd ed., Prentice Hall

Lovelock, C. H. & Wirtz, J.(2004), *Service Marketing*, 5th ed., Peason Education International.

Mattila A. S. & Wirtz, J.(2004), Customer complaining to firm: determinants of channel choice, *Journal of Services Marketing*, 18(2), 147-155.

Maister, D.H.(1985), *The Psychology of Waiting Lines, The Service Encounter*, Lexington, MA : Lexington Books

Orkin, E. B.(1988), Boosting Your Bottom Line with Yield Management, *The Cornell Quarterly*, 28(February), 52.

Parasuraman, A., Zeithaml, V., Berry, L.(1985), A conceptual model of service quality and its implications for future research, *Journal of marketing*, 49(Fall), 48.

Sasser, W.E., Olsen, R.P., Wyckoff, D.D.(1978), *The Service Delivery System, Management of Service Operation*, Allyn and Bacon, Boston

Schmenner, R.W.(1986), How can service business survive and prosper? *Sloan Management Review*, 27(3), 25.

Shostack, G.L.(1985), *Planning the Service Encounter*, in The Sewice Encounter, Crepiel, J.A., Solomon, M.R., and Suprenant, Lexington, Mass, : Lexington Books.

Wyckoff, D. D.(1984), New Tools for Achieving Service Quality, *The Cornell HRA Quarterly*, 25(3), 89.

Zeithaml, V.A. & Bitner, M.J.(1996), *Service Marketing*, McGraw-Hill, New York.(전인수 역, 석정)

Zeithaml, V. A., & Bitner M.(1998). *Service Marketing*, Singapore: McGraw-Hill Book Co.

International Monetary Fund(1997), World Economic Outlook

통계청(2000), 세계 및 한국의 인구 현황

통계청(2009), 한국표준산업분류

현대경제연구원(2005), 고령화시대, 이런 산업이 뜬다

www.chosun.com

www.donga.com

www.lemontree.patzzi.com

www.kmaccs.co.kr

www.sigma.co.kr

www.unionsteel.co.kr

찾·아·보·기

저·자·소·개

■ 이 정 학

[학력 및 경력]

- 동아대학교 관광경영학과 졸업(1987년)
- 동아대학교 경영대학원(관광경영전공) 경영학석사(1999년)
- 동아대학교 대학원 관광경영학과 관광경영학박사(2004)
- Hyatt Regency Pusan(특1급) 등 10여년 근무

現) 울산과학대학교 교수(leejh@uc.ac.kr)

[수상 경력]

- 경기대학교 주최 전국 대학생 관광학술논문 발표대회 우수상 수상(1985년)
- 문교부후원 제10회 전국 대학생학술연구대회 사회과학분야 장려상 수상(1985년)
- 세계 관광의 날 경상북도 관광협회 표창장 수상(1994년)
- 2008 관광의 날 문화체육관광부 장관 표창장 수상(2008년)

[저서]

- 호텔식음료실무론, 기문사, 1998
- 서비스경영, 기문사, 2001, 2판(2006), 3판(2009), 4판(2013)
- 국제매너, 기문사, 2001
- 호텔경영의 이해 1판, 기문사, 2002, 2판(2008), 3판(2010), 4판(2015)
- 관광마케팅, 기문사, 2003, 2판(2008), 3판(2015)
- 호텔식음료실습, 기문사, 2004, 2판(2008), 3판(2012)
- 주류학개론, 기문사, 2005, 2판(2012)
- 외식사업경영실무론, 대왕사, 2005, 2판(2011)
- 관광학원론, 대왕사, 2005, 2판(2010), 3판(2013), 4판(2015)
- 현대사회와 매너, 기문사, 2006
- 호텔연회관리론, 기문사, 2006

- 축제이벤트, 대왕사, 2008, 2판(2011)
- 에티켓과 매너, 기문사, 2009
- 서비스마케팅, 대왕사, 2009
- 문화관광의 이해, 대왕사, 2011
- 레저의 이해, 대왕사, 2012
- 가비에서 카페라떼까지(한국 커피와 다방의 사회문화사), 대왕사, 2012
- 호텔연회 & 컨벤션, 기문사, 2013
- 마케팅전략72계, 백산출판사, 2014
- 호텔객실실무, 기문사, 2014
- 의료관광학개론, 백산출판사, 2015

[기타]

- 2006-2010년 울산광역시 시정자문위원(문화관광분야) 역임
- 2008-2011년 한국관광협회중앙회 정책자문위원 역임
- 울산광역시 문화관광해설사 선정 심사위원
- 울산 세계옹기문화엑스포 조직위원 역임
- 울산지역 각종 축제 자문 및 추진위원 역임
- 울산시 고래관광산업진흥기획단 위원 역임
- 동해안권(울산, 경상북도, 강원도) 발전 공동협의회 위원
- 울산관광수기공모전 심사위원
- 2012년 - 2014년 울산 시티투어 자문 및 평가위원
- 관광통역안내사 자격시험 출제위원
- 울산 관광상품 개발 공모전 심사위원
- 2014년 - 현 문화관광해설사 배치위원회 위원
- 2015년 - 2018년 동해안권 발전 공동협의회 위원
- 2015년 - 현 : 동남권(부산, 울산, 경남) 관광협의회 위원
- 2015년 - 현 : 태화강 생태관광협의회 법인 등기이사
- 2015년 - 현 : 한국관광레저학회 이사
- 2016년 - 현 : 울산광역시 북구 관광진흥위원회 위원
- 2016년 - 현 : 푸른 울산21 환경경위원회 위원

서비스경영

2001년 1월 30일 초 판 발행
2006년 1월 25일 2판 1쇄 발행
2009년 6월 25일 3판 1쇄 발행
2013년 1월 20일 4판 1쇄 발행
2016년 7월 31일 5판 1쇄 발행
2023년 9월 10일 5판 4쇄 발행

저 자 이 정 학
발행인 한 인 환
발행처 도서출판 **기 문 사**
등 록 1978. 8. 9. NO. 6-0637
주 소 서울시 동대문구 용두2동 730-4번지 홍신빌딩 3층
전 화 02) 2265-7214 / 922-8662~8663
팩 스 02) 922-8772

homepage : www.kimoonsa.co.kr
e-mail : book@kimoonsa.co.kr

ISBN : 978-89-7723-961-6 93980

정가 : 23,000원